JN198583

問いから考える 人材マネジメント Q&A

HUMAN RESOURCE MANAGEMENT

八代充史
梅崎 修
倉重公太朗
吉川克彦

編著

中央経済社

まえがき

　最近，人材マネジメントの世界は大きく変わりつつある。ひと時は人事と言えば成果主義やアウトプレイスメント，早期退職やアウトソーシングなどコスト削減がらみのイシューが多かった。しかし最近はこれらの点はもちろん，リスキリングやアルムナイ，人的資本経営や女性活躍推進の重要性が増している。リスキリング（再教育）やアルムナイ（すでにお金をかけた人材を再雇用する），人的資本経営（人にお金をかけることの重要性）や女性活躍推進（女性のコア人材への育成）は，何れも人にお金をかけることに絡んでいる。ひと頃，「従業員＝コスト」であるという視点一色だったことを思えば，文字通り隔世の感があると言えるだろう。こうした人材マネジメントの世界のパラダイム・シフトを，一部の研究者や実務家だけでなく，これから人材マネジメントの世界に身を投じる学生や新入社員に共有して頂きたい，これは常日頃筆者が思うことである。

　こうした問題意識に基づいて「Ｑ＆Ａ形式で人材マネジメントのテキストが書けないか」というアイデアを最初に思い付いたのは，２度目のサバティカルを終えようとしていた昨年３月である。筆者は，これまで単著・共著でテキストを刊行しているが，その度に思うのは，「執筆者が書きたいことと＝読者が知りたいこと」ではない，ということである。良いテキストとは，読者に「おいてきぼり感」を与えないものである，そう理屈では分かっているが，なかなか思うに任せない。では，読者に「おいてきぼり感」を与えないテキストとはどのようなものか。筆者の結論は，次の３点である。

　第1に，図表を活用して各々の章の内容を説明するという通常の形式ではなく，講義経験に基づいて「読者が知りたいと思うこと」を設問に挙げ，その解答を掲載するという，Ｑ＆Ａ形式を採用したことである。実は，筆者は，Ｑ＆Ａ形式のテキストについては，八代充史・南雲智映『ライブ講義 はじめての人事管理』（泉文堂，2023年）の刊行実績がある。ただ同書は共同執筆者の南雲氏が筆者に問いかけを行い，それに基づき筆者が説明するという「講義」の

録音が基になっているので，確かに表現は平易であるが，設問自体はやや大括りである。読者が知りたいのは，もう少し具体的な質問への解答ではないだろうか。こうした問題意識が，今回の企画につながった次第である。

　第2点，同一のテキストであっても，それは特定のユーザーと1対1で対応するわけでは必ずしもない。同じテキストが様々な立場，異なるレベルのユーザーにご活用を頂ければ，大変ありがたい。本書ではQ＆Aを「基本的問い編」と「実践的問い編」とに分け，Q＆Aの後に人材マネジメントに関する異なるディシプリンの論稿を掲載した。そのことで，この領域をさらに専門的に学びたい読者のご期待にも応えたつもりである。

　そして第3点，読者に「おいてきぼり感」を与えるのは，執筆者の「独りよがりな記述」である。こうした問題を解決するために，本書では，執筆者を増やして各々が得意な分野を執筆し，お互いに原稿をチェックすることにした。このことは，昨今世の中で言われている「ダイバーシティ」にもつながるからである。

　しかし，執筆者の人数も多過ぎると求心力ではなく，遠心力が働いてしまう。これでは，ダイバーシティとは程遠い。さらに多様性はあくまで結果として実現すべきもので，それが自己目的的になるのは望ましくない。執筆者を決める基準は，一にも二にも適材適所，重要なのは研究者と実務家の適切なバランスによって，人材マネジメントという実務と密接に関係する領域のテキストとして，読者に信頼感と満足感を与えることである。このような観点から，今回の執筆者は，研究者と実務家から，当代一流の先生方14名にお願いした。所属機関，経歴，その他の属性，何れを見ても多様性が実現されたと自負している。

　以上3点が本書の内容にどの程度反映されているか，この点は読者の判断に委ねたい。

　本書の企画については，まず八代がQ＆Aの項目の選定と論稿を含めた執筆者の叩き台を作成した。その後，昨年5月から梅崎修，倉重公太朗，吉川克彦の3先生に編者として編集作業に関与を頂き，昨年9月以降我々編者4名と11名の執筆者との文字通り喧々囂々の議論を経て本書が誕生した。この場をお借りして，編者と執筆者の先生方に，厚く御礼申し上げる次第である。

　また中央経済社取締役編集長の市田由紀子さんには，出版事情の厳しい折柄本書の企画を推進して頂き，我々の論稿にも大変丁寧なコメントを頂戴した。市田さんには，毎回企画をご相談する度にお世話をお掛けしているが，その「鬼デスク」さながらの仕事ぶりには，今回も畏敬の念を持つことしきりであった。本当に有難うございました。

　2024年10月

編者を代表して

八代　充史

目　次

Part Ⅱ　人材マネジメントの理論

第1章　経営学から見た日本の人材マネジメント …… 186

第2章　経済学から見た日本の人材マネジメント …… 205

第3章　労働法から見た日本の人材マネジメント …… 219

＊本書の記述は執筆者個人の見解に基づくものであり，所属組織を代表するものではありません。

はじめに

第1節　本書の趣旨とその特徴

　筆者はこれまで長い間人材マネジメントに関するテキストの執筆に携わってきた。あるものは単著で，あるものは共著で，またあるものは対話形式でまとめてきた。

　しかし，人材マネジメントという実務に近い領域の場合は，研究者が執筆したテキストが本当に事実に即した物か，常に隔靴掻痒の感を禁じ得なかった。学部学生はともかく，最近増大している社会人大学院生は「学者の書いたテキストは，そこから何を学べるかが実務家には分かり難い」と感じているのではないかと常に不安であった。

　ただ，それでは実務家によるテキストがベストかと言えば，必ずしもそうとも言えない。実際彼らによる書籍は，事象の表面を撫でるだけのハウツー本で直ぐ役に立たなくなってしまうものが少なくないというのが，筆者の率直な印象である。

　それでは，人材マネジメントのテキストに関するこうした問題を解決するためにはどうしたらよいだろうか。「研究者と実務家が，合作でテキストを作ること」，正にコロンブスの卵だが，これが筆者の下した結論である。本書の執筆者の構成は，実務家，民間研究機関の研究者，実務家出身の大学教員が中心であり，「純粋の大学教員」は1名，行政研究所の出身である筆者を含めて2名である。執筆者の詳細については，巻末をご参照頂きたい。

　しかしテキストの執筆者を研究者と実務家のハイブリッドの構成にすることは，各々が強みを補完するものでなければ意味がない。それを可能にすべく，本書の中心は「Q&A」の形式を採用した。以下，この点を中心に本書の構成について説明しよう。

第2節　本書の構成

　まずPart I は，「**人材マネジメントQ&A**」である。その内容は，「なぜ人的

資本の開示が必要なのか」,「なぜ日本の企業は,新規学卒採用を重視するか」などの素朴な疑問に腹落ちできるようなＱ「問いかけ」とＡ「説得的説明」がなされている。ここでは主として,下記の方々を読者として想定している。

（１）（人事のプロではない）ビジネスパーソン。管理職として,あるいは,一般従業員として感じる人材マネジメントについての疑問に対する答えを求めている方々。

（２）経済・経営に関して基礎的な学びを終えた大学学部生の３年〜４年生。あるいは大学院生。彼らが卒業論文や修士論文の執筆にあたりより深く考察するきっかけを提供する。先述した実務家と研究者との補完性を実現すべく,Part I は両者の競作とした次第である。

　さてPart I のＱ＆Ａは,**基本的問い編**（Q01〜Q24）と**実践的問い編**（Q25〜Q55）に分かれている。前者は,答えが明確に定まっている問いが配当されており,ボリュームは各問いあたり２ページを原則としている。他方後者には,複数の視点,答えが存在する問いが配当されている。そして,複数の議論を提示することを通じて読者により広く深く考察するきっかけを提供するのを目指している。実践的問い編のボリュームは,各問いあたり４ページが基本である。

　以下では,Part I の構成を見ることにしたい。まず基本的問い編では,新規学卒採用,定期的配置転換,職能資格制度,能力評価,業績評価,年功的（年次別）昇進管理,定期昇給,定年制と言った日本の人材マネジメントの基本に関するＱ＆Ａを設定した。

　設問の設定で特に留意したのは,表現の中立性である。先に述べたのは,確かに日本の人材マネジメントを構成する要素であるが,我々は決して日本の人材マネジメントを規範と考えているわけではない。新規学卒採用や年次管理はあくまで人材マネジメントの項目を抽出する上で身近に存在する材料にすぎないというのが,基本的な考えである。Ｑ＆Ａの設問の表現を「なぜ<u>配置転換が必要か</u>」ではなく「なぜ<u>配置転換が広く行われているのか</u>」としたのは,このような理由によるものである。

　この他にも基本的問い編では,人材マネジメントのステイクホルダーである労働組合についても言及した。さらには,国家公務員の人材マネジメントや国際人事管理についても取り上げて,ウィングを広げることに努めた。

　他方，実践的問い編では，基本的問い編の理解を前提にギグワーカー，ジョブ型雇用とメンバーシップ型雇用，ノーレーティング，国家公務員の天下り問題や内閣人事局など，個別的な問題に関してＱ＆Ａを設定した。特に国家公務員は日本国で30万人弱を有する巨大なエンプロイヤーであり，民間の企業とは原理原則が異なるとはいえ，その人材マネジメントを無視することはできないだろう。

　続くPartⅡは，「人材マネジメントの理論」である。ここではPartⅠのＱ＆Ａを受けて，経営学，経済学，労働法という異なるディシプリンから日本の人材マネジメントを論じることで，平易な表現で体系的な学びにつながることを意図している。即ち，PartⅠの様々な議論に通底する枠組みや論点を提示することで，PartⅠの議論を補強するとともに，より俯瞰的な理解を促すことがこの章の目的である。経営学では個別企業の合理性という観点から，経済学では，人材マネジメントの重要な外部環境である労働市場という側面から，さらに労働法では人材マネジメントの重要な制約要因である判例法理や実態法に関して，各々吉川克彦氏，梅崎修氏，倉重公太朗氏という気鋭の研究者が執筆している。

第３節　イントロダクション：日本の人材マネジメント

　ここではPartⅠのＱ＆Ａ，PartⅡの論稿に入る前に日本の人材マネジメントに関して，各章の理解を促進するために基本の基本を説明することにしたい。

　一般に，日本の雇用制度の特徴として，**終身雇用**と**年功賃金**，**企業別労働組合**の３点が挙げられる。終身雇用を発見したのはジェームス・アベグレンだが，終身雇用といっても，実態はあくまで**新規学卒採用**から**定年年齢**までの雇用保障であり，文字通り「終身」ではない。現在は60歳が法定の定年年齢であり，65歳までの**継続雇用**が義務化される一方，平均寿命は80歳を超えている。したがって現在は，それを是とする者も非とする者も「終身雇用」でなく「長期雇用」という用語を用いるのが一般的である。他方，年功賃金とは年齢や勤続に伴い基本給が定期的（年１回）に昇給する仕組みのこと（これを**定期昇給**という），それを可能にするのが仕事の価値で決まる**仕事給**ではなく，能力等個人の属性で決まる**属人給**である。

　長期雇用や年功賃金は，一言で言えば**人的資本投資**を施した従業員を「抱え

込むこと」にその目的があり，これは賃金と雇用の決定という労働市場の機能が個別の企業に内部化していることによる。こうした長期雇用や年功賃金の主な担い手となるのが，新規学卒者である。日本の企業，特に大企業は，仕事経験のない新規学卒者を労働力採用の主要な供給源としている。もちろんこの点は，中途採用実施の有無とは矛盾しない。かつては新規学卒「一括採用」だったが，近年採用時期や採用形態（**職種別採用，コース別採用**）など採用の多様化が進行しでいる。

　さて，採用された従業員（特に新規学卒者）は，企業内で**定期的配置転換**によって経験の幅を広げていく。配置異動の目的が，適材適所を実現することにあるとすれば，初任配属で**適正配置**が行われている（はずである）。それにも関わらず，なぜそれを敢えて見直し，かつ専門性蓄積の阻害という機会費用が生じる配置転換を行うのだろうか。その理由は，採用時点の適正配置はあくまでその時点の「所与の条件」を前提としており，「所与の条件」が変れば新しい適材適所を実現すべく配置を見直さざるを得ないからである。所与の条件とは，具体的に言うと組織の変化や労働投入量の変動，さらには従業員の労働能力の向上等が挙げられる。かつて**経営家族主義**と冠された如く，日本企業の人材マネジメントは特定職務を中心に展開されるのでなく，従業員は会社という「家」の構成員として振る舞うことが期待されている。これが，**メンバーシップ型**である。メンバーシップ型では，経営組織の改廃や雇用調整の実施という所与の条件の変化に，**解雇**という**外部労働市場**で対応するのでなく，むしろ配置転換や**出向・転籍**という**企業内労働市場**を活用するのが一般的である。他方**ジョブ型**は職務記述書の有無だけでなく，採用，人事権，昇進・昇格，昇給が職務を中心に展開されるという意味でメンバーシップ型と根本的に異なるものである。

　配置転換がこうした理由で行われる以上，それは必然的に，人事部門やライン管理職等人事権に基づく**企業主導型異動**にならざるを得ない。しかし企業主導型異動は企業内労働市場を活用した労働力の需給マッチングには適していても，常に**適材適所**が行われることを保証しない。したがって，社内公募や社内ドラフトなどの**個人選択型異動**によって企業主導型異動を補完することが必要となる。

　企業内労働市場における配置・異動の第2の側面は，**企業内昇進**である。新規学卒採用を前提にした**同一年次同時昇進**は，単なる年功序列ではなく，同一年次の中で時間の経過とともに昇進格差が拡大する。企業はそれを通じて，従業員の能力開発や賃金の引き上げ，長期勤続の中で蓄積された人事情報に基づく配置やモチベーションの維持に努めている。

　ところで，仕事の価値に従って構築された**職務等級**では「昇進＝上位等級への昇級」であるのに対して，従業員の職務遂行能力に基づく**職能資格制度**では，能力の向上に基づく「**昇格**」は上位役職への「**昇進**」とはイコールではない。この場合資格とは「職業資格」ではなく，あくまでも従業員を階層化する「企業内資格」であり，職能資格とは対応する役職につくための能力を有している（役職につく「資格」がある）こと。例えて言えば，自動車免許を取得しているのが資格，実際に自動車を運転しているのが役職である。

　その結果従業員が同一企業に長期勤続すると，管理職層に「昇格」しても管理職ポストに「昇進」できない者が生じることになる。これが，「**役職につかない管理職**」である。こうした「役職につかない管理職」＋企業が年次管理を維持するために導入した**役職定年制**により役職を離脱する者が，世間一般で「**働かないオジサン**」と言われている層である。企業は彼らに対して**早期退職優遇制度**等様々な手段を講じてきたが，この問題の本質は，彼らが文字通り働かないのではなく，賃金と貢献度が釣り合わない，要するに，コスト・パフォーマンスが悪いということである。したがって労働力を社外に移動させるだけでなく，貢献度を上げさせるか，さもなければ賃金を調整するか，何れかの手段を取ることも必要だろう。

　ところでこれまで述べたメンバーシップ型の人材マネジメントは「働かないオジサン」以外にも様々な制度疲労に陥っている。まず第1点は，これまでのメンバーシップ型は，男性正社員が無限定に労働サービスを提供するのが前提であり，労働時間や仕事，勤務地は雇用保障の代価として企業が決めていた。その結果，女性はメンバーシップ型の中でのキャリア・アップの枠外だった。**女性活躍推進**は人材マネジメントにとどまらず，政府や資本市場からも要請されている喫緊の課題であり，女性管理職育成のための**ロールモデル**や**メンター制度**，**パイプライン**等が踵を接して導入されている。この点に関連して，企業

はワークライフバランス，具体的には**在宅勤務**，（男性を含む）**育児休業**の充実，**労働時間短縮**など従来十分目配りがなされていなかった問題への対応も迫られている。

　第2点，メンバーシップ型では退職者に「辞めた奴は裏切り者だ！」というレッテルを貼ることで，一旦退職した元社員の再雇用が著しく制約されている。退職者を再雇用する**アルムナイ**制度はこうした悪しき共同体意識に対するアンチテーゼと言えるだろう。

　第3点は**タレントマネジメント**である。将来のキーポストを担わせる**コア人材**をどのように確保・育成するかは，メンバーシップ型では暗黙裡に行われており，十分「見える化」されてはいなかった。その最大の理由は，コア人材が長期雇用下で定着性が高かったからだが，今後労働市場の流動性が高まれば，企業は流動性の高いジョブ型の企業にコア人材の育成と定着を学ぶべきだろう。

　第4点は，**グローバル化**である。企業が海外に進出する際本国の経営慣行を移転しようとするのは日本企業だけではない。ただ日系企業の場合，本国から派遣される派遣要員が「日本人，男性，エクスパッツ（会社派遣前提の労働条件）」であり，彼らがキーポストを占有する結果，ローカルスタッフとの間に「2重構造」が生じているのが問題である。

　さて，これまで述べたメンバーシップ型は，暗黙の裡に民間企業を前提としていたが，身分保証が確立している**国家公務員**もメンバーシップ型の「ど真ん中」である。しかし公務の世界では，過去20年の間，**中央省庁再編**と**内閣人事局**，**公務員の定年年齢の引上げ**等環境激変に見舞われた。公務の世界のメンバーシップ型の将来の方向性も，人材マネジメントの重要な課題である。

本書の特徴

　最後に，本書の特徴について再度申し上げたい。

　本書の特徴は，①Q＆A方式による人材マネジメントの解説を実務家と研究者による合同チームが執筆したこと，②こうしたQ＆Aと学問領域ごとの人材マネジメントに関する論稿を組み合わせたこと，こうした2点である。ただしこうした試みには色々不備な点も多いと思う。是非読者の御叱正を乞う次第である。

（八代　充史）

Part I

人材マネジメント
Q&A

「基本的問い」編

「実践的問い」編

Q01
なぜ新規学卒採用と定年制が雇用の入口と出口なのか？

なぜ新規学卒採用が雇用の入口なのか？

　日本の特徴として，職業経験のない新規学卒者を学校卒業とともに採用する，新規学卒採用が挙げられる。元々は，3月に卒業した学卒者を4月に一括して採用する「新規学卒『一括』採用」が一般的だった。しかし現在は採用の時点で総合職，一般職コースや人事，営業といった職種を設定するコース別採用や職種別採用 [☞Q29]，募集時期を特定しない通年採用など，採用形態は多様化している。しばしば「新規学卒採用は日本だけ」と言われるが，イギリスでも採用担当者の学校訪問によって新規学卒採用が行われてきた。ただ「採用＝新規学卒採用」が成り立つ企業が多いのは，日本の特徴と言えるだろう。

　それでは，企業が新規学卒者を採用する理由は，どこにあるのか。まず採用が特定時期に集中するため募集・選考に伴うコストを節約できる。また年功賃金を前提とすれば，人件費コストが安いことも新規学卒採用のメリットである。極端な話，新規学卒者に成果主義の美名の下過大な目標を与えて達成できない者に退職を強要すれば，人件費は節約できる。しかしこうしたマネジメントを行う企業が長期間市場で存続するのは困難だろう。

　とすれば，新規学卒採用の理由は1つである。企業が新規学卒者の潜在能力を評価しており，その「伸び代」を育成の対象としていることである。しかし一口に潜在能力と言っても，学生1人ひとりに関してその有無や水準を見極めるのは容易ではない。そこからインターンシップ，リクルーター，出身大学などありとあらゆる方法を駆使してそれを見極め，学生を囲い込もうとする企業と，それを規制したい行政や経済団体の間で「就活狂騒曲」が繰り広げられてきた。ルールや協定が作られては破られ，しかし何もないと不安なのでまた作られるということが繰り返され，「採用選考に関する企業の倫理憲章」も，

2021年4月採用で終了となった。

　そこで企業が新規学卒者を育成するモチベーションだが，一言で言えば会社の将来を担う人材，つまりコア人材を育成することである [☞Q10]。しかし，新規学卒者の中で誰がコア人材かは分からないので，とりあえず「全員がコア人材」という前提で育成が行われる。こうして新規学卒採用からコア人材という流れが定着すると，中途採用で良質の人材を確保するのは難しくなる。新規学卒採用は，あらましこうした形で社会に埋め込まれてきたのである。

なぜ定年制が雇用の出口なのか？

　さて学校に卒業があるように，企業にも卒業がある。従業員が一定年齢で企業から卒業する仕組みを「定年制」と言う。定年制を導入するかしないかは企業の自由だが，一度定年制を実施する場合は，高年齢者雇用安定法の規定によって，60歳未満の定年年齢は無効とされている。

　こうした定年制には，次の2つの側面がある。まず第1に，一定年齢に到達した従業員を一律に解雇できる定年制は，雇用調整機能を担っている。日本の労働法では解雇権は企業の権利として認められているが，判例上は整理解雇に際しては整理解雇の4要件（現在は4要素とも呼ばれている）という判例法理が確立しており，2008年には労働契約法で実体法化された [☞Q20]。したがって，一定年齢に達した従業員を一律に解雇できる定年制は，企業にとって雇用調整の重要な手段なのである。他方，定年年齢で満額支払われる退職金や人的資本理論で，「賃金後払い」と言われる年功賃金は，労働者に同一企業に勤め続ける誘因を与えてきた。即ち，定年制は「定年年齢による一律的解雇」（ただし65歳までの継続雇用義務と70歳までの就業確保努力義務がある）とともに，「定年年齢までの雇用保障機能」という側面をも併せ持つのである。

　最後に新規学卒採用を行う企業では昇進・昇格は，同一年次内で行われる。こうした年次管理の延長で，一定年齢で一律に役職から離脱させる制度が役職定年制である。毎年一定年齢の新人を採用する新規学卒採用，勤続年数により昇進・昇格を行う年次管理，毎年一定年齢の従業員が役職や企業から卒業する役職定年制及び定年制は分かち難く結びついているのである [☞Q19]。

（八代充史）

Q02

なぜ配置転換が広く行われているのか？

配置転換は，どのような役割を果たしているか？

　日本の企業，特に大企業では4月，7月など定期に，部門間，職能間の配置転換が行われるのが一般的である。これを定期異動と言う。ある銀行によれば，職場内で昇進させると昨日までの同僚に上下関係が生じて，お互いにやり難いから，定期異動で他の職場から上司を迎えるのが一般的だそうだ。

　ところで配置転換についての根本的な問題は，第1に，同一職務，同一職能に継続して配置していれば得られたであろう専門性の蓄積やアウトプットが配置転換で失われることである。それだけでなく，異動対象者が社外に顧客を抱えていれば彼らも影響を受ける。そもそも採用した従業員を配属する段階で，適正配置がなされているはずではないのか。企業はこうした問題があるにも関わらず，なぜ配置転換を繰り返すのだろうか。

　その理由は，以下の通りである。配属における適正配置は，あくまで雇う側と従業員側の採用時点の状態を前提になされている。したがって前提条件が変われば，配置転換を通じて新しい適材適所が行われる必要がある。さらに配置転換には様々なコストが存在することを考えると，「適材適所」は定期的に見直した方がコストを節約できるだろう。こうした条件の変化は雇う側（企業）と雇われる側（従業員）とに分かれる。前者にあたるのは，営業1課と営業2課の統合といった組織・業務の変化や，雇用調整に伴って余剰部門から比較的人員を受け入れ易い部門に異動させることである。後者は，従業員の能力向上や新規学卒採用に伴う労働力内転の必要性などが挙げられる。要するに，雇用保障，組織変革，人材育成は企業内労働市場では配置転換によって行われるのである。

　配置転換に関する根本的な問題の第2点は，転勤や配置転換に個人の希望が反映されないのはなぜかである。本人の希望を反映した方が，モチベーション

がアップすることは容易に想像がつくにも関わらず，である。

なぜ，配置転換に個人の希望が反映されないのか？

　この点，第1に，企業は個人の集合体ではないから100％個人の意向が叶う個人主導型異動はそもそもあり得ない。そのような原理原則で人事を行えば，誰も希望しない仕事はアウトソーシングするしか手がなくなるが，往々にして「誰も希望しない仕事＝大事な仕事」である。個人の希望が100％叶えられる「個人主導型異動」が実現するのは，率直に言って転職の時だけだろう。

　第2に整理解雇の法律解釈が厳しい日本では，解雇による雇用調整は制約が大きいので配置転換によって対応せざるを得ない。こうした異動は，人事部による集権的な配分が不可欠であり，各人の希望を聞くことは困難である。

　さらに第3点，正社員のキャリアは，長期的な視点に基づいており（そうでなければ外から雇えばよい），外部労働市場で育成される人材に比べキャリアの幅が関連する仕事に拡大することでカスタマイズされる（例えば財務会計と管理会計と両方分かる。給与計算のプロだが，福利厚生関係もこなせるなど。これをゼネラリストと言う）。しかしキャリア形成を従業員に委ねると，リスク回避的な従業員は，自分のキャリアを狭くしがちである。その方が，人事評価的にも悪い評価がつく心配はないし，特定領域のスペシャリストになった方が将来の転職可能性という点でも望ましいからである。したがって，ゼネラリストを企業が必要とするなら，それは人事部が用意しなければならないのである。

　しかし，こうした「企業主導型」の配置転換によって退職する従業員が増大すれば企業といえどもその仕組みを見直さざるを得ない。転勤のある総合職と転勤のない一般職というコース別雇用制度を廃して，転勤対象者に転勤手当を支払うことで，転勤しない人にペナルティを課すのではなく，転勤する人を優遇する措置や，会社の中で求人活動を行う社内公募制度や，採用時点で職種を選択できる職種別採用による「配属ガチャ，上司ガチャ」（仕事や上司を選択できないこと）の防止は，本人の同意を条件としない「辞令一本で全国異動」という企業主導型によって生じた歪みを是正するためのものであると言えるだろう［☞Q29，Q31，Q41］。

（八代充史）

Q03　なぜ年次別昇進昇格管理が　なくならないのか？

職能資格制度と昇進昇格

　企業が人事労務管理をする上で，階層を序列化し体系的に示すルールが必要である。このルールを等級制度と言い，多くの日本企業では，従業員を職務遂行能力により階層化する職能資格制度を導入している。育成のステップを明示し，処遇することで動機づけにつなげやすいという特徴があるからである。

　職能資格制度の運用では，下位の等級から上位の等級に上がる「昇格」と下位の等級に対応する役職から上位の等級に対応する役職に上がる「昇進」がある。このように昇格と昇進は連動しており，基本的には昇格者としてストックされたプールの中から昇進者が選ばれる。これを「昇格先行，昇進追随」という。

　昇格は，各等級の昇格に必要とされる能力要件の他に人事考課やその企業独自の要件，そして滞留年数が設けられており，それらを満たすことで上位の等級に昇格となる。一方昇進は，業績責任を負う現場の意向が反映されることが多い。その体制を支える役職には限りがあるため，より適性のある人材を選ぶことが重要となるためだ。このため，現場の管理職からの推薦に基づき，業務の実績，研修受講，周囲からの評判などの多角度からの情報を加味し，人事部門で決定しているのが一般的である。つまり昇格した者が必ずしも役職に昇進するというわけではなく，選抜が発生する。

日本企業における昇進昇格の特徴

　企業の労働力の供給源を新規学卒採用とし，入社を起点として長い期間をかけながらキャリアを形成する過程で昇進昇格競争に組み入れられていくために年次別昇進昇格管理と言われる。多くの日本企業が職能資格制度を導入している背景は，新規学卒一括採用により定年退職までの長期雇用を前提としている

ため，能力開発も長期目線で行うからである。つまり，同期で入社した者が職能資格等級の階段を足並み揃えて登り始め，人事異動やOJTにより幅広い業務経験を通して能力を開発し，上位の等級に昇格する。そして，その中から役職に登用されていくのだ。

　実際には，従事する職務が異なる中で職務遂行能力を正確に評価し，相対化することは難しい。したがって，一般的には，業務が容易な下位の等級では昇格要件の難易度は高くなく，滞留年数を満たし横並びで昇格することが多い。

　上位の等級に上がるにつれ職務遂行の難易度も高まるとともに，役職のポストも限定され選抜の要素が色濃くなる。まるでトーナメント方式のように勝ち残った人の中からさらに上位等級および役職の選抜がされていくこととなる。そのため同期内での競争が厳しさを増してくるのだ。

年次別昇進昇格管理の課題

　このように選抜の時期をキャリア形成の中期以降に置くことにより，仕事に対する意欲を長期にわたって維持することを意図している［☞Part II 第1章］。一般的に「2・6・2」の法則と言われるように，組織において優秀な人材が上位の「2」だとすると，組織の大多数を占め，日常業務を回していく中心選手が「6」となる。この「6」の層が選抜から漏れたことにより仕事に対する意欲を喪失してしまうことは，本人の生産性の低下のみならず，職場全体へ悪影響を及ぼしてしまう。法律上解雇が難しい日本においては，士気が下がった社員が長期に滞留してしまうことを避けるためにも慎重な運用にならざるを得ない［☞Q20］。

　その一方で，労働者の就業意識が変化し，昇進昇格に対する価値観も多様化が進んでいる。優秀な若手人材が昇進機会に恵まれないことによる意欲の低下は，人材の流動性が急速に高まっている世の中において，社外に活躍の場を求め，離職につながりかねない。将来の経営幹部候補となりうる人材のパイプラインの断絶を回避するためにも，早期選抜を可能とするようなオプションを併せ持つこと考慮しつつ，現状に沿った昇進昇格管理の検討が重要である［☞Q53］。

（野間幹子）

Q04

なぜ役職の階層とは別に職能資格制度を設けている企業が多いのか？

　役職の階層では組織における役割や責任の大きさを規定し，一方，職能資格では個人の能力水準を規定している。

　企業における役職（本部長，部長，課長，係長等）とは，組織における階層であり，これは組織マネジメントにおける役割や責任の大きさを定義しており，組織の在り方（組織図）に依存する。一方，職能資格というのは会社組織内における社員の格付けであり，各社員の職務遂行に必要な能力水準を定義した個人軸の指標である。多くの日本企業では，これらの両方を同時併用した人事管理の仕組が多く見られる。

日本企業で役職階層と職能資格制度が併用される理由

　高度成長期以降，日本企業の組織人事は長期雇用を前提とした従業員の定着の上に成り立ってきた。その中で高度成長期からバブル期の組織成長拡大期には，役職ポストに就くことのできる人を早く育てるという意味で，職能資格制度が機能し，人は頑張って成長すれば資格が上がり，その資格に見合った役職が与えられるという好循環を生んでいた。

　これが，平成以降の経済成長鈍化の時代になると，組織の成長が止まり役職ポストが増えない中で，職能資格制度は役職ポストに就けない人を処遇するツールという側面を持つようになった。先に述べたように，労働市場における人の出入り自由度が低く，長期雇用が前提となる日本企業では，職能資格制度が役職ポスト不足に対する優秀人材の引き留め策であり，同時に，空きポストや新しい役職ポストができたときに，すぐに充当できる人材を確保できるタレントプールを保有するという投資役割も担うようになった。

　ただし，この考え方は会社組織が成長拡大し，タレントプール人材が近い将来，保有能力の発揮に合致した役職に就くことが前提となる。組織の成長が見

込まれない場合には，役職候補生の行き場がなくなり，個人にとって適当な役職に就くことがなく，会社としても活用されない能力に報酬を支払い続けることとなり，これは会社にとっては投資ではなくコストとなってしまう。

日本と欧米における人材マネジメント軸の違い

　欧米を中心とした多くの国では，事業戦略の達成を目的とし組織が設計され，その組織に必要な職務ポジション（組織図上の1つひとつの箱）の役割や職責を職務記述書で定義する。その職務ポストに適した人材を社内外問わずに採用し雇用契約を結ぶことが多い。これが，所謂ジョブ型雇用であり，職務ポスト（ジョブ）を軸とした人材マネジメントシステムである。この場合，この職務ポストが役職の階層と完全に一致した人事管理が可能となり，組織マネジメントと人材マネジメントが職務ポスト＝役割階層により管理可能となる。ただし，このシステムでは，ある一定の人材の入退場が前提となる。

　一方，多くの日本企業では，長期雇用を前提とし，会社単位の統一雇用条件のもとで一括採用し雇用を行う，所謂メンバーシップ型雇用を採用している。この場合，同じように事業戦略に即した組織を設計しても，そこに就ける人材は社内から調達し，配置配属することが基本となる。業務の理解に加え，組織文化の理解も高い社内人材の異動による配置配属は，時間を含めた投資コストメリットは大きい。しかし，その一方で，組織変更に伴った人材の充足を考えると，常にある程度余裕をもった人材プールが求められる。これが，先にも説明した，役職ポスト候補生としてのタレントプールだ。

　多くの日本企業では，職能資格と役職階層の両方に対して処遇する人事管理制度が用いられている。それぞれに対応した報酬水準の割合は会社や階層により異なるが，職能資格制度を運用している会社では，職能資格等級（能力等級）で基本の給与が決まり，加えて役職階層ポスト，すなわち役割や責任の大きさに応じた役職給／役職手当や職務給／職務手当という名前の給与や手当が支給される仕組みとなっている会社が多く見られる。

（山本紳也）

Q05 なぜ定期昇給とベースアップが 行われるのか？

賃金の持つ意味は何か

　労働の対償として支払われるものが賃金であるが，賃金は複合的な意味を持つ。たとえば，生計維持としての生活給の側面がある。経済的な充足が生活の安定につながることで仕事に専念できるという循環を生み，その結果，将来への見通しが立てやすくなり長期的な生活設計を立てることが可能となる。他の側面としては，労働者の働く意欲を引き出し，職務遂行に向けた努力や能力向上につながるやる気を生み出す効果がある。これにより，企業にとっては生産性の向上につながり，労働者本人にとっては自分自身への評価としての意味も持ち，仕事に対する意義を感じることで社会への参画や貢献の認識を高めることが期待できる。

　企業の活動目的により職務内容や労働者の提供する能力が異なるため，企業ごとに賃金体系や支給水準は異なるが，日々の企業活動を担う優秀な人材を確保するためにも，労働者にとって納得性の高いものであることが非常に重要になる。

定期昇給とベースアップの違い

　このように非常に重要かつ複数の意味を持つ賃金であるが，多くの日本企業においては，長期育成の観点から職能資格制度の等級［☞Q04］に連動して決められている。賃金が上がること（昇給）は，大きく分けて定期昇給とベースアップがある。昇給は従業員にとっても大きな関心事の1つであるが，この2つはメカニズムが全く異なるので，混同しないよう留意が必要だ。

　定期昇給は，企業の賃金制度に基づいた昇給で個人の勤続年数，年齢などに基づき基本給を引き上げるものである。従業員にとってみると毎年昇給するこ

とが期待できるので，将来への生活設計の見通しを立てやすくなるというメリットがある。企業への帰属意識の強い人材を育てることにつながる。

また年功的な要素のみならず人事考課や昇格と連動し昇給額の変動幅にメリハリをつけることで，モチベーションを高めることが期待でき，その結果，生産性の向上が見込める効果がある。

それに対して，ベースアップは，賃金テーブルの基本給の水準自体を一律に引き上げることを言う。主に物価上昇の局面において実質の賃金が目減りしてしまうことを補填することにより従業員の生活の安定を図ることを目的としている。定期昇給が従業員個々に対して昇給額が決定されるのに対し，ベースアップは組織で一定の金額もしくは割合で行われるという点がポイントである。

▶定期昇給とベースアップのイメージ◀

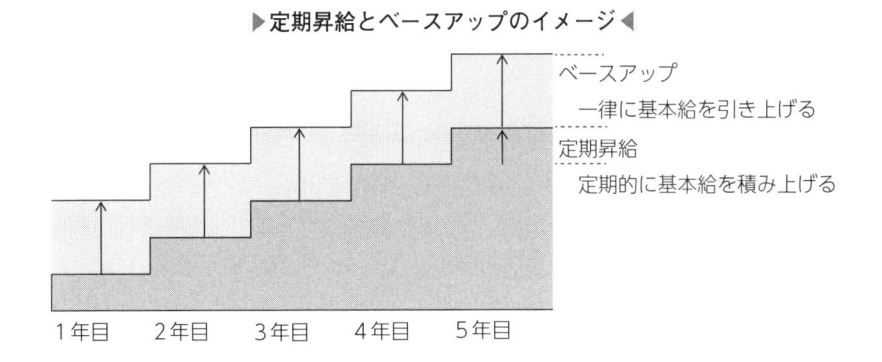

1年目　2年目　3年目　4年目　5年目

人手不足もベースアップの要因に

アフターコロナとなり，経済活動が戻ってきた中で深刻な問題となっているのが，人手不足である。職種によっては事業継続にも支障を来たし，賃金を上げることで人材を確保せざるを得ない状況となっている。

人材供給の源泉となる新規学卒一括採用においても採用競争力を上げるため初任給の引き上げを検討することとなるが，その場合には，既存従業員の賃金と逆転現象が起こらない配慮を必要としたベースアップを意味することとなる。

人件費総額への影響を見極めながら，労働市場の相場を踏まえた水準の賃金とするために定期昇給とベースアップは重要な役割を果たしている。

（野間幹子）

Q06 　なぜ賃金制度を変更するのは難しいのか？

　企業が，賃金制度を変更するに際しては，賃金原資が増大しない限り，誰かに利益・不利益が生じうる。そのため，労働法的規制もあるが，賃金制度変更の手法は，①同意による，②就業規則による，③労働協約によるという3種類があるので，それぞれについて，難しさを見ていこう。

①　同意による方法

　企業は，労働者との同意により，賃金を含む労働条件の変更が可能である[1]（労契法9条本文）。もっとも，数人単位のベンチャー企業であればともかく，企業規模が大きくなればなるほど，すべての労働者と同意の上で賃金制度を変更することは難易度が上がるし，一人でも不同意者が出た場合には制度変更ができない事態となる。なお，いわゆる「ジョブ型」賃金制度［☞Q28］の場合，制度変更とは別に個別の労働条件変更についても，同意により行う場合が多い。

②　就業規則による方法

　そこで，就業規則により賃金制度を変更する方法がある。就業規則で定められた労働条件は，合理的なものであれば労働契約の内容になり（労契法7条），企業と労働者を拘束する。賃金規程を含む就業規則は，事業場に所属している労働者全員に適用されるため，就業規則によって，画一的・統一的な労働条件等を定めることが可能となるのである。

　もっとも，就業規則による労働条件の変更は，労働者の同意によらず会社から一方的に行うことができるため，不利益変更を行う際には以下の要素に照らして「合理的」なものでなければならない（労働条件の不利益変更，労契法10条本文）。

1　ただし，就業規則には最低基準効があるため（労契法12条），同意により賃金制度を変更した場合は，併せて就業規則も変更すべきである。

ⅰ．不利益の程度　　　　　　　　ⅱ．労働条件の変更の必要性

ⅲ．変更後の内容の相当性　　　　ⅳ．労働組合等との交渉の状況

ⅴ．その他の就業規則の変更に係る事情

　問題は，この合理性が，いかなる場合であれば認められ，あるいは否定されるのかが不明確であることだ。複数の裁判例から結論を推測することは一応可能であるが，絶対ではなく，裁判官次第というケースもある[2]。

　そのため，企業人事としては，より合理性が認められやすい制度変更をするために，説明会の開催，代償措置や経過措置の検討，労組との協議，不利益内容の修正等を行うが，それでも確実とは言えないところに難しさがある。

③　労働協約による方法

　最後に，労働組合がある場合，当該組合と労働協約を締結または締結し直すことによって，当該組合の組合員の労働条件の不利益変更を行うことができ（労組法16条），これによれば上記不利益変更の問題は生じない。大企業のように，組合専従者がいる労働組合では賃金制度に詳しい組合役員との間で，あるいは賃金制度に関する労使委員会などの形式で労使協同で賃金制度改革を行う例がある。もっとも，日本においては労働組合が存在する企業のほとんどが大企業であり，中小企業は労働組合がないのが大半である（1,000人以上の企業では，39.6％，100〜999人の企業では10.5％，99人以下は0.8％）[3]ため，労働組合がない企業においてはこの方法を採り得ない。

　以上から，賃金制度を変更することが難しいのは，個別同意取得の困難性，就業規則の不利益変更の予測困難性，労働組合組織率の低下［☞Q23］という3点による。なお，海外のジョブ型雇用においては，日本のような賃金制度による一律の賃金決定方式ではなく，個別交渉による合意での賃金決定がむしろ当然であり，日本企業は今後，この同意取得の手法についても学んでいく必要があろう。

（倉重公太朗）

2　みちのく銀行事件（最一小判平12.9.7）では，地裁・高裁・最高裁の結論がいずれも異なった結果，制度変更が否定されている。なぜ，このように厳しい規制になっているかについては「第Ⅱ部第3章」を参照。

3　厚生労働省令和4年12月16日「令和4年労働組合基礎調査の概況」

Q07 なぜ正規従業員だけでなく，非正規従業員が必要とされるのか？

　非正規従業員を定義するのは存外難しい。企業による呼称は千差万別であるし，アルバイト・契約社員・嘱託・派遣社員など雇用形態や働き方も様々だ [☞Q52]。非正規従業員とは，一概には言い表せない多様性を内在しているが，これは非正規従業員という概念が形作られた歴史的経緯を見ればよく理解できる。1970年代までにむしろ「正社員」（正規従業員）の働き方が画一化され，広く浸透してきた。その画一化された正社員像との対比で，正社員以外の様々な働き方が「非 正社員」という枠組みで捉えられるようになり，非正規従業員という用語に結びついてきた。

　ではなぜ企業は正規従業員以外の働き手を必要とするのだろうか？　3つの理由を述べたい。第1に，労働力需要への柔軟な対応である。もしも企業が正規従業員しか雇えないような状況を仮定すると，まず容易に想像される問題は繁閑への対応であろう。通常の業務量にあわせた正規従業員しかいない場合，繁忙期には従業員が不足する。かといって繁忙期の業務量に即して正規従業員を雇うと，閑散期には人余りになりコストがかさむことになる。このように考えると，企業は労働力需要に応じて柔軟に調整できるようなマンパワーを求めるであろう[1]。

　第2に業務特性上の理由である。もしも企業に正規従業員しかいない場合，本業に派生する付帯的な業務や単純な定型的業務，低技能かつ誰でも代替できる業務などもすべて正規従業員が担うことになる。しかしこれでは正規従業員コストに見合わないばかりか，社員の人材育成や人材保持の観点からもデメリットが多いであろう。ここに非正規従業員へのニーズが発生する。労働経済学では「中核・周辺労働市場」などと呼ばれているが，企業には競争力の源泉

---

[1]　外部変化への柔軟性について，経営学ではアトキンソンの「柔軟な企業モデル」がよく知られている。このうち非正規従業員は数量的柔軟性に位置付けられる（佐藤・藤村・八代，2023）。

に関わる「中核業務」とそれをサポートする「周辺業務」が存在し，非正規従業員は主に後者を担うものと位置付けられてきた。

第3に社外の高度な専門知識・専門的技能の活用である。たとえばマーケティングや広報，ITなどのように，専門的かつ汎用的（他社でも活用可能）な知識を要する業務の場合，社内の正規従業員だけでまかなうのは非効率かつ非効果的なケースが多い。とりわけその業務における専門性のニーズが一時的であったり，社内ノウハウ蓄積の重要度が低いほど，その内部育成コストや人材保持コストは割高になる。このような場合，企業は高度な専門人材を契約社員や派遣社員などの形で引き入れることとなる。これは第2の理由で上述した「周辺業務」とは全く異なるニーズであり，両者をしっかりと区別して理解する必要がある。

以上3つの理由を紹介した。企業には，変化する労働需要に応じて，量・質ともに適切な要員戦略を組むことが求められる。とりわけ環境変化の激しい時代においては，不確実性への対処と事業・組織の成長をうまくバランスさせる必要がある。さながら投資家が，不確実性に対応するために投資対象を複数に分散させて「金融ポートフォリオ」を組むように，企業にも適切な「雇用ポートフォリオ（人材ポートフォリオ）」の構築が必要視されている。

知識社会化が進む中で特に近年，重要性を帯びているのが第3の理由である。そもそも企業が社員を内部化する理由の1つは，企業固有の強み・競争力の向上にあった。社員と長期的な雇用関係を結び，企業の強みに直結する企業特殊的な能力への投資を促すことに合理性があったためだ。しかし，そうした囲い込みが合理的である前提は，いま多くの企業で損なわれつつある。激しい環境変化や専門性の高度化により，「中核業務」であっても社内人材だけでまかなうことは難しくなっているためだ。フリーランサー活用や兼業・副業人材の受入れ等も含め，雇用契約の有無にかかわらず，社外の知をいかに取り込むかが企業競争力上も重要な課題となっている。

工業社会において確立された旧来の正社員像が見直され，正規従業員自体も多様化する中，自社の非正規従業員の必要性を考えることは，むしろ正規従業員の役割やその在り方を問い直すことにつながる。その問いが今，多くの企業に問われている。

（森安亮介）

Q08

なぜ非正規従業員だけに同一労働同一賃金が求められているのか？

　本来，同一労働同一賃金という概念は欧州などでみられるように，産業別労使交渉により，企業横断的に職務ごとの市場賃金が定まるという概念である。これに対して，日本における同一労働同一賃金とは，一連の働き方改革関連政策により導入された，同一の事業主に雇用される通常の労働者（正社員）と非正規雇用（短時間・有期雇用労働者・派遣労働者）との間の不合理な待遇の相違，差別的取扱いの解消を目指す非正規救済的規制である（パート有期法8条・9条，派遣法30条の3・30条の4）。なお，日本では法人単位でのみ同一労働同一賃金の判断を行い，また，非正規救済法理であるため正社員同士には適用されず，また厳密には「均衡処遇」[1]と「均等処遇」[2]に分かれている（そのため「日本版同一労働同一賃金」とも呼ばれる）。

　非正規雇用の雇用保障については，判例により，雇止め法理が確立され[3]，現在では労契法19条に規定されると共に無機転換制度（労契法18条）も制定された。一方で，非正規の賃金が正社員のそれを大きく下回っている[4]点について，これを是正する法制度が存在しなかったため，働き方改革関連法により，非正規救済的規制としての「日本版」同一労働同一賃金が導入されたのである（なお，ほとんどの非正規には査定がないため，非正規間の賃金格差は生じない）。

　また，同一労働同一賃金についてはガイドラインも存在し[5]，基本給・賞与・各種手当等の相違についての考え方が示されているが，そもそも正社員と非正

1　正社員と非正規雇用の待遇差が，職務内容や配置等の変更範囲，その他の事情に照らして不合理ではないこと，つまりバランスの取れた処遇を目指すものであり，不合理でなければ一定の差異を許容する概念。

2　差別的取扱いの禁止，つまり均衡処遇とは異なり，基本給や退職金まで差異を設けてはならない（同額にする必要がある）という厳しい規制であるため，「当該事業主との雇用関係が終了するまでの全期間」（パ有法9条）など，その要件は加重されている。

3　東芝柳町工場事件（最一小判昭49.7.22），日立メディコ事件（最一小判昭61.12.4）など。

4　ガイドラインには「我が国においては，通常の労働者と短時間・有期雇用労働者及び派遣労働者との間には，欧州と比較して大きな待遇の相違がある。」との記載がある。

規雇用者について，同じ賃金制度にしなければならないとはされておらず，現に正社員と非正規雇用者の賃金制度が異なる企業が大半である。同一労働同一賃金においては基本的に「不合理」な差異が無いようにすべしとされており，「不合理」とは「合理的」とは意味が異なり，たとえば「優・良・可・不可」のうち「不可」を取らなければ良いという概念でり，「不合理」な相違でなければ差異自体は許容する概念なのである。

そのため，実務的には同一労働同一賃金に関する各種判例[6]に基づき，基本給・賞与・退職金・各種手当など，支給項目ごとの支給趣旨と役割の相違に基づき不合理か否かを検討することとなる。

企業が意識すべきは，総額人件費との兼ね合いである。「パイは限られている」ため，総額人件費が変わらなければ，仮に同一労働同一賃金対応をしたとしても，それは「本来正社員などの昇給原資に使われる分が非正規に回った」だけであり，労働者同士の「労々対立」構造を招く結果となってしまう。

そもそも，メンバーシップ型雇用の日本においては，正社員こそが長期雇用をする「メンバー」であるためQ06やQ20で検討したとおり，正社員の雇用や賃金の保障が強固なものとなっている。しかし，企業は景気変動の波に応じて人員調整のバッファーを設ける必要があることは世界共通の普遍的事象である。それ故，日本においては，歴史的に正社員が雇用・賃金の保障が強いことと引き換えに，非正規雇用のそれは弱く，「メンバー外」の扱いとなっていたのである。そのため，より本質的に考えれば，正社員の雇用・賃金保障が強すぎなければ，非正規雇用者だけが不安定な雇用保障・待遇という格差がある事態とはならないはずである。正規・非正規という二項対立ではなく，メンバーシップ型雇用に基づき，正社員にのみ強い雇用・賃金保障が認められている現状をどう考えるか変えるか，具体的には，終身雇用・年功序列といった昭和時代の雇用ルールが維持されている正社員の在り方を再定義することが，本質的な非正規雇用問題の対策としても必要となるだろう。　　　　　　（倉重公太朗）

5　厚生労働省平成30年12月28日「短時間・有期雇用労働者及び派遣労働者に対する不合理な待遇の禁止等に関する指針」。
6　ハマキョウレックス事件（最判平30.6.1），大阪医科薬科大学事件，メトロコマース事件（いずれも最三小判令2.10.13），日本郵便（東京・大阪・佐賀）事件（最一小判令2.10.15）など。

Q09 なぜ人材マネジメントに関する業務が人事部門に集約されているのか？

人材マネジメントを担う人事部門とライン管理職

産業構造の急激な変化，少子高齢化の進展，個人のキャリア観の変化など，企業を取り巻く環境の変化のスピードは加速している。企業が環境の変化に対応しながら，持続的に企業価値を高めていくためには経営戦略と適合した人材マネジメントが鍵となる。

企業の規模にもよるが，一般的に人材マネジメントは，人事部門と部門の管理職が担う。人事部門は人材に特化した組織として，人材マネジメントの全社的な戦略立案やそれに基づく施策の設計，採用や人事異動，昇進昇格の運用実務等を組織横断的に行っている。一方，日々従業員に向き合い，重要な役割を担っているのはライン管理職である。担当する部門において雇用管理をはじめとする人材マネジメント施策を円滑に行い，機動力を高めている。

このように人事部門とライン管理職は役割を分かちながら人材マネジメントを行っているが，一般的には，日本企業の多くは人事部門に，米国の企業においては部門の管理者に比重を高めている傾向がある。米国の企業は雇用管理が職務を基に行われるためである。

日本企業における人材マネジメントと人事部門への業務集約

従業員に日々向き合っているのはライン管理職であるが，なぜ多くの日本企業においては人事部門に人材マネジメントの業務が集約される比率が高いのであろうか。それは長期雇用を前提としており，中長期的な人材育成の目線が不可欠だからである。

ライン管理職が，どんなに丁寧に向き合っていたとしても，従業員について把握できるのは自身の管理範囲においての内容に限定されてしまう。また，業

績責任を果たす上では人材育成の目線より目の前の業務遂行を優先したマネジメントに陥ってしまう傾向がある。

しかしながら，従業員の育成を考えると，中長期で成長のステップを考慮し，能力や経験の幅を広げるために部門を跨ぐ異動を組むことや，適切な昇進昇格管理を行うことが重要なのだ [☞Q02, 04]。そのために人事部門が，人と職務の情報を収集し全社横断的に関連部門と調整することで従業員および組織の最適化を行っている。

また人事部門へ集約するもう1つのメリットとして，品質の向上が挙げられる。業務の側面としては従業員に関する情報は絶えず生成もしくは変動する要素を持っており，データを集積あるいはメンテナンスをする上では一元化されているほうが情報の精度が上がり，より精緻な従業員の把握につながる。

また従事する人材の側面では，人事労務管理に特化した専門的な知識をもった人材がスタッフとして集まることにより，より経営戦略に適合した人事施策の検討やライン管理職の労務管理の支援が可能となり，全社的な人材マネジメントの質を上げることが期待できるのだ。

これからの人材マネジメントと人材情報の活用

近年，人材を「資本」として捉え，その価値を最大限に引き出すことで，中長期的な企業価値向上につなげる経営の在り方が提唱されている [☞Q21]。また，人事労務におけるHRテクノロジーが普及し，これまで従業員の給与計算や勤怠管理などオペレーショナルな業務への利用が中心だったが，タレントマネジメント等，人材の有効活用や能力開発においても利用が進んできており，個人情報の参照のみならず，属性情報を組み合わせ分析することにより組織課題が定量的に可視化できるようになってきた。人材は1人ひとりが異なる特性，価値観，スキルを持ち，価値を生み出すにあたり変動しうる要素を持つ。これらの個人の違いに対応することで生み出す価値を最大化し，組織の力に変えていくことが求められる。そのためには集積された多岐にわたる情報を日々の部門運営の人材マネジメントに効果的に活用し，経営戦略と連動させることを担うBP（ビジネスパートナー）を置くなど新たな人事の在り方が問われている。

（野間幹子）

Q10 なぜコア人材が必要とされるのか？

コア人材とは誰のことか？

「コア人材」とは，Q01で「会社の将来を担う人材」と定義されていたが，その名のとおり事業の中核（コア）を担う人材で，さらに踏み込んで定義をしようとすると，主に2つの見方ができる。

まずは，コア人材とは経営幹部候補生である，とする見方。

もう1つは，競争戦略上，他社と事業の差別化を生み出すための組織能力（例：独自のバイオ創薬技術・知見，超精密加工部品の製造技術力）を担う人材，とする見方。

後者の視点に立つと，コア人材は必ずしも経営幹部やその候補者層と同義ではなく，企業の成長フェーズやビジョンの変化によって対象が変わりうる。たとえば，創業期であれば新規事業を生み出す研究者や技術者，成長期や多角期であれば事業を拡大できる事業開発者，変革期であれば事業・組織改変を実行する変革リーダーがコア人材といえる。

なぜコア人材が必要なのか？　どうやってコア人材を確保・育成するのか？

コア人材の定義を経営幹部候補生とした場合，企業の存続・成長を持続的に図るために，包括的なサクセッション・プラン（後継者の特定・確保・育成計画）が欠かせない。従業員の「入口」を新規学卒採用に頼っている企業の場合は，できるだけ早期に新入社員のポテンシャルを見極め，彼らに早期昇進でより責任あるポストを担当させたり，新規事業の立ち上げや業績の悪い子会社の再生などの修羅場を経験させて，社内育成を図る。内部育成のメリットは，経営戦略の策定・実行力だけでなく，組織内での信頼関係の構築，組織文化に沿ったリーダーシップの習得などを時間をかけて行える点である。サクセッ

ション・プランの実行は中長期戦となるので，定期的に成長度合いのアセスメント（評価・査定）を繰り返し，人材プールの更新を行う［☞Q42］。その過程で，人材プールが不十分となれば，中途採用を行うことも重要である。

近年，経営幹部は「経営のプロ」といわれる外部人材を採用することが一般的となり，欧米系の多国籍企業では社長が外部から登用されることも珍しくなくなった。その背景を踏まえると，経営幹部候補生よりも，むしろ事業の差別化を生み出す人材を「コア人材」として社内育成し，企業の競争優位を維持することが優先課題だとする企業もある。

この事業差別化人材を確保するためには，まずは必要な組織能力を明確化し，それを保有する候補者を新卒・中途採用の両方で確保していかねばならない。他社から模倣されない独自の強みとなる組織能力のための人材には，内部で蓄積された暗黙知の習得も求められるため，中長期で社内育成することに一理ある。新卒採用や，将来を見据えたポテンシャル採用を行い，差別化コア人材のプールを確保していく，ということだ。たとえば，ライフサイエンス企業においては，新卒でサイエンティストを一定数，継続的に採用している。一方，環境変化が激しく社内育成が追い付かないと判断した場合は，競合他社や別インダストリーから，その能力と実務経験を保有する経験者をヘッドハンティングすることも必要だ。

今後の課題は，市場変化・事業戦略に基づき常に変化するコアの組織能力を，人事が経営の視点から同定しなおすとともに，コア人材とその候補者たちのリテンションを個別に行うことである。リテンションの方法としては，主に「より高い報酬（昇給）」か「より責任あるポスト（昇進）」で転職防止を図るのが一般的だが，コア人材が企業に定着する理由は処遇だけではなく，企業ビジョンへの共感・成長機会・やりがいの追求などそれぞれ違うため，1人ひとりのモニタリングと，直接上司および組織による個別の働きかけが必要となる。

このように，コア人材のパイプライン確保のためには，採用・育成の両面で臨機応変な人材マネジメントが求められる。終身雇用や年功序列を前提としたメンバーシップ型雇用をとってきた日本企業にとってチャレンジであろう。

（高橋菜穂子）

Q11 なぜ企業横断的な職業資格や 職種別労働市場が根付かないのか？

　日本で働いている多くの人は，企業横断的な職業資格や職種別労働市場と言われてもピンとこない。一般的には，固有の技能（職業特殊的技能）が存在する職業においては，企業外の業界団体等が技能レベルを定義，序列化することで労働市場の効率化（取引費用が低い）が図られる。一方，企業固有の技能（企業特殊的技能）が大きければ，閉じられた内部労働市場の中で内部育成および評価処遇をした方がよい（取引費用が高い）ということになる。

　日本では，この後者のイメージが強い。しかし，建設業界の現場業務や医療関連業務等の国家資格を含む各種資格が求められる現場では職業別労働市場が形成されている。日本における職業資格は，国の制定した資格以外に民間団体が制定している資格も多数存在し，その数は2,000とも3,000とも言われている（青島，1997）。また最近では，職業別労働市場を目指した様々な取り組み（ジョブカード，ビジキャリ，ITSSなど）も行われてきている。しかし，それらが定着するには至っていないのが現状といえる。

　他方，職業資格が機能しているといわれる欧州の実態をみてみると，職業資格先進国のイギリスでは国が統一基準で多様多種な資格制度を整備しており，ドイツやフランスでは学校教育と職業資格取得が密接に結びついていて学生も高等教育選択の時点から職業を意識する風土が出来上がっている。特にフランスでは，行政をつかさどる役人や企業経営者も専門職と位置付けられ，それらの教育育成に特化した高等専門学校を卒業した人材がそれらの職に就く。他の国を含め西欧諸国では，労働者の職業上の技能水準を認定する職業資格制度が発達し，その資格を賃金決定の要素とする慣行もあり，職種やその専門技能に対する関心は高い。一方，アメリカでは職種以上に職務の役割責任を軸に人事を規定する文化が強く，職務ごとに求められるスキルが定められ，欧州のように職業資格や技能先にありきの視点の人事とは考え方が異なる。

職業資格や職種別労働市場の生れにくい雇用流動性の低い労働市場環境

先に述べたように，日本企業は長期雇用前提の企業内昇進を重視しているため，企業横断的な職業資格ではなく企業特殊的技能を重視し，内部労働市場取引での効率性を重視している。結果，労働市場の流動性も低く職種別労働市場も形成されにくい社会構造となっている。職業資格や職種別労働市場が発展するには，労働市場の流動性が高いことが前提となる。

職業教育訓練ではなく一般教育重視の教育システム

欧州，特にドイツやフランスなどの国々では，一般教養としてのリベラルアーツ教育と職業教育と訓練（Vocational Education and Training, VET）システムが分けて考えられている。この仕組では，実務訓練が学校教育と一体化し，特定の職業に必要なスキルや知識を学校教育として提供されるように出来ている。欧州において，職業資格は職業能力の証明として非常に重要視され，学生も将来の自身のキャリアと学業を結び付けて教育を受ける。一般教育に重点を置いた日本の教育システムとは，社会人になる前から，職業意識を醸成する社会環境が異なっている。今後のより専門性を求められる労働環境を考えると，リベラルアーツとしての大学教育と職業訓練としての教育のバランスの再考が必要なのかもしれない。

これからの職業資格と職種別労働市場

これまでの日本企業では，長期雇用慣行を背景に，社員の企業に対する帰属意識が高く，個人は企業を超えたキャリアを積むこと以上に，1つの企業内でのキャリアを重視してきた。これに応えるべく，企業がOJTを含む社内研修を提供し，社員は企業特殊的技能を身につけることで組織が成り立ってきた。

しかし，これからの時代は，個人の帰属意識の希薄化だけでなく，高度化する技術技能面から考えても，内部では育成しきれない職業特殊的技能の外部からの獲得が必要となる可能性がある。その結果として，職業資格の重要性向上や職種別労働市場の形成が起こる可能性が考えられる。

（山本紳也）

Q12

なぜ結果だけではなくプロセスや姿勢が 人事評価の対象になるのか？

人事評価の対象を結果だけにしたら社員はどのように行動するか？

　一般的に，日本企業における人事評価は仕事の結果だけでなく，仕事への取組み姿勢や仕事の進め方，そしてその結果を総合的に勘案して行われる。これはなぜだろうか。人事評価の対象を結果だけにしたら何が起きるのか，評価される側の社員が何を考えどのように行動する可能性があるか，という観点から考えてみよう。

　まず，結果を出すためには手段は選ばない，という社員が出てくるかもしれない。これが常識的なルールの範囲内で行われれば良いが，往々にして社会のルールを逸脱し，様々な問題を引き起こしてしまうことがある。

　例をあげると，売上高を多く見せるための会計操作や，製品の試験データの改ざんなどがある。誰もがやってはいけないことと分かっているはずなのに，結果だけを追い求めた結果こうした事態が発生してしまう。もしもプロセスや姿勢も人事評価の対象になっていたなら，こんな行動はとらなかったであろう。

　次に，結果の"刈り取り"を最優先して，いわゆる"種まき"的な行動をおろそかにする社員が出てくる可能性がある。目先の結果に結びつくことだけしかしなくなるのである。これには新しい顧客の開拓や関係構築なども含まれる。そうなると，企業の持続的な成長は望めない。

　また，結果を出すために自分がやりたい方法で仕事を行い，チームワークをおろそかにしてしまう社員が現れる可能性がある。これについては，個人に対して個人の目標だけでなく，チーム全体の目標を評価の対象に加味することで少しは対処できるかもしれない。ただしこの際，個人目標とチーム目標の評価上の比率には注意が必要である。チーム目標の比率が少なすぎると，チームワークを促す効果は限られる。一方，多すぎると他のメンバーの努力に依存し

て自分は頑張らない「フリーライダー」が生まれる恐れがある。

さらには，社員が高い目標を嫌がるようになる可能性もある。高い目標を掲げると結果を出しにくくなるので，危機回避的な行動にでるからである。そして，そうした社員が増えれば，企業は高い成果を望めなくなる。人事評価の対象にプロセスや姿勢を加味すれば，たとえ結果が十分に出なくても評価されることになるため，社員は高い目標を受け入れやすくなる。

そして，結果だけを評価すると，未経験の仕事への異動を嫌がる社員が出る恐れがある。多くの日本企業では，学校を出て入社した社員に対して社内で様々な仕事を経験させながら育成し，長期的な雇用を維持してきた。たとえば経理から営業といったような異動が受け入れられたのは，職種を超えた異動によってすぐには結果が期待できないとしても格付け等級や給与が下がることがない仕組（職能資格制度）のおかげである。しかしながら，人事評価の対象を結果だけにしたらどうなるだろう。これまで従事してきた仕事であれば知識や経験が蓄積されているので結果は出しやすいが，未経験の分野ですぐに結果を出せといわれてもそう簡単にはいかないだろう。したがって，結果だけで評価されるのであれば，新しい職務への異動を喜んで受け入れる社員は多くはない。

人事評価の対象を結果だけにしたら管理職はどのように行動するか？

こうした問題は，一般の社員であれ，管理職であれ起こりうる。たとえば，管理職が結果を出す方法を問われなくなったらどうだろう。部下が不本意と思うやり方を強要してでも，どんなに時間がかかろうとも目標の達成を徹底的に求めるかもしれない。また，目標の達成が難しそうな部下に代わって自分でやってしまうかもしれない。こうしたことは，対応の仕方によってはパワハラや過重労働につながったり，部下の成長機会を奪ったりすることにもなりかねない。

このように，人事評価を結果だけで行うと，人間が持つ利己的な側面が強く表れてしまいバランスが悪い。もちろんすべての社員や管理職がそうした行動をとることはないが，企業としてはこうしたリスクを念頭に置いたうえで評価の対象を検討する必要がある［☞Q37］。 （一守 靖）

Q13
なぜ評価結果の社員への開示と フィードバックが必要なのか？

評価結果の開示とフィードバックはどのくらいなされているのか？

　パーソル総合研究所が直接評価を担当する部下を持つ3,000人の上司層に対して実施した調査（2021）によれば，評価のプロセスを制度化している企業では，上司の77.1％が部下に評価結果を通知し，76.5％が部下に評価結果をフィードバックしていた。この数値は，「完全に実施している」と「概ね実施している」という回答の合計値なので，世の中の上司と呼ばれる人々の多くが部下に対して何らかの形で評価結果を開示・フィードバックしている。

　ただし，裏を返せば，上司の2割強は部下に対して評価結果を伝えていないというのも現実である。その気持も理解できる。伝える情報が良い情報であれば喜んで伝えるところではあるが，評価結果というのは良い情報ばかりではない。実際，先の調査では，評価をされる側の5,000人に対して人事評価制度への不満を聞いており，その結果，33.2％の人が評価結果に不満を抱いている。メイヤー（Meyer, 2016）によれば，日本人というのは，人に対してネガティブなフィードバックをする際に，それをポジティブなメッセージに包み込んでソフトに，外交的に伝える傾向が，他の国と比較して突出して強いそうである。それだけ苦手なのである。こんな状況のなか，なぜ上司は，多大な手間と時間をかけて，部下の3人に1人が不満を持つであろう評価結果を開示しなくてはいけないのだろうか？

評価結果をフィードバックする大切さ

　上司が部下に対して評価結果のフィードバックを行うことは，次の4点で大切である。

　まず，評価結果を正しくフィードバックすることによって，部下は自分の強

みを理解し，改善が必要な点を認識する。部下はそれらを意識しながら業務や自己啓発に取り組むことができ，自己の成長につなげることができる。

　次に，フィードバックを行うことによって上司と部下の間のコミュニケーションが促進され，お互いの信頼関係が高まる。部下は，上司が自分の仕事ぶりを見てくれていると感じることで，よりモチベーションを高め，組織への貢献意欲向上にもつながるのである。

　さらに，評価結果のフィードバックは組織の成果にも良い影響を及ぼす。部下が強みを伸ばし弱みを改善しつつ業務を遂行すれば自分自身の業務目標達成につながり，ひいては組織の目標達成にもつながる。また，仕事の取り組みに関するフィードバックは会社の評価制度に対する公正感や納得感にもつながる。

　最後に，評価結果のフィードバックを通して上司自身のリーダーシップ能力の向上を図ることが期待できる。部下への適切なフィードバックを考える過程で，上司はリーダーとしてのコミュニケーションスキルや人材育成能力を高めることができる。

評価結果のフィードバックをやりやすくする方法

　それでも，評価結果をフィードバックする際の上司の心理的負担はなお存在する。どうすればそれを軽減できるだろうか。

　最も効果的なのは，日頃から部下に対してその仕事ぶりをフィードバックすることである。会社のプログラムに従って年に１度まとめてフィードバックをすることになると，ポジティブな情報は良いとしてもネガティブな情報もまとめて伝えなければならず，それは大変である。日々気がついた都度伝えておけば最終評価結果を伝えたときの驚きを少なくできる。要は部下の自己評価に対する期待値コントロールを日頃から行っておくということである。

　その他には，グローバル組織で働く人々は，異なる国の部下の多様性を理解しておくのも大切である。ネガティブなフィードバックは国によって伝え方も異なり，例えばメイヤー（2016）がいうように，オランダやドイツなどのようにオブラートに包まず直接伝えるのが良しとされる国もあるのである。

　評価結果の社員への開示とフィードバックを行うことによって，企業は追加の研修コストをかけることなく，人と組織を成長させることができるのである。

（一守　靖）

Q14 なぜ労働時間を短縮しなければならないのか？

　日本人は働き過ぎだということがしばしば言われる。労働政策研究・研修機構「データブック国際労働比較」で確認すると，1人あたり年間総実労働時間は，1985年の2,100時間から急減し，1,600時間にまで減少している。しかし，この減少はパートタイム労働者の増加が反映されたものであり，パートタイム労働者を除く常用労働者に限って確認すると，2,000時間近辺で横ばいが続いている。依然，他国と比べても長時間労働である。

▶ 1人あたり年間総実労働時間の推移 ◀

出所：「データブック国際労働比較2023」および「令和4年版過労死等防止対策白書」をもとに作成[1]

　こうした中，働き方改革の関連法によって，時間外労働の上限規制・月60時間超の割増賃金率引上げ・勤務間インターバル制度の努力義務化［☞Q33］などが定められた。特に時間外労働の上限規制については，わが国の労働法上，初めて上限時間規制が設けられた改正として画期的なものと言える。

1　各々OECD.Statと厚労省「毎月勤労統計」から作成されている。ただしデータは一国の時系列比較用に作成されたものであり，データ源や計算方法の違いから，特定年の水準の各国間比較には適さないことに注意が必要である。

なぜ，労働時間を短縮しなければならないのか？

　従業員の合意があれば労働時間は企業や個人の自由だという考え方もあるだろう。なぜ企業は労働時間短縮に取り組まなければならないのだろうか？　単なる法令遵守という枠組みをこえて，いま企業に労働時間短縮が求められている理由について以下3つ紹介したい。

　理由の第1は従業員の健康確保である。言うまでもなく長時間労働は心身の健康状態に悪影響を及ぼす。過労死や過労自殺を防止する責務が企業にあることはもちろん，従業員の健康低下は生産性やエンゲージメントの低下にもつながる。また近年では，レピュテーションリスクが契約解除や売上減少など事業存続の危機に直結する。企業は，長期的視点にたった予防的投資や事業活動存続の観点から健康確保に力を入れるべきであろう。

　第2の理由は，採用や定着など人材の確保である。人材不足の環境下にあっては，働きやすく働きがいのある企業でなければ人を惹きつけ続けることは難しい。SNSや口コミサイトの普及など，働き方に関する情報が広く伝達される昨今，職場環境の魅力は採用力に直結するであろう。定着についても同様だ。他社の働き方に関する情報を取得できることは，一度自社に入社しても職場環境が悪ければ流出していくことにつながる。「くるみん」などの認証に加え，近年では人的資本に係る情報開示の動きも進む [☞Q21]。こうした働き方の情報の流通は，「人に選ばれる企業」とそうでない企業をますます二分していくであろう。

　第3の理由は，生産性の向上である。国際的にみても日本の労働生産性は低いことが知られている。労働時間短縮を1つのきっかけに，業務の付加価値や非効率な働き方を見直し，「限られた時間でも高い組織成果やイノベーション創出につながる環境」へ転換することが求められる。

　労働時間の短縮は，時間あたり労働生産性のうち，分母を小さくする位置付けだとみなせる。しかし同時に重要なのは，分子であるアウトプット・付加価値を高める働きかけだ。たとえば，社員のキャリア自律を促すこと，社員の自己研鑽を応援したり社員自ら能力開発に投資するような風土を醸成すること，経験から質の高い学びを得られるように促すことなどが重要になってくる。知識社会化が進み，従業員の創造性が企業競争力の源泉にもなる中，創造性や自律性を育むような働き方が，企業にも個人にも求められている。　　（森安亮介）

Q15 なぜ女性の年齢別労働力率は M字型だったのか？

女性の年齢別労働力率におけるM字型とは？

　女性の年齢別労働力率におけるM字型とは，縦軸に就業率，横軸に年齢階級を置きグラフで示した時に，20代後半から30代の就業率が極端に落ち込み，アルファベットの「M」に似た曲線を描くことから名づけられたものである。日本の男性や欧米各国の女性の労働力率グラフはこうした落ち込みがないため，M字型は日本女性の労働力率の特徴といわれてきた。

女性の年齢別労働力率がM字型であった理由

　これは女性が，結婚・出産期にいったん離職し，育児が一段落してから再び働きだすためといわれているが，この事象の背景には以下の理由が考えられる。

（1）性別役割分担意識

　高度成長期における日本の就業モデルは，夫は長時間働き妻が家庭を守るということが前提となっていた。この固定的性別役割分担に関する意識は，少しずつ変化しているものの今も根強く残っており，第7回全国家庭動向調査（男女共同参画局（2022））によると，「子どもが3才くらいまでは，母親は仕事を持たず育児に専念したほうがいい」に賛成する人が61.0％に及び，「結婚後は，夫は外で働き，妻は主婦業に専念すべきだ」にも29.5％が賛成している。このような社会に根強く残る性別役割分担意識が，女性が就業を継続することを阻んできた第1の理由といえよう。

（2）家事・育児と仕事の両立が困難な雇用慣行・職場風土

　第2の理由として，長時間労働を前提とする雇用慣行と職場風土が挙げられる。日本の一般労働者の総実労働時間は年間平均1,945時間におよぶ（厚生労働省「労働時間制度の現状等について」（2022））。

　物理的に「長時間労働が求められる」という理由だけでなく，「長時間労働を是とする」雇用慣行や職場風土，休職することに対する「評判」，休職後の「キャリアへの不安」といった心理的側面も，女性が働き続けることにマイナスの影響を及ぼす。

　（3）両立を支援する社会的インフラ・サービスの未整備

　企業内の制度や慣行だけではなく，家事・育児の負担を軽減する社会的なインフラやサービスが未整備であることも理由の1つといえる。待機児童数は1995年に厚生労働省が調査集計を発表して以来約20年間にわたり，20,000人程度の高止まりで大きな改善がみられなかった。また，家事代行などの民間サービスについても，欧米各国の3割〜6割の利用率と比較して日本は3.5％にとどまる（リンナイ「世界5カ国の共働きに関する意識調査」（2018））。

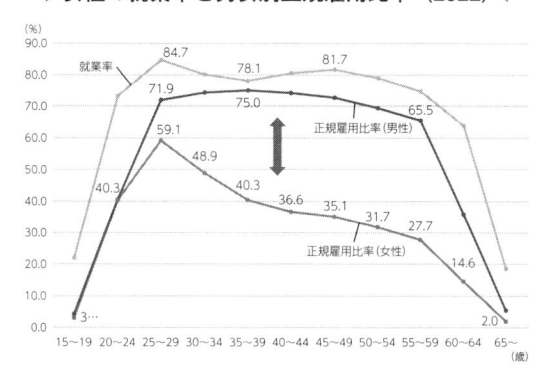

▶女性の就業率と男女別正規雇用比率（2022）◀

出所：総務省「労働力調査（基本統計）」

M字型カーブ解消後の課題

　M字型カーブは近年解消されつつある。その理由として子育てや女性活躍に関する関連法規の整備，企業の働き方改革などの影響もあるが，共働きをせざるを得なくなった経済的な理由や女性の生涯未婚率の増加も背景にある。また，30代以降の正規雇用比率は右肩下がりのL字型で，女性の長期的なキャリア形成や賃金格差などの課題は解消されていない。女性が社会で能力をさらに発揮できるようになるには，女性に偏重している家事・育児負担の軽減をはかることが必須である。2022年4月の法改正で男性育休取得推進が義務化され，男性の家事・育児参加が徐々に拡がってきているが，こうした企業による後押しと同時に，社会全体で男女ともの性別役割分担意識からの脱却に取り組むことが求められる。

（永井裕美子）

Q16

なぜ男女間には賃金格差が存在するのか？

日本の男女間の賃金格差の現状

　日本の生産年齢人口（15歳〜64歳）でみた女性の有業率は72.8％となっており（総務省「就業構造基本調査」(2022))，諸外国と比較しても見劣りはしないレベルにある。しかし，男性の賃金を100とした場合の一般労働者男女間賃金格差は74.8であり，徐々に改善されてはいるものの，世界的にみるとOECD加盟国38カ国の中でワースト4位である（OECD Gender Wage Gap (2022)）。

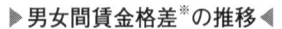

▶男女間賃金格差※の推移◀

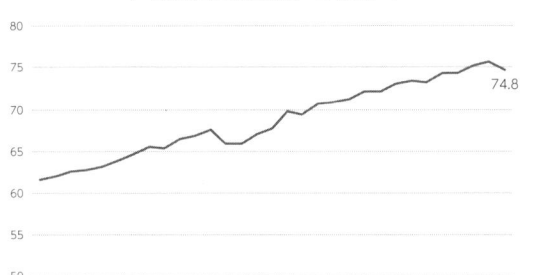

※男性労働者の所定内給与額を100とした時の女性労働者の所定内給与額の値
出所：厚生労働省「2022年賃金構造基本統計調査」データより筆者作成

　学歴で比較しても，大卒男性の所定内賃金平均が392.1千円であるのに対して女性は294.0千円と男性の75％である。

男女間に賃金格差がある理由

　男女間の賃金格差について，日本における特徴的な理由3点を下記に掲げる。

（1）管理職比率

　管理職などに占める女性の割合は，課長相当職で11.6％，部長相当職で8.6％である。役職別に見た賃金は，課長職は非役職者の約1.7倍，部長職は非役職者の約2.1倍であり（厚生労働省「令和四年度雇用均等基本調査」），女性管理職の少なさが日本の男女の賃金格差に影響を及ぼしている。

（２）勤続年数

　一般労働者の平均勤続年数は，2020年時点で男性が13.4年であるのに対し女性は9.3年である（厚生労働省「令和４年労働経済の分析」）。日本企業の特徴ともいわれるメンバーシップ型人事制度では，勤続年数が昇給や昇格に直接的に影響する。また勤続年数の差による統計的差別（個人が属する集団の平均的な行動による統計的事実により，その個人に不利な判断をすること）により教育投資の過少がおこり，それが昇給・昇格に影響を与える。

（３）男女の家事・育児時間の差

　男女の生活時間の国際比較データ（OECD, 2020）によると，有償労働時間と無償労働時間の合計時間は，日本女性496分（週平均１日あたり），日本男性493分と男女とも比較国の中でトップである。内訳をみると，家事・育児等の無償労働時間は，女性が224分，男性が41分と女性が男性の5.5倍であり，比較国中，男女比が最も大きい。このような状況で女性が出産・育児などのライフイベントに遭遇すると，仕事と家事・育児の時間をトレードオフし，キャリアの中断や非正規雇用を選択しがちとなる。

男女間の賃金格差を是正するためには何が必要か？

　男女間の賃金格差は，世界的にSDGsの観点からも注目されており，2022年の女性活躍推進法の改正では，一定規模の企業に対して男女の賃金の差異を公表することが義務付けられた。現状把握や要因分析を丁寧に行い，各社が現実的な目標を立ててPDCAを回していくことが重要である。

　また勤続年数の差，男女の家事・育児時間の差に対しては，長時間労働の見直し，ワークライフバランスを充実させるべく働き方改革の推進をさらに加速化する必要がある［☞Q15］。

　女性の管理職を増やすためには，時間の長さではなく成果で個人の能力を評価する公正で透明性がある人事制度の整備，女性自身の性的役割認識やインポスター症候群などへの対応，社外も含めたメンターや多様なロールモデルの提示などが有効であろう［☞Q36］。

（永井裕美子）

Q17 なぜダイバーシティ・マネジメントに 取り組む企業が増えているのか？

ダイバーシティ・マネジメントとは何か

　最初に職場における多様性（ダイバーシティ）とは何かを確認しよう。職場における多様性は，主に属性の多様性と働き方の多様性を意味する。ここでいう属性の多様性とは，たとえば性別や年齢，国籍，使用言語における多様性であり，男性（女性）だけでなく女性（男性）もいるといったことを意味する。なお性別の多様性については，LGBTQといった性の多様性も含まれる。

　一方，働き方の多様性とは，たとえば正社員という雇用形態における短時間勤務や短日勤務といった，いわゆるフルタイム以外の働き方が存在するという働く時間における多様性と，自宅やサテライトオフィスといった職場以外の場所での勤務を可能にする働く場所の多様性を指す。

　ダイバーシティ・マネジメントとは，職場における多様性を高め，かつ多様性が企業・個人双方にとって，よりプラスの効果をもたらすことを促し，逆にマイナスの影響を抑制するための取組みの総称である。したがって，ダイバーシティ・マネジメントには人事制度の導入・運用だけでなく，組織風土の醸成や管理職のリーダーシップの醸成など，幅広い取組みが含まれる。たとえば，女性を対象としたダイバーシティ・マネジメントには，就業継続を促進する育児休業や短時間勤務制度の導入，これらを取得しやすい職場風土や管理職のマネジメントに加え，管理職登用に向けた仕事のアサインや教育研修が含まれる。

ダイバーシティ・マネジメントに取り組む企業が増える理由

　企業は，なぜダイバーシティ・マネジメントに取り組む必要があるのだろうか。それは，職場の多様性はマネジメントを必要とするからである。そもそも職場の多様性は簡単には高まらない。また，職場の高い多様性は職場に不公平

感やコンフリクトといった課題をもたらすと同時に，多様性が新たなアイディアの創出といった力を発揮するためには仕掛けが必要となる。職場の多様性を高め，かつ多様性がもたらす課題を抑制し，成果に結びつけるために，ダイバーシティ・マネジメントは不可欠になる。

この点を踏まえた上で，ダイバーシティ・マネジメントに取り組む企業が増えた3つの理由を示していこう。

第1に，「職場の多様性を高めなければならない状況」の出現である。日本では，労働力人口減少傾向に伴う人材不足を補う存在として，女性・高齢者・外国人といった多様な人材の就労・活躍が期待されている。したがって，リテンションを含む人材確保を主たる目的として，ダイバーシティ・マネジメントに取り組む企業が増加している。

第2に，女性活躍推進法や育児・介護休業法・高年齢者雇用安定法といった法律の存在である。企業は，これらの法律に対応すべく，育児・介護休業制度や短時間勤務制度を導入し，高齢者の就業機会を確保することを通じて，ダイバーシティ・マネジメントに取り組むようになる。昨今では，女性管理職比率や育児休業利用者数等，ダイバーシティ・マネジメントの成果に関する情報開示がより求められるようになってきたことも，ダイバーシティ・マネジメントに取り組む企業の増加を促している。開示された情報は，労働者が企業を選ぶ際の指標となり，多様な人材が活躍できる会社であることが，多様な人材の獲得につながるからである。

第3に，職場の多様性を企業の成果につなげるべく活用しようとする戦略的な人材マネジメントに取り組む企業の増加である。たとえば，社員の多様性をイノベーションの源泉とすることで経営課題の実現を目指すある企業では，社員が同質化せず，アイデンティティが多様化した組織を構築すべく，多様な視点や価値観を持つイントラパーソナル・ダイバーシティの向上と可視化に注力している。

現在の日本では，最初の2つの理由にてダイバーシティ・マネジメントを行う企業がまだまだ多いが，長期的には第3の理由のように，自社の戦略と連動する形でのダイバーシティ・マネジメントへと形を変えることが期待される。

（坂爪洋美）

Q18　なぜコース別雇用管理制度が普及したのか？

男女雇用機会均等法のもとで普及したコース別雇用管理制度

　男女別の雇用管理を規制する男女雇用機会均等法が1986年に施行され，これに対応するために，男女によってではなく，コースによって雇用管理を違えるコース別雇用管理制度の導入が，大企業を中心として一気に進んだ。1989年の旧労働省「平成元年度　女子雇用管理基本調査」のデータをみると，規模別の導入率は5,000人以上が42.3％，1,000〜4,999人が25.3％，300〜999人が11.4％，100〜299人が4.3％，30〜99人が0.9％であった。このうち1,000人以上の導入企業の7割強では，1985〜1988年度の間に制度が導入されており，均等法の施行前後で制度導入が相次いだ様子がうかがわれる。

　当時の典型的なコース別雇用管理制度では，「総合職」と「一般職」にコースが区分され，「一般職」は基本的に女性のみであったとしても，「総合職」の門戸が女性にも開かれていることで，男女別ではなくコース別の雇用管理であるとされていた。その後1997年の均等法改正（1999年施行）により，女性のみを「一般職」として募集することは，「女性に対する差別」として原則禁止とされた。しかしながら，採用の結果としての各コースの男女構成は今もなお偏っており，「一般職」は依然として女性事務職の受け皿となっている。

　厚生労働省の「令和4年度　雇用均等基本調査」（企業調査）では，コース別雇用管理制度が「基幹的業務や定型的業務等の業務内容や，転居を伴う転勤の有無等によって幾つかのコースを設定して，コースごとに異なる配置・昇進，教育訓練等の雇用管理を行うシステム」と定義されている。導入率は規模5,000人以上が63.4％，1,000〜4999人が38.7％，300〜999人が31.4％，100〜299人が14.2％，30〜99人が6.0％と，依然として大企業が高いが，他の規模でも上昇している。また，正社員に占める「総合職」，「一般職」の割合は，男性が各49.7％，33.0％であるのに対し，女性は各36.4％，44.8％となっている（計が

100％にならないのは，他に「限定総合職」「その他」「不明」があるため）。

変質するコース別雇用管理制度

　均等法施行後35年以上の年月のなかで，社会環境は大きく変化し，それに伴ってコース別雇用管理制度も一定の変容を遂げてきた。

　特に「一般職」については時代の荒波にもまれてその位置づけが度々問われる事態となった。まず，バブル経済崩壊後の長引く不況下，多くの企業で人件費の効率化が進められるなかで，1990年代後半ごろには「一般職」の新卒採用を停止し，派遣社員などの非正社員で代替する企業も相次いだ［☞Q07］。その後，事務職を内部育成する必要性が再認識され，2000年代後半ごろには「一般職」の新卒採用再開の機運が高まったものの，経済環境は好転せず，業務効率化に伴う事務量の減少，女性の勤続年数の長期化もあいまって，「一般職」の中長期的なキャリア形成が課題とされるようになってきた。このようななか，「総合職」と「一般職」の中間的なコースや多様なコースの設定，コース間の転換制度の整備，あるいはコース別雇用管理制度の廃止などの事例が出てきた。

　今後も，以下の２つの観点から，特に「一般職」の在り方が議論の俎上にのぼり，既存のコース別雇用管理制度の見直しがさらに進められる可能性が高い。

　１つは，女性活躍推進の観点である。2015年に女性活躍推進法が制定され，女性活躍推進のための一般事業主行動計画の策定・届出や従業員への周知・公表，女性の職業選択に資する情報の定期的な公表が企業に義務づけられるようになった。さらに，2022年には同法の省令・告示が改正され，一定の要件のもとで男女の賃金格差の開示も義務づけられた［☞Q16］。このような女性活躍推進に向けた社会的要請のもと，女性事務職のキャリア形成支援を強化し，その活躍の場をより拡大させていくために，「一般職」の位置づけが見直される可能性がある。

　もう１つは，技術革新に伴う仕事内容の変化の観点である。RPA（ロボティクス・プロセス・オーメーション）などの導入も大企業を中心に進みつつあり，これまで女性事務職が主に担ってきた定型的事務はAIに代替されつつある［☞Q50］。女性事務職の職域拡大やリスキリング（学び直し）の必要性が高まるなかで，コース別雇用管理制度の意義が問われることになろう。　　（松浦民恵）

Q19
なぜ高齢者雇用が必要なのか？

少子高齢化や労働力人口の減少が進む中，今後ますます重要になるテーマが高齢者雇用である。高齢者雇用とは，労働への意欲や能力のある高齢者を雇用することを指し，高齢者雇用安定法によって，新規雇用の促進（採用・再就職）や雇用機会の継続（定年延長・継続雇用制度の導入）などが定められている。本書Q01で，定年制は雇用の出口だと紹介された。しかし，その出口は企業が自由に設定できるわけではない。たとえば定年を設ける場合60歳を下回ってはならないほか，65歳までは希望者全員の継続雇用制度導入が義務化されている（さらに，70歳まではフリーランスを含めて就業確保の努力義務）。言うまでもなく，企業は社会的な関わりや法的な制約の中で高齢者雇用に取り組む立場にある。

ではなぜ今，定年延長や継続雇用等の対応が企業に求められるのだろうか？　企業にとって必要な理由を3つ述べたい。

なぜ高齢者雇用が必要なのか？

第1に法律への対応である。上述のように高年齢者雇用安定法により，60歳未満の定年は禁止されている。また65歳までの雇用確保義務として，(1)65歳までの定年延長，(2)65歳までの継続雇用制度の導入，(3)定年制の廃止のいずれかを行うことが義務化されている。さらに2021年改正により70歳までの就業機会（業務委託も含む）の確保も努力義務となっている。社会保障制度の持続性や社会の安定，国民全体の社会厚生等の観点から，企業にも高齢者における雇用安定の責務の一端を担うことが求められている。

第2に少子高齢化の進む労働市場への対応である。1950年には総人口の5％に満たなかった65歳以上人口は，2022年には29％にも及んでいる。2037年には33.3％と，実に国民の3人に1人が65歳以上になることが予想されている。高齢者にとって魅力的な働き方や人事制度を整備することは，人口減少の進む労

働市場下で自社の人材確保の間口を広げ，企業の持続可能性を高めることにつながる。

　そして第3に企業戦略上の対応である。近年，サービス経済化や消費者の高齢化，高齢者雇用の広まり等により，企業戦略上も高齢者活用が有効である事例が蓄積されている。たとえば石山（2023）では，笑顔や配慮で顧客をもてなす接客，経験に裏打ちされた熟練の技能など，ベテランの強みを生かす企業事例が示されているほか，高齢者の意欲の高さに目を付け戦略的に高齢者を雇用する企業なども紹介されている。大手企業においても，たとえばYKKグループでは2022年から定年制を廃止しているが，その狙いの1つは製造現場の品質管理や，顧客との関係性向上にあると明言されている（「日本経済新聞」2021年10月13日）。今後，高齢化率がますます高まる国内市場において，企業戦略の視点から高齢者の活用方針を見直す企業の増加が予想される。なお，今野（2014）を参考にすると，企業による高齢者活用方針は次の4つの段階があるとされている。活用期待の低い順に，まず高齢社員を戦略としては期待しない「1. 福祉的雇用」，次いで活動の強度をやや強めて研修や面談機会等の支援を設ける「2. 弱い活用」，さらに期待役割が現役社員に近づく「3. 強い活用」，そして現役社員と全く同じ活用戦略をとる「4. 統合」である。今後，多くの企業で高齢者の活用方針を見直し，進化していくことが期待される。

積極的かつ戦略的な対応が求められる高齢者雇用

　高齢者雇用は，第1の理由（法的対応）のみを目的とした受動的な対応ではなく，今後の労働市場やビジネス環境の変化を踏まえ，積極的かつ戦略的に対応することが期待される。これは企業によっては，短期的なコスト増を意味するかもしれない。しかし中長期的にみれば，旧来のビジネスモデルからの脱却や，年齢にとらわれないエイジフリーな働き方への転換，高齢者になる前の時期（ミドル期）からの人材投資・キャリア自律など，高齢社会における企業の持続可能性向上にむけて必要なステップである。

（森安亮介）

Q20
なぜ日本企業では海外に比べて雇用調整が難しいのか？

　そもそも，日本の解雇規制はどのような仕組になっているのか。日本の解雇規制は「解雇権濫用法理」の判例の積み重ねによって形成されてきたものだが，これが後に法制化された。2008年に施行された労働契約法に「解雇は，客観的に合理的な理由を欠き，社会通念上相当であると認められない場合は，その権利を濫用したものとして，無効とする」(16条) と明記されている。

　労契法の前提である判例が作られた時代背景は，昭和の高度経済成長期で経済は右肩上がり，人口増で，年功序列・終身雇用が当たり前の時代であった。当時は転職もあまりなく，企業から途中で放り出されるのは相当希なことだった。だからこそ厳しい考え方になったのである。

　日本の解雇規制が厳しい，とされる理由は，①普通解雇，②整理解雇という2種類の場面から見ることができる。

（1）普通解雇

　労働者の能力や勤務態度等を解雇理由とする普通解雇において，終身雇用を前提とすると，解雇できるのは「よほど例外的な場合」のみ，に限られる。裁判例でも，解雇が有効となるには「単なる成績不良ではなく，企業経営や運営に現に支障・損害を生じ又は重大な損害を生じる恐れがあり，企業から排除しなければならない程度に至っていることを要」する（エース損害保険事件　東京地判平13.8.10) という表現が使われている。しかし，現実に企業経営に支障や重大な損害を生じることを待っていたのでは，企業の存続自体が危ぶまれるし，経営危機が起こってから対処したのでは遅いのは，言うまでもない。そうすると結局，正社員を解雇すること自体が難しいのだ。特に，現代は不確実な時代である。バブル崩壊後，「失われた30年」とも表される景気低迷期，リーマンショック，デフレ，アベノミクスによる（実感なき）株高，円安，コロナ禍，

戦争など，企業を取り巻く経済環境は文字どおりめまぐるしく変動しているが，その中で企業では新卒以降40年ほどの雇用を保障できるのかという問題がある。

（2）整理解雇

会社の経営上の理由で行われる「整理解雇」も難しい。整理解雇には，「整理解雇の4要素」（①人員削減の必要性があること，②解雇回避努力を尽くしたこと，③人選の合理性があること，④手続の妥当性があること）と呼ばれる特に厳しい基準がある。これは，日本的なメンバーシップ型雇用とジョブ型雇用の最も大きな相違となる [☞Q28]。ジョブ型雇用においては，ジョブがなくなれば雇用が終了するのは当然とされる一方，メンバーシップ型雇用においては「仕事を用意するのは会社の責務」なのである。そうであれば，仮にあるジョブが無くなったとしても，「労働者は何も悪くない」ので会社は別の仕事を用意するのが当然となる。これは，企業の新規事業等への挑戦を極めて抑制する要素となっており，雇用調整がしにくい原因ともなっている。

海外の解雇法制を見れば，アメリカは差別に当たらなければ原則として解雇自由であり，ヨーロッパも主要国であるドイツ・フランス・イタリアでは解雇の金銭解決制度が主流である。一方で，日本の場合には解雇の金銭解決制度は制度化されておらず，あくまで当事者同士が和解した場合に可能となるに過ぎない。裁判所の判決となった場合には「解雇が有効か・無効か」という二者択一であり，解雇無効であればそれまでの賃金を全額支払った（バックペイ）上で，労働者が企業に復帰するという重大な効力が生じる。

つまり，日本においては，海外と比べて厳しい解雇規制があり，解雇の金銭解決も制度化されていないため，雇用調整が難しいのである。日本企業だけが，雇用調整が難しいというハンデを抱えた状態を良しとすべきだろうか。

なお，厳しい解雇規制の下では雇用社会の流動性が損なわれ，硬直化する傾向にある。そのため，いわゆる「ブラック企業」において長時間労働やメンタル不調・ハラスメントなどが発生しても会社を退職する選択を行わない労働者がまだ多い。雇用流動化社会となり，労働環境が悪い場合には労働者が退職することが一般的な選択肢となれば，「ブラック企業」は存続し得ない。

（倉重公太朗）

Q21
なぜ企業は人的資本を開示しなければ
ならないのか？

人的資本とは何か？

　人的資本の定義は様々であるが，ここでは，「組織の目標を達成するための社員が持つ知識，スキル，能力，考え方，行動様式」と「組織が持つ文化，職場環境，業務プロセス，業務遂行能力，社員全体のマインド」を合わせたものと考える。また，現在注目されている「人的資本経営」とは，経済産業省の定義によれば「人材を"資本"として捉え，その価値を最大限に引き出すことで，中長期的な企業価値向上につなげる経営のあり方」を言う。

　この「人的資本経営」が注目されている背景を端的にいえば，「投資家がそれを求め始め」，「人的資本の開示に関する法令が施行されたから」である。

　投資家がそれを求め始めた理由は2つある。

　第1の理由として，投資家が投資先の選定に際して企業の価値を検討するにあたり，伝統的な財務情報以外の要素，とりわけ，企業で働く人々が企業に対してもたらす価値に注目してきたことが挙げられる。その背景には，たとえばバルーク・レヴとフォン・グ（Lev and Gu, 2016）が指摘するように，1950年代には企業の市場時価総額の差異の90％を損益計算書の利益と貸借対照表の株主資本で説明できたが，2013年には会計数値の説明能力は50％以下にまで落ちているという実態がある。残りの数値は特許やブランドなどにもよるが，なかでも人的資本に注目が集まっているのである。

　第2の理由としては，ESG（E: Environment：環境，S: Social：社会，G: Governance：ガバナンス）の観点に配慮して投資判断を行う「ESG投資」が拡大を続けていることがあげられる。ESGのうちのS（Social：社会）の中に人的資本という視点が含まれているのである。

　金融庁もこうした流れを受けて，2023年1月31日に「企業内容等の開示に関

する内閣府令」等を改正し，人的資本に関する指標や取組みを有価証券報告書
へ記載することを義務付けた。

人的資本の開示は投資家のためだけなのか？

　投資家以外に，企業は誰を念頭に置いて人的資本の開示を行うのだろうか。

　まず，就職先を検討している人々，すなわち求職者があげられる。一般的に
求職者が企業の情報を得る手段は，企業のホームページ，企業の求人広告，企
業の社員・元社員の口コミサイトなどがあるが，良い情報にせよ悪い情報にせ
よ，情報発信者の主観的な情報に対して個人ごとのフィルターを通して理解し
ようと努める。これに対して人的資本情報は客観的な事実（データ）で示される
ため，求職者にとってはとても信頼性の高い情報になり得る。たとえば，社員
教育に熱心であることを求職者に伝えたい企業は，研修メニューを並べるより
も社員1人あたりの研修費用や研修時間を開示することによってその実態を将
来の社員候補者に示すことができるのである。

　次に，自社の社員，があげられる。パーソル総合研究所が2022年に行った調
査でも，企業が人的資本の開示に際して重視するポイントは，「優秀な人材の
確保」とともに「社員エンゲージメントの向上」であるという結果が出ている。
社員は，自分が勤める企業が導入している様々な人材マネジメントの施策が自
分の利益につながっていると認識したとき，その企業との関係を維持するため
に，企業の利益につながるようなポジティブな態度や行動で応対するというこ
とが過去の研究でも明らかになっている（たとえば，橋本，2005）。企業は社
員の成長にとって有効だと思える施策を単に導入するだけでなく，開示により
そのことを社員に認知させることがモチベーション向上の観点でも重要なので
ある。

　そして最後に，人的資本の開示は，それを推進する人事部門だけでなく，そ
れに関わる経営企画やIRなどの社内関係部門，そして何より経営者自身のた
めでもある。自社の経営戦略を実現するために，その重要な要素である人につ
いて，どのような人材を採用し，育て，配置をするか，何をモニタリングし，
開示し，どのようなストーリーで語るのかは経営そのものといえるからである。

（一守　靖）

Q22 海外赴任者の役割とは何か？

海外赴任者とは

日本国内だけでなく，様々な国に進出し，国際的に活動する企業を多国籍企業という。海外から日本に進出している外資系企業も同様だ。また，企業以外にも，国を超えて活動するNGOなどの組織も存在する。こうした国際的な組織において，重要な役割を担うのが海外赴任者だ。海外赴任者は，当初採用された国の拠点から，他の国にある拠点に赴任し，一定期間（多くの場合，数年に及ぶ），その拠点の一員として働く。いわば，地域間人事異動の国際版とも言えるだろう。

従来，海外赴任は「本社で採用された人材が，海外の拠点に赴任する」という形態が，日本企業，欧米企業問わず一般的だった（以下，「本社発の海外赴任者」と呼ぶ）。しかし，昨今は，「海外の拠点で採用された人材が，本社に赴任する」「ある国の海外拠点で採用された人材が，別の国の海外拠点に赴任する」といった新しいタイプの赴任も行われている。こうした動きは，欧米企業が先行しているが，日本企業においても見られるようになってきている[1]。以下では，まず一般的な本社発の海外赴任者の役割を議論した上で，新しいタイプの赴任者についても考察する。

本社発の海外赴任者の役割

企業が本社から海外拠点に赴任者を送る狙いは大きく3つある。第1は，海外拠点のコントロールだ。本社の掲げる理念や目的，戦略方針などを熟知し，本社の意思決定の基準を体得した人材を送り，海外拠点の幹部，管理職ポジションに配置する。それによって，海外拠点における意思決定や活動，ヒト・モノ・カネなどのリソースの管理が，自社の考え方に沿って行われるようにす

---

1 Harzing, Pudelko, Reiche（2016）を参照されたい。

る，というものだ。

第2が，知識の移転だ。本社で培われた技術やノウハウ，業務プロセス，意思決定の基準などを海外拠点の人材に伝え，育成するとともに，拠点運営に根づかせていく役割である。ここで重要なのは，単にマニュアルなどの文書を現地の人材に渡せば知識が伝わるわけではない，ということだ。多くの場合，業務をともに行い，言葉で表現されない感覚や勘所（「暗黙知」という）も含めて共有していくことが必要となる。それゆえ，一定期間，拠点の一員として働く赴任者が知識移転の役割を担うこととなる。

第3が，人材開発だ。ここには，海外に赴任した人材自身が新しい環境での仕事を通じて成長すること，また，現地の人材を育成することの両方が含まれる。多国籍企業は，文化や経済水準，市場の仕組などが異なる様々な国で活動している。それゆえ，本社からの海外赴任を通じて，世界各地の多様な市場の視点から経営を考えられる人材を育成することが不可欠だ。また，こうした赴任者が各地の現地人材を育成し，自社の理念や価値観の体現を促すことで，組織としての共通性を培うこともまた，重要となる。

新しいタイプの赴任者の担う役割

海外拠点から本社への赴任者についてはどうだろうか。上述した3つの役割のうち，特に2つ目と3つ目はこのタイプの赴任者にも当てはまる。海外拠点の人材が，本社で一定期間働くことで，本社の人々とネットワークを築き，本社における様々な仕事のやり方を習得する。こうした人材が海外拠点に戻ることで，本社と拠点間の知識のやりとりが円滑になるのだ。海外拠点間の赴任者についても同様だ。異なる国の拠点で働くことで，挑戦と成長の機会が得られるだけでなく，国を超えた人のつながりが形成される。

今後，どのようなタイプの赴任者を増やしていくかは，経営上のニーズを踏まえて考えていく必要がある。たとえば，本社で生み出したノウハウを海外拠点に移転し，現地で確立していくことが重要な時期であれば，コントロール，知識移転役としての本社発の赴任者が重要となるだろう。一方，海外拠点間の連携の強化や，世界各地からの人材の育成と登用が必要な場合には，本社から海外だけでない，新たなタイプの赴任を積極的に行うことが重要となる。

（吉川克彦）

Q23 なぜ労働組合が必要なのか？

組織率低下の理由

　労働組合の組織率は低下傾向にあり，2022年には過去最低の16.5％になった（厚生労働省「労働組合基礎調査」）。この数値を知れば，「なぜ労働組合が必要なのか」という疑問が生まれるのも当然であろう。

　しかし，組織率の低下を労働組合の役割が小さくなったからだと結論づけるのは早計である。労働組合の役割は大きいが，労働組合を結成したり，組織を拡大したりすることが難しくなったと考えることもできる。実際，労働条件や働き方に関わる社会問題は多発している。

　ここで，まず労働組合の定義を確認しておく。労働組合は「労働者が主体となって自主的に労働条件の維持・改善や経済的地位の向上を目的として組織する団体」と定義されており，日本国憲法第28条では，以下の労働三権が保証されている。

　1．労働者が労働組合を結成する権利（団結権）

　2．労働者が使用者（会社）と団体交渉する権利（団体交渉権）

　3．労働者が要求実現のために団体で行動する権利（団体行動権（争議権））

　さらに，以上の労働三権を具体的に保証するために，一般法として「労働組合法」などが定められている。このように団結し，交渉や争議する権利が保障されているのは，労働者1人が企業という集団と交渉するのは難しいからである。代替不可能な特別な才能がある人を除けば，「集団と個人」よりも「集団と集団」の方がより対等な交渉になる。すなわち，1人では非力な労働者も，団結することができれば，経営に対して交渉力を持つことができる。

　もちろん，労働市場が完全に効率的に働いているならば，賃金については労働組合の役割は小さくなる。しかし実際，賃金の決定は，労働市場のメカニズムだけには依存できず，企業内の評価・処遇制度によって補完されていること

に留意しなければならない。つまり，賃金は労働市場の影響は受けるが，最終的には，人事制度によって決定するのだから，どのような制度を設計するべきかについて労使で協議する必要が生まれるのである。

事後的な契約変更と労働組合の役割

そもそも組織内の諸制度が設計されるのは，契約時に労働サービスの詳細すべてについて約束できないという「雇用契約の不完備性」と呼ばれる問題が存在するからである。

労働組合の役割について知るために，この用語について詳しく説明しよう。まず，雇用契約には，どうしても事後的に約束されていなかった当事者間の裁量の問題が残される。事前にやるべき業務をすべて合意して契約書を書けたと思っても，企業の事業は日々変化し，その変化に取引先が関係してくれば，契約は不十分なものであったと気づくであろう。結果的に，その時どきで当事者間の再合意が必要になる。ところが，入社後では，その裁量のほとんどは使用者側からの働きかけ，つまり指揮・命令の形になる。

この指揮・命令は，労働者に過度な負担を与えるものではないのか，一方的な指揮・命令になっていないか。顧客との関係も発生しており，事業が動いている中で，1人ひとりの労働者が組織内で声をあげて合意のための再交渉をするのは難しい。事後的な変更が何度も続いたときに，それをチェックして，企業内のルールをつくるのは労働組合の大きな役割と言えよう。

たとえば，ある商品が大ヒットして，労働時間が増えた場合，労働時間をどこまで増やすことに合意するのか，この頑張りに対して賞与などでどのように報いるのか。当事者間の合意には様々な選択がある。また，2019年以降のCOVID-19の拡大によって，事業縮小，在宅勤務の増加（通勤費の縮小，光熱費の増加）などの予測できない事態が生まれたが，その事態に対しては，いかなる対処が可能なのか。新しいルール形成が必要であろう。日本の労使関係では，労働条件を決める団体交渉とは別に，経営上の諸問題，特に働き方に影響する諸問題については，労使で意見交換する場である労使協議制が設置されることが多い。

（梅崎　修）

Q24

なぜ公務員は労働三権が
制約されているのか？

公務員の労働三権制約の理由

　労働三権は，労働者に交渉力を与え使用者と対等の立場に立たせることを目的として憲法で保障される労働者の権利である［☞Q23］。それにもかかわらず，公務員の労働三権は公務員の地位の特殊性と職務の公共性を根拠として一定の制約がなされている（下表）。

▶**公務員の労働三権の制約**◀ [注1]

	団結権	団体交渉権	協約締結権	団体行動権 （争議権）
下記以外の一般職職員	○	△ （交渉は可能）	× [注2]	×
警察職員等[注3]，自衛隊員	×	×	×	×
（国）行政執行法人職員 （地方）公営企業職員，特定地方独立行政法人職員，単純労務職員	○	○	○	×

（注1）国・地方の一般職の公務員と自衛隊員のみ記載。
（注2）地方公務員については，法令・条例等に抵触しない範囲での書面協定は締結可能。
（注3）国民の生命・財産の保護や治安の維持に直接携わる職員。国家公務員では警察職員，海上保安庁職員，刑事施設職員，入国警備官が該当し，地方公務員では警察職員，消防職員が該当する。

　このような制約については，以下3つの理由から，合理性があるとされている（最高裁判所（1973，1976））。

① 公務員の勤務条件は，国民の代表である国会または住民の代表である地方議会における議論を経て民主的な手続により決定されるべきという原則がある。このため，民間企業のように労使交渉で自由に決めてよいという考え方

はとれない。

② 公務では市場の抑止力が作用しないという特徴がある。民間企業では，労働条件決定に当たって労働者が過大な要求をすると企業の経営を悪化させ，ひいては労働者自身の失業といった結果を招くこともあり得るので，労使双方の行動に一定の抑制が働くが，公務ではそのような市場の抑止力が存在しないので，争議行為が強力な圧力となってしまう恐れがある。

③ 公務員は全体の奉仕者（憲法第15条第2項）であり，国民（または住民）に対する労務提供義務がある。それにもかかわらず公務員の争議行為がなされると，公務の停滞をもたらし，国民（または住民）の共同利益に重大な影響を及ぼすことになる。たとえば，警察官や消防職員といった公務員がストライキを起こすことがあれば，生活にどれほど支障が生じるか想像に難くない。

公務員の労働三権制約の代償措置

上記のような合理性の存在に加え，次のような民間とは異なる代償措置があることも，労働三権制約が合憲と考えられる理由となっている。

1つは，公務員の身分，任免，服務，給与その他に関する勤務条件について，法令により利益を保障するような定めがされていることである。

もう1つは，国家公務員の利益の保護を担う人事院による勧告制度などが機能していることである。人事院は国の行政機関の1つであるが，内閣の指揮監督を受けない中立第三者機関として位置づけられている（地方公務員に関しては人事委員会，公平委員会がこの中立第三者機関に該当する）。

日本では，1970年代以降，現在まで上記の考え方が維持されているが，2010年前後の数年にわたり公務員の労働三権の制約を見直す検討が行われたことがある[1]。また，諸外国における労働三権制約の範囲は国によって異なる。公務員の労働三権の取扱いは，国や時代に応じた，時々の政策判断で決まるものであると言えよう。 （今井由紀子）

---

1 協約締結権を付与する職員の範囲を拡大し，労使交渉で勤務条件を決定し得る仕組（自律的労使関係）を措置することが検討され，2011年には法案が提出されたが廃案となった。現在，この件については多岐にわたる課題があると判断され，措置が見送られている。

Q25　企業が社員に副業を奨励する
インセンティブはどこにあるのか？

なぜこれまで企業は社員に副業を奨励してこなかったのか？

　いまあなたが会社の上司にこの質問をしたら，一体どんな答えが返ってくるだろうか？　おそらく「そんなこと考えたこともなかった」とか，「そんなことする暇はなかった」という答えが大半だろう。日本のビジネスマンは長い間，特に疑うことなく同じ会社で朝から晩まで働いてきた。またその代償として多額の残業代が企業から支払われ，それがいつの間にか毎月必ずもらえる給料のように錯覚するほどにもなった。

　こうした企業で働く人々の「常識」に加え，就業規則の存在も見逃せない。以前の厚生労働省「モデル就業規則」には，労働者の遵守事項として「許可なく他の会社等の業務に従事しないこと」という規定があった。そこで，モデル就業規則を参考にしていた多くの企業がこれを採用し，世間一般的なルールになったのである。

　また，社員は企業と労働契約を結ぶことによって，ただ出勤すれば良いというわけではなく，上司の指示にきちんと従い，就業規則等の社内ルールを遵守して働く必要があるという「誠実労働義務」を負うことになる。したがって，就業時間中に副業を行うことは就業規則の定めに触れ，服務規律違反として懲戒処分の対象となる可能性があるため，企業も社員も特に疑問を抱くことなく副業禁止を受け入れてきた。一方，就業時間外は就業規則の適用を受けないため，企業は原則として社員の副業を全面的に禁止することはできない。しかし我々は，時たま新聞などで，就業時間外の副業を原因に懲戒処分を受けた社員の記事を目にすることがある。これは就業時間外の副業であっても，「合理的な理由」がある場合には，副業を禁止することが認められるからである。その「合理的な理由」とは，①勤務先企業の業務に支障をきたすリスクがある場合，

②勤務先企業の情報漏洩のリスクがある場合，③勤務先企業の信用を落とすリスクがある場合，④競合企業の業務を行う場合，のようなケースである。

　こうした潜在的なリスクが考えられたため，企業は社員に副業を奨励するインセンティブを持つことはなかった。以上が「これまで」の状況である。

なぜいま，企業は社員に副業を奨励するようになってきたのか？

　厚生労働省では，「働き方改革実行計画」（平成29年3月28日　働き方改革実現会議決定）を踏まえて，企業やその社員が安心して副業・兼業に取り組むことができるよう，環境整備を行っている。先に紹介した「モデル就業規則」も2018年1月に改定され，労働者の遵守事項の「許可なく他の会社等の業務に従事しないこと。」という規定を削除し，副業・兼業について規定が新設された。こうした流れもあって社員の副業を認める企業が増加傾向にある。経団連の調査（2022）によれば，調査に回答した企業の53.1%が副業を認めていると回答していた。

　このように企業が社員に副業を奨励するようになってきたのには，以下の3つの理由が考えられる。

副業奨励の理由①　リスキリングの必要性，イノベーションの創出

　理由の1つ目として，リスキリングの流れがある［☞Q55］。

　いまの時代は，獲得したスキルの陳腐化が早く，自社内では教育できない新しいスキルが次々と発生してくるなど一組織内の学習には限界がある。そこで企業は，社員に副業を解禁することによって，社員が副業を通して自社内では習得できない新たなスキルを習得し，新たな商品やサービスにつなげたり，さらには社内にイノベーションをもたらしてくれたりすることを期待するのである。さらには，副業により社員が社外に人的ネットワークを拡げ，新たな視点や情報を入手し，それらが企業に創造性をもたらすことも期待できる。

副業奨励の理由②　キャリア自律，セカンドキャリア対策

　理由の2つ目として，「キャリア自律」というトレンドがある［☞Q51］。

　キャリア自律とは，自分のキャリア開発を企業に委ねるのではなく，個人が

主体的に自身のキャリアについて考え，それに向けて学習と経験を積むことをいう。

　世の中の変化が速く，変化の内容が予測しにくい環境にあっては，企業が方向性を設定し，それに向けて長期にわたり計画的に社員のキャリアを創っていくことが難しくなっている。同時に，社員の意識も多様化しており，従来のような企業による一方的なキャリア設計は受け入れられにくくなってきている。そこで企業は，社員に副業を解禁することによって，様々な経験を通して自分のキャリアを考える「自律的な社員」の育成を期待しているのである。同時に副業を解禁することによって，企業が早い時期から労働者に対して，高齢者以降のセカンドキャリアを含めた考え・準備をさせることにもつなげることができる。

副業奨励の理由③　優秀な人材の獲得

　理由の３つ目として，優秀な人材の獲得競争があげられる。

　今や副業を認めていない企業は，特に若手求職者にとっては「旧時代の」，「柔軟性のない」企業と見られるようになってきている。そこで企業は社員に副業を解禁することによって，企業イメージを高め，人材採用力の向上につなげようとしているのである。

　また，社内で優秀な社員ほど，新しい仕事へのチャレンジ意欲が高く，転職リスクも高いことが多い。そこでそうした社員が新たな挑戦のために他社に移ってしまうくらいならば，副業を奨励することによって優秀な人材を企業に留める可能性があるのである。

どのくらいの人々が副業をしているのか？　それはなぜか？

　では実際にどのくらいの人々が副業を行っているのだろうか。厚生労働省が2020年に行った調査によれば正社員の副業実施率は5.9％に留まるという結果になった。また，川上（2021）によれば，正社員で副業を行っている人々の中には自分の将来のキャリアのためであるとか，自社内では学べないスキルの習得，起業の手段，第２の人生の準備など，先に掲げた企業側の期待と目的を一にしている人も存在するが，副業保有者の３分の２は１つの仕事のみでは生活

が営めず収入を必要として副業を求めている人々であるという。この背景には働き方改革の浸透がある [☞Q38]。働き方改革によって企業は社員の残業を厳しく管理するようになった。結果として社員は，残業代が減少し，就労時間外の時間が増加した。残業が常態化している企業に働く人々は，いつしか残業代を含めた総賃金で生計を立てていくようになりがちである。そんな中，残業削減によって収入が減り，同時に就業後の時間の増加によって金銭を消費する機会は増えるのだから頭が痛いところである。そこで企業の副業解禁を機に副業を行い，残業代が減った分を埋めようとしているのである。

これから副業はさらに拡大するのか？

正社員の副業実施率が低水準であることは先に見た通りであるが，企業側の副業者の受け入れ率も16.4％に留まっていることが同じ調査からわかっている。このように，巷で話題になっているほど正社員の副業が行われていないのが実態であるが，今後はどうなるだろうか？

企業が副業者の受け入れにためらう大きな理由として，労務管理（労働時間管理・シフト調整・給与計算・安全衛生等）が困難というオペレーション上の問題がある。副業者を受け入れた企業は，副業者が長時間労働にならないように，副業者が勤務した先の労働時間をすべて通算して労務管理を行うことが要求される。そして通算した労働時間が法定外労働にあたる場合には，36協定の締結，届出，時間外労働に対する割増賃金の支払いが必要になる。この場合，副業者を受け入れた企業（雇用契約が後の企業）が超過した所定外労働時間の割増賃金を支払う必要が出てくるのである。さらには，副業先と併せて長時間労働となり健康を害した場合には誰が安全配慮義務の責任主体になるのかという法的問題もなお残る。

今後政府が正社員の副業をさらに促進したいのであれば，このような，副業など想定していなかった時代に作られた労働時間の通算や安全配慮義務の考え方を見直す必要がある。[☞Q28，38，51]

（一守　靖）

Q26 在宅勤務は組織パフォーマンスを 向上させるのか，低下させるのか？

在宅勤務が日本企業に定着した背景と，変化の経緯

「自宅で就労する」在宅勤務者の働き方は，時代を経て大きく変化してきた。日本では，職場でパソコンとインターネットの利用が普及した1990年代後半より，企業が「テレワーク制度」を導入し始めた。2000年頃にはワークライフバランスという言葉が流行し，テレワークはそれに資する制度として注目が高まったが，当時はまだ就労場所を会社から自宅に移しただけの定時勤務であったり，調査やレポート作成など在宅勤務により適すると考えられた業務のみを対象にするなど，限定的な運用が多かった。

2020年以降，コロナ禍において多くのオフィスワーカーが在宅勤務を経験したことから，テレワークは社会に定着した。同時に，制度は働く場所と時間の両方に柔軟性をもたせたフレキシブル・ワーキング制度に発展していった。つまり，従業員は自宅のみならず出張中の新幹線内や街中のコ・ワーキングスペース[1]で仕事ができ，個人の多様な生活スタイルを踏まえて，定時に厳格にとらわれずにより都合のよい時間帯に働くことが可能となった。

従業員の視点からみた在宅勤務

在宅勤務，そしてフレキシブル・ワーキング制度によって組織パフォーマンスが向上するかどうかは，従業員および企業の視点の両面において仕事の生産性が高まるかどうかを考察する必要がある。

従業員の視点からみると，在宅勤務には主に3点のメリットが考えられる。まず1点目は，毎日の通勤時間とそれに伴う疲労から解放される点である。特

1　異なる業種・職業を持つ利用者たちが同じ場所で机や椅子，ネットワーク設備などをシェアしながら仕事ができる場所。

に日本の都心部の「通勤地獄」から解放されるとなると，メリットがより大きい。2点目は，他者に声をかけられて仕事を中断することなく，生産性高く業務を遂行できる点。人が集中状態に入るまでには23分かかると言われる研究もあるが，在宅勤務により，他者に干渉されにくい就労環境を確保することができる。そして3点目に，単に定時の勤務時間帯に自宅で就労するというのでなく，午前・午後の仕事配分を柔軟にデザインして自分のプライベートな時間と職業人としての時間の過ごし方を統合して設計できるという点である。

これらのメリットは，個人の多様な生き方とそれを支える人生の複数の構成要素（仕事，家族，趣味，その他）を統合的に設計できることから，従業員に好意的に捉えられた。フレキシブル・ワーキングにおいては，突発的な通院や子どもの授業参観など個人的な用事を仕事の合間にこなすことができる。これは，出産育児休職から復職した従業員，介護や通院との両立を目指す従業員などがキャリアを継続・開発する上でも大きな追い風となった。

企業の視点からみた在宅勤務

企業にとっても，在宅勤務によって従業員が通勤時間とその疲労から解放されるというのは，健康経営を行う上でメリットが大きい。また，ウェブ会議システム等のIT技術の発達により，従業員の物理的な移動が軽減され，通勤費，出張費，研修会場費，オフィススペースにかかる経費などを縮小できる。

さらに，従業員が勤務時間・場所の両面においてフレキシブルな働き方ができるということは，企業において年齢・性別・家族構成の異なる社員それぞれの多様な働き方を尊重するダイバーシティ経営につながる［☞Q17］。これは，「四六時中，いつでも会社の要請があれば働ける」従業員中心で成り立っていた企業社会に変化をもたらした。多様な属性（性別，バックグランド等）の従業員を人材プールとし，管理職やコア業務への登用を進めることで，新たな視点を企業経営に取り組んでイノベーションを推進できる。そして優秀人材を獲得する際に，ダイバーシティを重んじる企業文化を武器にすることができる。

一方で，在宅勤務のデメリット，つまり組織パフォーマンスの阻害要因としては何があるのか。多くのデメリットは，従業員同士の対面コミュニケーション機会が減ったことに起因している。まず1点目は，自然発生的なチーム協働

が促しにくかったり，職務そのものでないエンゲージメント要因（仲間意識，職場での刺激的なネットワーキング，他者との接点から得られる学び）を向上させにくいという点である。2点目は，対話や議論が減ることで集団内でイノベーションを創発する場が持ちにくくなるという点で，コロナ禍以前の2013年当時，米国企業ヤフーが「在宅禁止」ポリシーを出したのもこの理由による。3点目は，部下の労働時間管理やメンタル不調のケアをする上で，上司には出社時とは違うマネジメント力が求められ，「やりにくさ」を感じる層が一定以上いる，という点。そして最後に4点目として，ZoomやマイクロソフトTeamsに代表されるようなデジタル上のコミュニケーション・プラットフォームが頻繁に使用されるため，情報セキュリティ管理においてリスクが生じる点である。

企業の模索と今後の課題

　多くの企業で，在宅勤務のメリットを生かし，同時にデメリットを解決すべく，模索が続いている。特に，「出社」と「在宅」をどう組み合わせるべきか，またその組み合わせを生かすための働き方ガイドラインやオフィス空間をどう設計するかに注目が集まっており，産業特性や企業戦略に基づいて方向性が分かれる。たとえば2022年，NTTグループは従業員の住居場所の自由度が高まるよう，「原則在宅勤務」というテレワークを推進。同時にオフィススペースを大幅カットするという経営決断を下した。一方で，ホンダは現場主義を通じてイノベーションを推進するために，工場や研究所を含めたすべての部署において原則週5日出社を方針とした。ただし，育児や介護などの事情があれば，在宅勤務できるという。外資系企業，主にIT産業や製薬業では，オフィスでの対面コミュニケーションと協働活性化のために，週3日以上出社を原則とする「ハイブリッド型」を採択する傾向がある。この場合，部署に権限委譲し，職場単位で出社日数を決められるように自由度を持たせる取り組みも見られる。これら様々な企業事例をみると，在宅勤務は是か非かという二択の議論ではなく，企業・業種・職場の特性を踏まえて最適化プロセスを踏むことが肝要だとわかる。

　上記に加えて，多くの日本企業に共通する課題を考察したい。まず，企業は

在宅勤務に活用されるテクノロジーへの投資に真剣に取り組まねばならない。この投資には，PCのスペック，回線速度，アプリケーションやITプラットフォーム等への設備投資に加えて，従業員のスキル開発のための教育投資も含まれる。テクノロジーとスキルが"時代遅れ"だと，たとえばウェブ会議がうまくつながらない等の基本的な問題が生じ，パフォーマンス低下への影響は顕著だ。

　最後に大事な課題として，在宅勤務者と出勤者が混在する職場においては，従業員それぞれの「役割（何をするのか）」と「責任（達成すべき成果）」が明確化されている必要があり，それに沿った管理職のマネジメントスキルと従業員の自律性が求められる，という点をあげたい。これまで多くの日本企業では，従業員間の職務の境界が曖昧で，長期雇用を前提にして培われた企業内暗黙知を生かしながら，状況に合わせて協働する働き方がみられた。そのような職場では，管理職には部下それぞれの役割責任に沿った仕事の割り当てと業務支援，従業員間の仕事を機能的に結びつけるための日々のマネジメントの工夫がさほど求められていなかったが，ハイブリッド環境下ではそれが不可欠だ。従業員には，自己の役割責任を達成するため，指示待ちではなく自ら動いて必要な協働を仕掛け，仕事を完遂させる自律性が求められる。

　コロナ禍においては，役割責任が不明確で，かつ管理職のマネジメント力や従業員の自律性が低い職場ほど，在宅勤務のデメリットが表面化してしまった。一方で，「どの仕事を，いつ・どこで・誰と・どのように進めるべきか」を自らデザインできるチームは，フレキシブル・ワーキングを生かしてさらに生産性を上げ，かつ個々人の多様性に合ったより満足度の高い働き方が実現できる。在宅勤務と組織パフォーマンスの関係を探るということは，その企業が従業員の自律性を引き出す人材マネジメントができているかどうかを図る興味深い機会となりそうだ。

（高橋菜穂子）

Q27 フリーランス・ギグワーカーに労働法は適用されるのか？

　フリーランス・ギグワーカーの契約形態は，業務委託契約，委任契約など，労働契約によらない形態（以下，「業務委託等」）であり，形式的には労働法は適用されない。もっとも，業務委託等の労働契約によらない就労形態は日本でも古くから見られるところであり，労基法上の労働者性や労組法上の労働者性の外延を拡張する議論[1]が行われてきた。

　そもそも，業務委託等と労働契約の違いは，形式的な契約内容の違いではなく，実質的な使用従属性，具体的には①指揮命令関係[2]と②報酬の労務対償性[3]により判断され（前記脚注労基研報告），これらが認められれば，契約名称の如何を問わず，労基法を含めた労働関係法令が適用されることとなる。これが，「偽装請負（偽装フリーランス）」とも言われる古くて新しい問題である。

　ここで，一口に業務委託契約と言っても，個人事業主，フランチャイズ契約，フリーランスなど様々な契約形態が存在するが，大別すれば次の6類型となる。

---

① 専門職型

　大工，俳優，音楽芸術家，士業など

② 自営型

　車持ち込み運転手，パンなどの食品を自分の機器を用いて製造販売する者

③ 業務委託型

1　労基法上の労働者性については労働基準法研究会報告「労働基準法の『労働者』の判断基準について」（1985. 12. 19）。

2　業務委託契約であれば業務の発注を行い，業務遂行については任せる形になるが，労働契約であれば，作業方法・態様について細かな指示を行うという違いがある。

3　報酬が時間給を基礎として計算されていたり，欠勤の場合に控除されるなど，業務の成果ではなく，労働そのものに対して報酬が支払われていると判断されることを指す。

NHK受信料集金受託者，製品販売・メンテナンス受託者，保険個人代理店，
バイク便

④ フランチャイズ型
コンビニエンスストア，クリーニング等フランチャイズ全般

⑤ 非雇用テレワーク型
在宅ワーカー，在宅エンジニア，プログラマー，フリーライター，デザイナー
等

⑥ ギグワーカーなどデジタルプラットフォーム型[4]

　このように，フリーランスやギグワーカー[5]については，様々な就業形態が
あり，一概に労働者性を論ずることはできないが，労働者性を検討する際の視
点は(1)労基法上の労働者性の問題，(2)労組法上の労働者性である。

（1） 労基法上の労働者性の問題

　労基法上の労働者性[6]の本質的要素は，前述のとおり，①指揮命令関係と②
報酬の労務対償性であるため，フリーランスやギグワーカーにおいてこれらが
認められれば労働法が適用されることになる。フリーランスにおいては，特に
価格交渉力の余地が乏しく，指揮命令を受けながら作業に従事する類型がこれ
に該当する可能性があるだろう。他方で，フリーランスに独立性があり，専門
性や価格交渉力が認められる場合には，報酬も労務でなく成果に対する対価と
なるため，労務対償性を認めるのは困難な場合が多いであろう。

　一方で，ギグワーカーについては，多様な形態があるが，一般的には指揮命
令ではなく，プラットフォーマーから発注を受け，仕事を完成させるという形
態が多く見られるため，使用従属関係を欠くとして，労基法上の労働者性が否
定される場面が多い[7]であろう。

4　近時のわが国においても，プラットフォームで登録をし，就労者が希望する時間において飲食店
から飲食物を配達先までデリバリーする「Uber Eats」が社会的に認知されている例として挙げら
れる。

5　インターネットで仲介され雇用関係がない単発の仕事を請け負うギグエコノミーにて働く人。

6　なお，判例および行政見解によれば，労基法上の労働者性と労災保険法や労働契約法上の労働者
性とは同一の概念である。

なお，労働者災害補償保険法にいう労働者概念は労働基準法と同様であり，労災保険には一人親方等の特別加入制度が認められているが，令和3年9月1日より，自転車を使用して貨物運送事業を行う者[8]やITフリーランスについて適用が拡大され（令和6年11月からは「フリーランス」自体も），特別加入制度の対象となっている。

（2）　労組法上の労働者性の問題

　労基法上の労働者ではないとしても，判例上[9]，労組法上は労働者として認められる場合があり得る。仮に，労基法上は労働者性が認められないが，労組法上の労働者性が認められる場合，割増賃金や有給休暇などの労基法上，不利益変更や解雇規制など労働契約法上の保護は及ばないものの，労働組合に加盟して集団的交渉を求めることが可能となり，労組法上の使用者たる発注者が交渉を拒否した場合には不当労働行為（労組法7条2号）となるため，団体交渉を事実上強制することができ，個人では交渉力が弱い者も，団体として交渉することにより，発注者（実質的使用者）に対して交渉力を持つこととなる。

　この点，労組法上の労働者性については「労働組合を組織し集団的な交渉による保護が図られるべき者が幅広く含まれる」とされている[10]。具体的には①業務組織への組み入れ，②契約内容の一方的・定型的決定，③報酬の労務対価性，④業務の依頼に応ずべき関係，⑤広い意味での指揮監督下の労務提供，一定の時間的場所的拘束性，⑥顕著な事業者性のないこと，という6要素の総合判断により決せられる。その結果，労組法上の労働者概念は，雇用契約に基づく労働者のみならず，一部の独立自営業者や芸術家にも及ぶ形で拡張されてきたため，フリーランスやギグワーカーについても拡大していく可能性があり，現にギグワーカーである「Uber Eats」での就労者については東京都労働委員

7　ギグワーカーにおいて労基法上の労働者性が肯定されるのは，受発注後も指揮命令関係が続くような細かな指示を受けるような形態であろう。
8　Uber Eats就労者をイメージした改正である。
9　CBC管弦楽団労組事件（最一小判昭51.5.6），新国立劇場事件（最三小判平23.4.12），INAXメンテナンス事件（最三小判平23.4.12），ビクターサービスエンジニアリング事件（最三小判平24.2.21）など。
10　平成23年厚生労働省「労使関係法研究会報告書（労働組合法上の労働者性の判断基準について）」。

会により，労組法上の労働者性を認める命令[11]が発出されている。

（3） 労働者性概念拡大の限界

　もっとも，労組法上の労働者概念の拡張にも限界がある。これを端的に示したのがコンビニに関する中労委命令[12]である。同事案はコンビニオーナーの労働者性が否定された事件であるが，事実上の拘束や契約内容の一方的決定は認められるものの，これはあくまでフランチャイズ契約としての拘束性であり，顕著な事業者性が認められるとして労働者性が否定された。つまり，事業者性が強い場合には，労組法を含めた労働法的保護が現状困難なのである。

　しかし，労組法上の労働者性が否定され，「労働者」ではないとしても，「働く人」である。そのため，彼らに何らの保護を与えなくとも良いということではなく，むしろ要保護性は看過されるべきものではない。

（4） 経済法による保護のあり方

　そのため，労働法以外の経済法として，下請法，独禁法，一部の協同組合については中小企業等協同組合法による保護があり得るし，前記コンビニの問題については独禁法の対象となった。もっとも，これらの経済法はギグワーカーやフリーランスの業種によってはそもそも適用がない。

　そこで，現在ではフリーランス新法が成立[13]し，取引条件の明示，適正な時期の報酬支払い，不当要求の禁止などの保護を及ぼしている。

　フリーランス・ギグワーカーを巡る保護のあり方については現在もなお世界中で議論される新しい問題である。その保護のあり方については，国により異なるのが現状であり，統一した方向性は現在のところ見出せない[14]が，重要なのは，「労働者」であろうがなかろうが，「働く人」であることに変わりはなく，「働く人」をどう守るのか，という点を私たちは考え続ける必要がある。

（倉重公太朗）

11　都労委令4.11.25命令。なお，現在は中央労働委員会にて係争中とのこと。
12　セブンイレブン・ジャパン事件（中労委31.3.15），ファミリーマート事件（中労委平31.3.15）。
13　特定受託事業者に係る取引の適正化等に関する法律，施行時期は令和6年中。
14　欧米諸外国を見るに，①労働者性を拡大する，②経済法を充実させる，③労働者でも事業者でもない第三類型として労働法の保護を準用するというパターンが見られる。

Q28 ジョブ型人事制度とメンバーシップ型人事制度は何が異なるのか？

　2020年代前半のコロナ禍，突然「ジョブ型」という言葉を耳にするようになった。人事関連雑誌や人事関連セミナーに止まらず，新聞等のマスメディアはもちろん，国会でも「ジョブ型」という言葉が取り上げられるようになった。ただ，今までも似たような考え方がなかったわけではない。高度成長期の1950年代から1960年代にかけて大手のメーカーであった職務給議論，バブル崩壊後の1990年代には成果主義という言葉で導入が盛んになった職務等級（あるいは役割等級やミッショングレードという名で運用された等級制度）も，人事制度という視点から見ると，人基準の職能制度から職務／仕事基準の職務制度に移行する試みであるという意味では，2020年代に突如沸いて出たジョブ型議論と大きくは変わらない。ただ，それぞれ議論の背景にある社会経済環境と議論の起こった目的は異なる。

ジョブ型雇用とメンバーシップ型雇用

　まず，そもそも「ジョブ型」という言葉は，労働政策研究・研修機構労働政策研究所長の濱口桂一郎が2009年に雇用の在り方，雇用契約の在り方を解説する中で初めて使った言葉であり（濱口桂一郎，2009），人事制度ではなく，雇用契約の在り方を表した言葉であることを押さえておきたい。戦後の高度成長期に定着した日本型雇用の最大の特徴である，新卒一斉採用や長期（終身）雇用を前提とした雇用（ジェームス・アベグレン，1958）は，既存の就業規則というメンバーシップ規程の存在する企業という組織に，その規則を遵守する約束で社員（メンバー）となる雇用契約を結ぶ前提にたっている。これが日本型雇用のベースであり，これをメンバーシップ型雇用と呼ぶ。反して，欧米を中心とした多くの日本以外の国における雇用は，職務ポジション先にありきで，必要とされる職務ポジションに適した知識スキルや経験を持った人材と，特定

の職務ポジションに限定し，かつ多くの場合期間も限定した雇用契約を結ぶというものである。これをジョブ型と呼ぶ。即ち，メンバーシップ型雇用では組織に属する雇用契約であるのに対し，ジョブ型雇用では特定の職務ポジションで役割責任を果たす雇用契約をすることになる。このようにジョブ型の語源は雇用契約形態を表しており，人事制度の話ではない。

ただ，この雇用契約の違いにより，人事管理，人事制度には大きな違いが生じる。メンバーシップ型雇用では長期あるいは無期雇用が前提となるため，優秀な若者を新卒一括でポテンシャル採用し，その後中長期にわたり会社が社員を教育育成するという考え方が強い。中長期にわたり組織成果を社員（メンバー）皆で達成するために，チームワークが重要視され，会社のビジネス状況に応じたフレキシブルな異動，また社員の組織理解と社内ネットワーク構築のために社内異動も是とされ，社員一体となった組織の成長が重要視される。また，メンバーシップ型雇用では人事権が会社にあり，会社主導で配置配属を実施することが可能である [☞Q02]。結果，配置配属の責任が会社にあり，成果が上がらないからと100%個人に責任を押し付け，責任を問うことはできない [☞Q20]。社員目線からすると，結果として雇用が守られているといえる。雇用契約条件でもある就業規則（ある意味メンバーシップ規程）もその前提で成っている。

他方，ジョブ型雇用では，適所適材を前提とした雇用であり，採用も基本は空きポジションに対し，ビジネスに即した人材との雇用契約が短期で，ビジネス戦略に沿って行われる。報酬や福利厚生を含む雇用契約内容は個別に交渉で決定されることもあり，組織と個人が対等に責任を負った雇用契約の色が濃くなる。したがって，被雇用者も契約内容が達成できない場合，契約不履行が明白であり，そのプレッシャーにさらされることになる。

以上のメンバーシップ型雇用とジョブ型雇用の違いの背景から，メンバーシップ型人事制度とジョブ型人事制度の違いが生まれる。

等級制度の違い

人事管理の軸となる等級制度が異なる。長期雇用前提で，社員に対し中長期にわたる成長と組織貢献の求められるメンバーシップ型では，人材管理の軸が

人であり，等級も人に付くことになる。日本企業でよく採用されている職能資格等級［☞Q04］がそれにあたる。会社での経験を経て成長する個人の能力をマネジメントの軸に置き，知識スキルを含めた総合的な能力を人事制度の軸となる等級基準とするのが一般的だ。一方，ジョブ型では，ビジネス戦略に応じた組織が設計され，その組織に応じた職務ポジションに人を就けるため，等級は職務ポジションがベースとなる。所謂ジョブグレード（職務等級）だ。職務ポジション（時に机とか椅子という言い方もされる）が先に存在し，そこに職務等級と要件が職務記述書（ジョブ・ディスクリプション）で規定され，その要件に応じた人と契約し，その職務ポジションに就けるという考え方だ。

　メンバーシップ型では人に等級という格が存在するため，能力が上がることで人が昇格し，等級が上がる。一方，ジョブ型では等級は職務ポジションに付くため，人に格は存在しない。職務ポジションが変わり責任が重くなることで等級が上がる昇進はあるが，昇格は存在しない。

評価制度の違い

　人事制度のもうひとつの中枢である評価制度では，長期雇用が前提のメンバーシップ型においては，短期成果以上に中長期の成果につながる個人の能力の評価が重要視される傾向が強い。具体的には職務知識やスキルに加え，組織力につながるような態度や行動の評価が重要視され，さらには社内ネットワークの構築度合なども影の重要な要素となりうる。一方ジョブ型では，成果管理が重要視される。雇用契約上で確認されている役割責任の遂行に加え，契約期間での成果評価が重要視される。

　評価結果の処遇への反映も異なる。メンバーシップ型では長期雇用が前提となるため，処遇報酬にも長期の視点が入り，短期成果で一喜一憂するような制度にはなりにくい。短期成果だけではなく長期成果をメンバーで共有できるような報酬の考え方もある。短期的に想定以上の高い成果が出た場合に想定以上の高い報酬が得られない不満はあるかもしれないが，成果が出なかった場合にマイナスが少ないという利点も伴う。長期的な考え方だ。

　一方，ジョブ型は，雇用契約自体が短期で，明確な目標が記されたケースも多く，成果結果に応じて報酬にメリハリが付けられるケースが多い。ジョブ型

雇用において評価結果の報酬への反映は，プラスも大きければ，マイナスでは雇用終了もありえる振り幅の大きな報酬が組みやすい特徴がある。

報酬制度の違い

　メンバーシップ型処遇とジョブ型処遇の真の違いは，成果報酬以上に，基本給の性質と水準の決定方法にある。終身雇用も視野に入った長期雇用の報酬水準決定においては，社内の公平性，内部公平性が重要となる。要するに，近くにいる社内同僚との処遇の公平性視点が社員にとっては重要で，会社組織内での役割や社員間での能力比較，社内経験などをベースにした社内部公平性が報酬水準決定には重要となる。これを考慮しつつ，会社が報酬水準を決定することになる。

　一方，ジョブ型雇用が一般的な世界（日本以外の多くの国）では転職が一般化していることにより労働市場が形成されており，成熟した労働市場では市場価格が醸成され，報酬水準は労働市場の需要と供給のバランスで決まることになる。市場水準より低い報酬水準では退職（転職）者が増え，逆に市場より高い報酬水準はコスト高となり事業の競争力低下につながる。即ち外部市場競争力が重要となる。また，雇用地域や職種により労働市場が異なるため，社内における重要度や等級が同じでも，労働市場が異なることにより，基本給水準も異なることにもなる。要するに，ジョブ型が常態化した労働市場では市場価格により基本給が決まり，その上で成果に応じたメリハリのある成果給が決まることになる。

　高度成長期以来，日本企業は社員の生活の安定を確保し，組織で力をつけ成長することを重視し，メンバーシップ型雇用が定着してきた。しかし，今後，労働環境の変化から転職者（中途入退職者）が増えるようになることが考えられる。その中で，徐々にジョブ型雇用の考え方が入ってくることも考えられる。結果，会社も報酬の外部競争力を意識せざるを得ず，社員個人も自身の市場での価値を意識しつつ，自身のキャリアを考えるようになることが想定される。

（山本紳也）

Q29 職種別採用が新卒採用に広がっている背景とは？

正規雇用者採用の区分

　企業の正規雇用者に対する採用活動は，Q01で議論した新規学卒採用と中途採用という区分とは別に，入社後の職種やキャリアパスによっても区分することができる。大きく分ければ，①総合職のみの採用，②コース別採用，③職種別採用，④ポジション別採用だ。この①から④の順で，採用後配属の職種やキャリアの限定性が高まっていく。

	①総合職のみ採用	②コース別採用	③職種別採用	④ポジション別採用
通称例	一律「正社員」など，区別されない	「総合職」・「一般職」・「事務系職種」など	「経理コース」・「人事コース」・「SEコース」など，職種別のコース呼称	コース名は③と同様。雇用区分としては「ジョブ型採用」など
配属・異動範囲	職種間異動・転勤が広い範囲で行われる	総合職は広く職種間異動や転勤があり，一般職は原則無しか少ない	職種を特定して配属。	部署・ポジションも特定して配属。異動範囲は通常少ない。
給与の差	-	総合職よりも一般職や事務系職種のほうが低い	賃金制度に準ずる	賃金制度に準ずる
その他	中小・零細企業に多い	80年代から増加し，現在減少傾向	新卒採用で普及しつつある	多くの中途採用はこの採用方式

出所：筆者作成

　①の総合職のみの採用とは，応募者を区別なく一律に総合職正社員として採用するもので，それ以外の採用区分を持たない，最も単純な形式である。中小・零細企業には今でも多い採用パターンだ。

②のコース別採用とは，典型的な正規雇用者を「総合職」とし，それとは別に「一般職」「事務系職種」などの大まかな職群別に採用を分ける方法だ。一般的に，この場合の「総合職」は配置転換が柔軟に行われ，昇進も制限がない。広範囲の業務を行いながら，潜在的な幹部層候補として雇用される。対比的に設置されることの多い「一般職」は，事務アシスタントなどの定型的な業務のために雇用され，賃金水準も低い。異動や転勤も限定され，昇進も一定の役職までで限定的なキャリアが想定される。1986年の男女雇用機会均等法施行後，性別による採用差別を回避するため，この「一般職」として女性を採用する慣習が大手企業中心に広がった。

コース別採用からさらに具体的な職種別に限定していくと，③の職種別採用になる。職種別採用には，「経理」「営業」「人事」のほか，特定技術のエンジニア職など，具体的職種をあらかじめ指定した形で採用する。

職種別採用にさらに限定を加え，職務・部署・ポストまで指定された具体的なポジションごとの採用となると，④のポジション別採用になる。この採用には一般的な通称が無いが，「ジョブ型採用」と呼ばれる場合や，③の職種別採用と区別されていないことも多い。日本以外の欧米先進国，いわゆるジョブ型雇用の採用の原則的な在り方がこれにあたり，日本でも多くの中途採用はこの形式で行われる。ポストまで指定されるがために事業部門や現場マネジャーの採用意向が強く反映される傾向にある。入社後の異動範囲も通常は限定的である。

企業の採用には，これらの複合的なものも含め，多様なパターンが存在する。他にも，入社後の異動範囲を「地域」という軸で限定する場合は，「エリア総合職」「地域限定正社員」のような地域別採用となる。勤務地の範囲を，特定地域や自宅からの通勤可能な範囲などに限定して採用するもので，全国に販売・営業網を持つ，卸売や小売業などの業種でよく見られる。

新卒採用における職種別採用の広がり

そして，近年広がってきているのが，新卒採用における③の職種別採用だ。たとえば事務系総合職として学生を採用していた企業が，「マーケティング」「営業」「経理」などと職種を提示する企業が増加している。

現在新卒採用に広がっている職種別採用は，ポジション別採用とは異なり，

初期配属の職種は限定されるものの，勤務地や具体的な部課までは限定されず，また，初期配属後は異動配置の範囲も限定されていないことが多い。最初の仕事内容だけは希望をすり合わせるものの，あとは適性を見定めながら柔軟に異動を行う対象になる。

この職種別採用が新卒採用領域で広がってきている背景には，若者のキャリア観の変化がある。キャリアの就業期間が長くなり，ビジネスの速度が速くなる中で，一社での終身雇用の規範が薄れ，「自己のキャリア」への関心が高まっている。企業の情報を広範に手に入れられるようになる中で，転職へのポジティブなイメージも広がってきた。そうした中で，採用時に学生が希望する職種と配属後の職種のミスマッチを避けたいという希望が高くなってきたのである。

関連する現象として，近年の学生たちの間で，初期配属先が会社意向で決まってしまうことを「配属ガチャ」と呼ぶようになってきた。自分で商品を選べないカプセルトイの自動販売機から派生してきた俗語である。初期配属の無限定性は以前から存在するにも関わらずこうした言葉が使われ始めたのは，キャリアをコントロールしたい願望の現れであろう。

企業にとっても，入社前後で希望職種のミスマッチが起こることは，採用した新人のモチベーションの低下や早期離職につながるリスクを高めてしまう。若者のキャリア観の変化に合わせる形で，企業側が細かな職種コースを用意することで，企業の採用ブランディング向上につなげようという狙いもある。

企業にとっての新卒採用における職種別採用の課題

新卒領域での職種別採用の広がりは，新卒入社者の職種希望とのミスマッチ防止というメリットがある一方で，注意したい点や課題点は何だろうか。

まず企業にとっての注意点は，採用候補者募集（母集団形成）のためのプロセスの複雑性が増し，コスト増につながる場合がある。具体的職務への専門性とキャリア希望がともにある学生は日本においては多数派ではない。日本の若者は世界各国と比べても自身のキャリアについて考える時期が遅く，欧米に一般的な中長期で実務経験を積むようなインターンシップは普及していない。採用する職種の網目を細かくすればするほど，特に，相対的に不人気な職種には

十分な候補者が集まりにくく，十分な候補者を集めるための工数や選抜プロセス，金銭的コストもかさんでくる。筆者の知るある電機メーカーは100種類ほどの新卒・職種別採用を実施しているが，日本トップクラスの人気大手企業である。中小企業で職種別採用があまり見られないのは，こうしたコスト増に耐えられない企業が多いからだろう。

　職種別採用は新卒採用のいわば「入口」を調整する施策だが，新卒採用の手法は，それ以外にも多様化が進んでいる。たとえば，インターンシップの内容も各社工夫を凝らすものが増えてきたし，第二新卒を新卒と区別しないなど，年齢幅に柔軟性を持たせる企業も増えてきた。企業は，採用の入口のみならず，インターンシップ・書類選考・面接・配属まで含めた総合的プロセスとして検討すべきだろう。

新卒学生にとっての職種別採用の課題

　また，学生にとっての注意点は，入社後のキャリアである。職種別採用を「ジョブ型採用」と喧伝する企業も多いが，多くの企業で実施されている職種別採用は④のポジション別採用ではない。初期配属の職種のみが限定されていることが多いし，部門や業務までは指定されないことが多い。職種が限定的であることで，勤務地や部署まである程度見通しがつくようになるが，決定的ではないという意味で「ジョブ型」とは本質的には異なる。

　また，配属後の異動範囲も限定的ではないことも多く，自身が学生時代に抱いているキャリアの希望が長期にわたって叶うかどうかは，企業の判断に依存することが多い。

　総合してみると，現在広がっている職種別採用は，これまで新人研修後に行っていた配属希望のすり合わせを事前に行う方式と見ると理解しやすい。「ジョブ型採用」という踊り文句だけに惹かれるのではなく，配属後のキャリア・コースについても事前に正確に理解し，採用者・応募者がともに納得感を得られる採用を模索することが望ましい。

（小林祐児）

Q30 職能資格制度は従業員の「能力」を向上させているのか？

職能資格制度の果たす役割

　職能資格制度［☞Q04］は，職務遂行能力をもとに1970年代から1980年代にかけて能力主義の台頭とともに普及した。この職務遂行能力は，日本経営者団体連盟（現日本経済団体連合会）により「企業における構成員として，企業目的のために貢献する能力であり，業績として顕在化しなければならない。能力は職務に対応して要求される個別的なものであるが，それは一般的には体力・適性・知識・経験・性格・意欲の要素から成り立つ。それはいずれも量・質ともに努力，環境により変化する性質を持つ。開発の可能性を持つとともに退歩のおそれも有し，流動的，相対的なものである」と定義づけられた（日経連能力主義管理研究会編，1969）。つまり人間のもつ一般的な能力ではなく，職務を通じて発揮される能力であり，職務と直接関係のない能力は，この概念に含まれず，企業の目的を遂行したりする能力や，企業が期待する能力に限定されるという特徴がある（杉山，2000）。

　したがって，企業は業務に必要なスキルや知識を明確にし，その目的達成に必要となる職務遂行能力を組織横断的に職能要件として定め，職能資格制度を通じて従業員に明確なキャリアパスを示し，従業員はこれに基づきOJTやOFF-JTを通じて自身の職務での能力が発揮できるように職能要件の充足に励むのである。そして職能要件の充足を確認する手段が人事考課であり，人事考課の結果が昇格や昇給に反映される。この一連の流れから見て，従業員の長期的かつ計画的な能力の向上を意図していると言えよう。

　また，このように企業の目的を達成することを意図して制定された職能資格制度は，組織内での共通認識となり，それに基づきスキルを習得した従業員にとって協力やチームワークを促進する要素ともなる。これが企業の社風として

浸透し，協調性や一体感を高め，新たな価値創造にも寄与することになる。

　このように，職能資格制度は多くの日本の企業が導入していることに鑑みても，人材マネジメントの核となる重要な役割を果たしていると言えよう。

　また職能資格制度は，①能力は向上するものだという意識を従業員に与えることができる，②役職と資格という2つの階層を設けることによって，昇進・昇格管理の裁量性が高まり，「昇進できない人も昇格できる」という形で従業員のモチベーション向上につながる，③役職と資格との間には一定の対応関係が存在して［☞Q04］，「昇格先行，昇進追随」という運用がなされる結果，資格が対応する役職の「タレントプール」の役割を果たしている，など日本の人材マネジメントにおいて重要な役割を果たしている。

あいまいな定義

　ただし，職能資格制度の基準となる職務遂行能力は，職務を遂行するために発揮する能力，つまり顕在能力を意図するものであったが，性格や意欲といった広範な能力も定義に含んでいたために潜在能力を示す概念の色を強めて定着した。その結果多くの企業が「降格」の規定を就業規則に盛り込んでいるにも関わらず，実際には降格は「抜けない刀」となっている。本来は職務遂行能力で運用されるべき職能資格制度で能力の低下を「降格」という形で表せないというパラドックスが生じる所以である。

　また「企業の目的を達成するための」職務に対応して要求される個別的なものであるため，能力の解釈も企業ごとに生じることとなった。これらを踏まえ，福井は「個々の職務に必要とされる能力というよりは，むしろ企業内のコンテクストをどの程度理解しているかといった全人格的な能力といえる」と言っている（福井，2009，pp.21-22）。

　このように職務遂行能力が客観的に評価しづらい能力であったため，職能資格制度が能力主義の台頭により生まれてきた制度であったにも関わらず，結果的に年功的な運用となり，勤続年数が上がると職務遂行能力が向上するとみなされる側面を持ってしまった。

ビジネス環境の変化と職能資格制度

　また違う視点で見てみると，職能資格制度は従業員に長期的な目線でキャリアパスを示し育成する役割を担っている。しかしながら，ビジネス環境の変化のスピードに対し，従業員が職能資格制度の階段をこれまで上っていた成長スピードでは追いつけないことも起きている。またビジネスモデルの転換など事業自体に大きな変化が生じた場合には，目指すべき能力開発目標の修正を余儀なくされることもありえる。そうなると長期にわたって積み上げて来た能力も発揮する機会が減り，従事できる仕事の領域が制限されることが起こりうる。職能要件だけを妄信するのでは能力の向上を担保できるわけではない時代となった。このミスマッチを防ぐためには，企業は職能要件の見直しを怠らず，従業員自身も環境変化への感度を上げ，主体的に能力を開発することがますます重要になる。

協調性と一体感から生み出される落とし穴

　職能資格制度は，企業内で人材育成の軸として，長い年月をかけながら協調性や一体感を形成し，その企業独自の社風を醸成する。従業員にとっても職能資格の等級を一歩一歩上っていくことにより必要とされる能力の充足が可能となるため，成長実感や所属している組織への貢献意識も高まる。特に日本の場合は解雇規制により入社したら定年を迎えるまで辞めることなく，その企業が大切にする価値観を共有するが故の同質性が高まりやすい。

　この同質性の高さは，1つの目的に向かって前進するときには大きな推進力となる強みである。しかしながら一方では同質性の外側で起こっていることに疎くなりやすいという弱みともなる。

　この長期雇用を前提とした従業員の安心安定が，時としてビジネス環境の急激な変化への対応を遅らせてしまうことは否めない。昨今の技術革新のスピードは目覚ましく，学校教育で身につけた知識で定年まで能力を発揮し続けられるというわけではないことは誰しも感じるところであろう。たとえばAIやChat GPTの登場により，これまでの仕事のしかたが一瞬にして変わってしまう可能性を実感したことは記憶に新しい。

　しかしながら，このような環境にあっても新たな学びに対して関心が乏しい。

パーソル総合研究所（2022）によると，ビジネスパーソンで特に何も学んでいない人の割合が，日本は世界の国々と比較しても圧倒的に多い。なぜ学びにつながらないのだろうか。

　従業員は職能資格制度を通じ，職能要件の充足に励み，示されたキャリアパスに従ってキャリアを開発している実感があるため，学ぶ必要性や学ばないことによる影響を感じづらい環境にあることも一因だろう。目の前の業務遂行に力を注ぎ職責を果たすことは，学びに代替する充実感や達成感を得られるからとも言えよう。

　近年，人材を企業価値創出の源泉として捉え，中長期的な企業価値向上につなげる人的資本経営のあり方が提唱されている。人材版伊藤レポート2.0では「人材は，価値が伸び縮みする「資本」で企業が適切な機会と環境を提供すれば価値は上昇し，放置すれば縮減してしまう」と述べられている。これは職務遂行能力の定義にある「能力は開発の可能性を持つと共に退歩のおそれも有する」と，能力の捉え方に通じるものがある。人材の能力を職能資格制度で評価するのか，市場で評価するのか。企業の主導によるキャリア形成か従業員の自律性によるキャリア形成か。「適切な機会と環境の提供のしかた」の変化を考えることが，これからの時代において従業員の能力向上のヒントとなりそうだ。

（野間幹子）

Q31
社内公募制度や多面評価制度は日本の雇用制度を変えるのか，変えないのか？

社内公募制度とはどのような制度か？

　まず，社内公募制度というのはどのようなものか。これまで企業が中途採用を行う際の一般的なやり方は，求人票を作成し，それを社外に向けて公開し，それに興味を持った求職者が応募するというものであった。これに対して，求人票を社外に向けてではなく社内に向けて公開し，それに興味をもった社員が応募する，というやり方を採用する企業が増加している。これが社内公募制度である。

　たとえば経団連の調査（2020）によれば，回答企業の54.9％が社員本人の意向を重視する施策として，社内公募制度を導入している。

　企業が社内公募制を導入する主な理由は3つある。

　まず第1に，社員の自主性を引き出すためである。企業は社員が主体的に自分のキャリアプランやそのために何を学び・経験する必要があるかを考えさせ，それが実現できそうな場にチャレンジする機会を与えるのである。

　第2は，在籍社員の転職防止のためである。たとえば，これまでは現在とは異なる職種の経験をしたいと考えて転職していた社員を，社内公募制度を導入することによって，社内に留めることができる可能性が出てくる。

　第3は，採用コストを抑制するためである。社内の空きポジションを社外からの採用によって埋めるならば，採用に伴う各種の費用が発生する。この費用には，人材紹介手数料や求人広告費といった採用の直接コストだけでなく，入社後の導入教育費用なども含む。この点，社内の空きポジションを社内公募制度によって社員で充足すれば，紹介会社に対する紹介手数料などのコストを節約できるだけでなく，入社後の導入教育など組織に順応させるためのコストも節約することができる。

多面評価制度とはどのような制度か？

　次に多面評価制度について説明する。企業において自分の評価は上司からなされるのが一般的である（図の①）。上司からの評価に加えて，自分の部下や同僚などから「多面的に」評価されるしくみ，これが多面評価制度である（図の②）。典型例としては，この図にあるように，自分を取り巻く周囲全体から評価される「360度評価」というやり方がある。これが多面評価制度である。

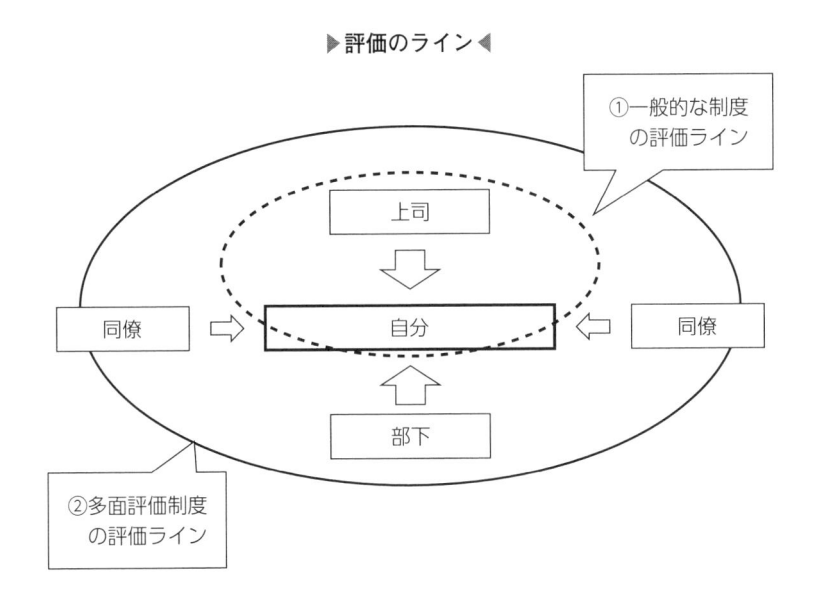

▶評価のライン◀

　少しデータは古いが，厚生労働省の調査（2002）によれば，回答企業の26.0％が多面評価制度を導入している。

　なぜ企業は多面評価制度を導入するのだろうか。主な理由は3つある。

　第1に，評価に関する情報量を増やすことによって評価結果に対する納得感を向上させることが期待できる。上司が常に部下の仕事を観察しているわけではなく，これまでのやり方では上司が見ていない行動は評価できなかった。そこで，普段共に仕事をしている人からの評価を加味することによって評価の死角を少なくすることができるのである。

　第2に，上司の部下に対する行動を変えることが期待できる。上司を評価するのがその上のラインだけならば，自分の上司の顔色だけを窺いながら仕事を

行い，部下に対しては気を配らないかもしれない。そこで多面評価制度を導入すれば，上司はこれまで以上に部下の評価を気にして部下のマネジメントに気を遣うようになるはずである。

これに関連して，第3に，チームワークを高めようというモチベーションの向上が期待できる。社内の階層に関わらず，共に仕事をしている人から評価を受けることになるため，協業の程度や質が高くなることが期待できるだろう。

両制度は，日本の雇用制度を変えるのか，変えないのか？

このように，両制度とも多くのメリットが考えられる。では，デメリットは何だろうか。

日本の雇用制度の特徴は，長期雇用とそれを支える職種を超えた社内異動である。新規学卒者として入社した社員を40年以上にわたり雇用するには，社内の様々な仕事を経験させて社員を飽きさせない仕組が必要である。そのため会社（本社人事部）が強い人事権を持って，社員を異動させてきた。社内公募制度を導入すると，この「計画的人事異動慣行」に変化が生じる。1人の社員を異動させるとなると，その社員の異動先の社員を1人異動させなければならず，それが連鎖していく。いわゆる「玉突き人事」である。しかしここに社内公募制度による異動が加わると，社内公募により異動した社員が抜けたポジションの補充問題が生ずる。これによって，人事部は想定外の玉突き人事を行わなければならなくなり，企業が考える適材適所の人材配置計画が狂うこととなる。社内公募制度を利用する社員が自身の将来のキャリアを考え自己の成長につながる異動になれば良いが，中には単に現状を逃避したいからといった安易な異動希望を持つ社員が出てくる可能性もある。

企業が考える人材配置の全体最適を確保するために行ってきた人事部主導による異動は，管理職による優秀な人材の囲い込み防止という機能も果たしてきた。しかし，社内公募制度を利用して本人からの応募と見せかけた「社内引き抜き」が発生してしまうと，その全体最適という考えが崩れてしまいかねない。

多面評価制度においても，似たような問題が生じる。

部下が上司に従うのは，上司が部下の仕事を決め，その出来ばえを評価し，昇給・昇格のカギを握っているからといえる。ここに多面評価制度が導入され

ると，上司が必要以上に部下からの評判を気にするようになり，たとえば上司は部下に対して部下の気の進まない仕事を与えにくくなったり，部下が改善すべき問題点を指摘しにくくなったりする。これでは仕事を通して長期的に育成するこれまでのやり方が通用しなくなる可能性がある。

　その他，多面評価制度は評価の運用コストが高くなる点にも留意が必要である。同僚や部下からも評価を集めるにはこれまで以上の手間とコストがかかる。また，従来評価をしたことがなかった多くの社員に対して評価の考え方ややり方について教育するのも多くの時間とコストを要する。

　では，これらの新しい制度は日本の雇用制度にどのような変化をもたらすのであろうか？

　日本的人事の根幹には，「個人に安定雇用を約束する」代わりに，「経営者とその代理人である管理職が個人の職務に対して大きな権限を持っている」ことがある。だから，個人は人事異動を無条件に受け入れることが求められる。

　「社内公募制度」や「多面評価制度」はこの原理から逸脱した性格を持つ。すでに見てきた通り，前者は個人が自らの意思で異動できるため，後者は部下が上司を評価するという側面を含んでいることにより，上司が意思決定を行うにあたり，部下の心情を 慮 る動機を強めるためだ。

　日本的人事の根幹にある原理を維持した上で，パッチを当てる意味でこれらの制度を使うのか，逆に，これらの制度を梃子に人事制度の根本的な原理を変えていくのかは，企業ごとの判断である。

（一守　靖）

Q32　ノーレーティング制度は評価の精度を向上させるのか？

評価は何のためにあるのか

　評価の第1の目的は，企業が自らの事業目標，ゴール，そしてそれらを達成するための各部署・ポジションの期待役割を設定し，その成果を図る（つまり評価する）ことで，事業を推進するためである。そのためには，目標設定が明確かつ適切に行われ，さらに組織目標と個人目標の整合性がとられている必要がある。第2の目的は，従業員が所属する組織目標および自らの個人目標を達成する過程で，従業員個人の成長を促し育成を図ることである。従業員は設定された目標を理解し，それが自己の成長にどうつながるのかを上司と十分に話し合って納得し，評価を通じて自己成長の振り返りを行う。そして，上司から部下個々人に具体的かつ納得性の高い評価フィードバックを行うという一連のサイクルを回すことが欠かせない。

　なお，評価決定後，その評定を従業員の処遇（昇格，昇給，賞与）に反映させることが一般的だが，これは評価の結果であり，本来の目的ではない。

ノーレーティング制度の背景

　ノーレーティング制度とは，数値化された評価レーティング（3段階，5段階等）を用いず，フィードバックなど定性的な情報を用いて評価する制度である。「評価しない」のではなく，「評価するがレーティングは用いない」制度のことだ[1]。

　なぜ，近年ノーレーティング制度を導入する企業が増えてきたのか。多くの企業では，目標設定と評価のサイクルを効率的に回すために，評価期間を1年

1　ボーナスや昇給など報酬への反映は，定性的な評価をもとに行う。

間や半年などで区切り，評価を数値レーティングで表し，評価分布表を管理する方法が浸透していた。部署毎の評価分布表をみれば，どの従業員のパフォーマンスが当初設定した目標の期待値を超えたのか，あるいは下回ったのかを把握しやすい。また，評価分布表に合わせて合理的かつ効率的に処遇を決定できる。

　一方で，ガイドラインに沿った評価分布を作ろうとするあまり，管理職が意味のある目標設定や評価フィードバックよりも評価分布の調整に時間をかけるようになり，管理職および人事実務者が疲弊してしまったのも事実である。従業員側も，自分のパフォーマンスを振り返り，今後に向けて自分はどう改善・成長しなければいけないのかという本質的な議論よりも，レーティングそのものに一喜一憂しがちとなった。また，レーティングに過度に目がいくため，確実性が高くわかりやすい数値結果で表される仕事を優先し，不確実性の高い挑戦には消極的になるという弊害もみられた。そのため，評価者・被評価者双方が本来の評価の目的に集中できるよう，レーティングおよびその分布調整を廃したというのが，ノーレーティング評価制度が導入された1点目の背景である。

　2点目の背景として，VUCA[2]の時代において，従来使われていた数値では評価できない仕事が多くの産業で増えたことが挙げられる。たとえば，時間当たりの生産数などはかつてはわかりやすい数値として目標設定や評価に使われてきたが，社会と事業の変化スピードを踏まえると，どれだけ創造的な仕事をしたか等，より柔軟な評価のあり方が求められるようになった。そのため，数値（レーティング）を使わない評価制度が企業側からも従業員からも歓迎された。

　興味深いのは，主に欧米資本の多国籍企業などが，人員削減を経てリーンな組織[3]に移行したタイミングでノーレーティング制度の導入に踏み切ったことである。これらの企業では，人事実務者を含む管理部門の人的リソースが従来より大幅に削減され，人事から各現場の管理職への権限委譲をあらゆる面で進める必要があった。その代表的なものが，各従業員の評価の最終決定権や，評

2　「Volatility（変動性）」「Uncertainty（不確実性）」「Complexity（複雑性）」「Ambiguity（曖昧性）」の頭文字を取ったもので，物事の不確実性が高く，将来の予測が困難な状態。
3　組織階層やポジション数が従来より少なく，機能に無駄のない組織のこと。

価に基づく報酬バジェット管理[4]である。脱レーティングに合わせて，人事の介入なく管理職が一連の評価プロセスを主導するように制度が設計された，という傾向がみられる[5]。

企業事例と，ノーレーティング制度に対する疑問

ノーレーティング制度の導入は，まずは欧米系の多国籍企業で2010年代半ばからみられるようになった。たとえばマイクロソフト社は，ノーレーティング制度に移行するとともに，各従業員がチームや他部署の同僚にどれだけ貢献したかを定性的に測ることで，従業員同士の協働を促進した。製薬産業では，脱レーティングで「従業員にランキングをつけない」文化の浸透を狙いつつ，管理職に報酬バジェット管理の権限を委譲し，管理職が人事に頼らずより自律的な人材マネジメントを行うことを目指している。

最初にノーレーティング制度が世に登場したとき，実は人事実務者の多くが驚いた。1点目は，数値化された評定がないと，各従業員に明確なメッセージが伝えられないのではないか？　という疑問である。レーティングで表さないと，ローパフォーマーに対して警告を効果的に出せないのではないか，あるいはハイパフォーマーに対する賞賛を明確に出せないことでリテンションが難しくなるのでは？　という議論が巻き起こった。

2点目は，レーティングがなくなっても，結局は定性的な評価をもとに従業員の処遇に差をつけるので，それをどう行うか？　という疑問である。評価分布表のようにわかりやすいツールがない中で，どのようにメリハリある処遇をつけることができるのか？

3点目は，管理職のスキルに関する疑問である。人事の介入が減ることとなるが，評価を管理職個人の判断に委ねて本当に大丈夫か？　管理職は，各従業員に対する定性的なフィードバックを頻繁かつ適切に行うことができるのか？

4　主に欧米系の多国籍企業では，各部署に所属する従業員数・ポジション数に基づいて報酬予算（バジェット）を割り当て，管理職は自己の裁量でその予算内で各従業員に昇給・賞与等を割り当てる。中央管理するよりも現場に権限委譲することで，現場ニーズに合ったより柔軟な予算割り当てを目的としている。

5　多くの日本企業にみられるように，管理職に部下の報酬決定権を付与していない場合，ノーレーティング制度が及ぼす現場への権限委譲は限定的とならざるを得ない。

　これらを踏まえると，制度を導入すると管理職の負担がとんでもなく増加するだろう，また管理職個人の判断に委ねるリスクを部署横断的に調整するのに時間がかかるだろう，というのが人事実務者の懸念であった。

結局，評価の精度は向上したのか？　今後の課題は？

　いざ制度が導入されると，評価の精度向上というより，評価の納得性を高めるために，管理職の時間のかけ方に変化がみられた。まずは，管理職が1人ひとりの部下と向きあう時間が多くなる。部下それぞれの日常的な行動を観察し，具体的な事例をもとに定性的なフィードバックを与えられるようにするためだ。

　加えて，個人の判断に委ねるリスクを調整しようと，評価の甘辛を是正する取組みが導入され，管理職がそれに割く時間が増えた。たとえば，評価に上司以外の他者の目を入れる方法として，評価に際し複数のステークホルダーからフィードバックをもらうマルチフィードバックがある。これは従業員に対する育成支援となるし，評価を行う管理職に対する効果的なインプットとなる。また，チームの視点で他者の目を入れる方法としては，自組織に大きなインパクトを与えた成果やそれを生み出したチーム行動は何だったのかを振り返り，議論をするチーム会議を定期的にもつ例がある。このチーム会議には，他部署の関係者が招かれることもあり，チーム単位でのマルチフィードバックを行う場となる。

　今後は，さらに各職務の役割責任・スキル・基準を明確化にしつつ，目標設定・評価・報酬制度の一貫性と透明性を高めることが重要だ。また，納得性の高い評価フィードバックが行われるよう，管理職のスキル開発も欠かせない。このように，ノーレーティング制度の効果を享受するためには，制度の良し悪しを単体でみるのでなく，上司・部下双方の自律性を引き出す人材マネジメントを包括的に目指す必要がある。

（高橋菜穂子）

Q33 インターバル制度は労働時間短縮に貢献するのか？

　働き方改革関連法に基づく法改正により，2019年4月から勤務間インターバル制度が事業主の努力義務となった。勤務間インターバル制度とは，「終業時刻から次の始業時刻の間に，一定時間以上の休息時間（インターバル時間）を設けることで，従業員の生活時間や睡眠時間を確保しようとする」制度である（厚生労働省，2020）。たとえば11時間のインターバル制度が導入された場合，23時まで残業対応すると，翌日の始業時刻は11時間後の朝10時となる。果たして勤務間インターバル導入は労働時間短縮に寄与するのだろうか。また組織成果への影響はどうであろうか。研究例などとともに検討したい。

インターバル制度は，労働時間短縮に貢献するか？

　勤務間インターバル制度導入は，事実上1日あたりの労働時間に上限を課すことになる。そのため単純に考えれば，インターバル時間を長く設けるほど労働時間は減少する関係性にある。具体的な生活時間をイメージするために，久保（2022）では図のように1日の生活時間を可視化している。

▶勤務間インターバル制度導入による生活時間◀

出所：久保（2022）

　このように生活時間に置き換えて考えると，11時間インターバルは，22時帰り翌朝9時出社の生活を意味する。これではワークライフバランス充実やリフレッシュにつながるとは言い難い。ただ，過労死ラインの月80時間残業を1日単位で防止するための予防線にはなりうる。荷重労働が常態化するような企業の是正や，繁忙期における休息時間確保などには有用である。また，労働時間の長さや働き方は，同僚など周囲にも影響を及ぼすことが知られている[1]。インターバル制度導入によって時間に対する意識が高まり，労働時間の短い従業員が増えることは，その個人のみならず職場内にも影響が伝播することが考えられる。実際，山本（2023）の分析では，勤務間インターバル制度が活用されている企業は，そうでない企業に比べ労働時間が週2時間程度短くなっていることを明らかにしている。なお，興味深いことに同分析によって，「制度は導入しているもののあまり活用されていない」企業では，労働時間減少の効果は確認できないことも発見されている。単なる制度導入だけでは効果がなく，制度の適切な実行・遵守や，制度運用に伴う意識改革・業務見直し等と併せた活用こそが，労働時間減少にとって重要であることが示唆される。

勤務間インターバル導入による組織成果への影響

　では，勤務間インターバル制度導入によって組織成果にはどのような影響があるのだろうか。ここでは制度導入によるポジティブな影響を3つ紹介したい。

　第1に，従業員の健康の維持・向上である。勤務間インターバル制度導入の効果については，医学的な見地からいくつか研究がなされている。たとえば池田（2021）や久保ら（2018）を参照すると，勤務間インターバルが長いほど，睡眠時間の長さ・睡眠の質・睡眠負債・社会的時差ぼけ・拡張期血圧・起床時の前日疲労・勤務時間外における仕事との心理的距離などの面で良好であることが明らかになっている。従業員の健康維持・向上は，病気による休業や欠勤の防止，心身不調によるパフォーマンス低下の防止，ひいては離職防止や優秀な人材を惹きつける誘因にもなることが見込まれる。

1　こうした周囲への誘発的な影響はピア（同僚）効果として知られる。長時間労働の要因や働き方改革関連法の効果について詳しい山本（2019）では一部の労働者の選好や性格特性なども指摘されている。

第2に，エンゲージメントの向上である。山本（2022）の研究では，勤務間インターバルが十分活用されると，従業員のエンゲージメントが高まることが発見されている。また，従業員の睡眠時間の長い企業やエンゲージメントの高い企業ほど，その年や翌年の利益率が高い傾向にあることも明らかにしている。こうした関係性のメカニズムについては学術的にも関心が寄せられており，今なお研究が進められている。企業の実践例や学術的知見の蓄積とあいまって，企業経営の観点から制度導入を図る企業の増加が期待される。

　第3に，業務の改善である。勤務間インターバルの導入を契機として，業務改善や業務フロー・人材マネジメント等の見直し，ワークライフバランス推進などにつながれば，生産性向上に直結することが考えられる。

　以上のように，勤務間インターバル制度導入は組織成果へのポジティブな影響を及ぼすことが考えられる。もちろん導入の有無は，そうしたポジティブな影響とコスト（制度導入にともなうコストや機会損失）との天秤によって各企業によって意思決定されるものであろう。しかし中長期的に考えると，過重な労働時間に依存した働き方の脱却が，これからの労働市場上，望ましいことはこれまで様々なQ&Aで見てきた通りである。

制度導入のコスト・ベネフィットに影響を及ぼす3つの観点

　なお，制度導入によるコスト・ベネフィットの関係性は，業界特性や企業のビジネスモデル，人材マネジメントによっても大きく異なる。労働経済学の理論をもとに3つの論点を提示し，本稿を締めくくりたい。

　第1に，代替コストの多寡である。企業における労働投入量の調整は「人数による調整」と「時間による調整」の2つの方法があり，両者の塩梅は労働の固定費（たとえば採用費・教育訓練費・解雇コストなど，1人あたりの従業員に固定的にかかるコスト。労働経済学では準固定費と呼ばれる）によって規定される。特に日本では労働の固定費（準固定費）が高いため，人数よりも時間による調整が行われやすいことが知られている。すなわち，業務量が増加し労働力ニーズが増した際に，人員数を増やすのではなく1人あたりの労働時間を増やすことで対応する傾向にある。勤務間インターバルはこの「時間による調整」に制約を課すものとみなせる。そのため人材採用が困難な企業は，そうで

ない企業に比べて勤務間インターバル制度導入のコストが相対的に高いと考えられる。加えて、そもそも労働力ニーズ自体も、技術や他手段との代替可能性によって左右される。機械やAI等への代替コストが低い仕事の場合、ヒトの調整コスト増大は、むしろ機械や他手段への代替を促すことにつながる。実際、西欧大陸諸国では、ワークシェアリングの考え方に基づく労働協約や法規制によって労働時間は短縮したものの、雇用増には至らず失業が増加したことも指摘されている（三谷，2012）。

第2に、現行の人材マネジメントの特性である。もしも完全なメンバーシップ型［☞Q28］で、曖昧な業務分掌の職場の場合、生産性やエンゲージメントが高まって仕事を終わらせたとしても、そこには「次の仕事」が待っているに過ぎない。取組みの詳細についてはQ38に詳述されているが、業務割り当てや評価、育成などを含めた企業の人材マネジメントの状況によって、制度導入に取り組むコストや効果は大きく異なることとなる。

第3に、業界を取り巻く商慣習や、業界の交渉力である。たとえば運送業界にみられるように、消費者や発注元から強い時間指定ニーズを受けていたり、顧客都合によって待ち時間が発生するような業態の場合、企業1社だけで働き方改革を行うことには限界がある。なぜなら自社だけがサービス時間を短縮することは、ライバル企業より不利になってしまうためである。業界で足並みをそろえた対応や、業界をあげた発注元・消費者等への働きかけも求められる。

以上のような制度導入に係るメリットとコストを吟味した上で、各企業には制度導入の可否、ひいては時間短縮への取組みを検討することが求められる。少子高齢化が進み、労働市場の変化への対応が求められる中、おそらく多くの企業において、短期的にはコストがかさんだとしても中長期的に見るとメリットが上回るような関係性になることが予想される。中長期的な変化を見据え、いかに対応しておくかが企業に問われている。

（森安亮介）

Q34 退職した従業員（アルムナイ）の再雇用にはどのようなメリットがあるのか？

アルムナイ再雇用とは

　まず，"アルムナイ"とは何かについて説明する。アルムナイとは卒業生を指す。企業においては"退職した元従業員"の意味である。よって，アルムナイの再雇用とは，一度退職し，他の会社に転職したり，独立したりした元従業員を再度採用することを指す。そのため，海外では「ブーメラン」雇用と言われたりもしている。過去10年以上，欧米企業の間で先行して広まっていたものだが，昨今，日本企業においても検討する動きが出てきている。

　アルムナイの再雇用のメリットとデメリットを考えてみよう。メリットは，かつて自社で働いていた経験を通じて得た「自社の文化や価値観を理解し，社内人脈を持っている」ことにプラスして，外部で働いたことで取得した「社内にはない知識，経験，人脈を持っている」人材を採用できることにある。この2つを併せ持つことは，アルムナイ再雇用に特有のものだ。

　この2つのうち後者の獲得を目的にした，一般的な経験者採用と比較してみれば，アルムナイ再雇用のメリットははっきりする。経験者採用した人材は，他社での経験をすでに積んでいるため，自社の文化や価値観に馴染むのに時間がかかる。また，社内の人脈も持っていないため，本来持っている力を組織において発揮しようにもなかなか難しい。中途採用者の3年以内の離職率が高いことに悩んでいる企業に聞くと，離職の根本原因はこの辺りにあるようだ。社内人脈になじむことが難しく，活躍するのに壁があるという現実がある。アルムナイ人材は，一度，自社で働いた経験のある人材であるため，ゼロからの中途採用人材と比べて，その企業に適応しやすい。一般的な中途採用と，内部登用のいいとこ取りとも言える。

　一方でデメリットもある。第1に，「いつ辞めても戻ってこられる」という

認知が社内の人材に広がると，退職のハードルが低くなり，かえって退職を促進してしまうかもしれない。もちろん，社員の退職には様々な要因が関わるもので，これだけが理由にはならないが，ハードルが下がる，という点は考慮が必要だろう。第2に，アルムナイ人材が，社内の人材から「一度は，うちの会社を辞めた人材」というレッテルを貼られてしまうおそれがある。事業的，組織的な狙いがあって再雇用を行ったとしても，こうしたレッテルが貼られると，アルムナイ人材は活躍しにくくなってしまう。第3に，アルムナイ人材を厚遇した場合に，内部でキャリアを積んできた人材が「不公平だ」と感じるかもしれない。公平性の欠如は，意欲低下につながりやすいため，注意が必要だろう。

アルムナイ再雇用のより広範な影響

　上段での話は，アルムナイ再雇用の直接的なインパクトだが，さらにより広範な意味を考える必要があるだろう。日本企業は伝統的に，新卒が入口で，定年退職が出口の，内部労働市場中心の人材マネジメントを行ってきた。いわば，ウチ（自社）とソト（外部）の境界がはっきりしているのが日本の組織の特徴と言えるだろう。このことは，家族的な文化を構築し，組織内での密接な協業を促進するなどのメリットがある一方で，組織が内向き志向になりやすい，同質的になりやすいといったデメリットもある。上段でも触れたが，一度退職した人材をネガティブにみる内部人材の姿勢は，まさにこうした内向き思考の表れと言える。

　一度退職したアルムナイを，再雇用を通じて迎え入れることは，こうした組織文化を見直していく契機となりうる。従業員として，一度仲間になったとしても，他のことをやってみたくなるかもしれない。その時は，転職してよい。しかし，それで「ソトの人」として関係を切ってしまうのではなく，ゆるやかなつながりを持ち続け，お互いの"今"を常に知ることができる人的ネットワークを維持する。仮に，他社で新しい経験，スキル，知識を身に着けて，また自社に戻ってくることを望むのであれば，フェアに評価を行った上で再雇用する場合もある。このように考えると，アルムナイの再雇用という取組みが「人の出入り」を柔軟にするとともに，組織と個人の関係を従来の家族的なものから，よりプロフェッショナルで，対等なものにしていくことにつながり得

ることを感じていただけるだろう。加えて，人々の多様な志向とキャリアのあり方を認める，という意味で，自律した個人からなるインクルーシブ（包摂的）な企業文化を育むことにもつながるだろう。

また，退職したアルムナイと組織のメンバーの間のゆるやかなネットワークを維持することもまた，企業にとってメリットがあるだろう。外部で活躍するアルムナイが，従業員と接点を持つことで，情報交換や刺激を受けることにつながる。場合によっては，新たなビジネスのきっかけが生まれることがあるかもしれない。上で述べた通り，内部労働市場中心の人材マネジメントのもとでは，人のつながりや情報のやり取りが，企業の境界の中に閉じたものになりやすい。しかし，アルムナイとの接点を持つことで，社内で働く人材が，アルムナイの人たちが持つ外部の経験や考え方の刺激を受け，多様な情報や視点に触れることにつながる。また，社内にない知識や経験が流入することにもつながる。アルムナイとのネットワークの維持は「情報の出入り」を柔軟にすることだ，と言えるだろう。昨今，アルムナイとのネットワークを構築し，維持していく取組みを企業の人事部門などが主導して行っている例が徐々に増えてきているのは，こうしたメリットを意識したものだ。

アルムナイを活かすためにどう取り組むか

以上の議論を踏まえて，アルムナイ再雇用に取り組むポイントをまとめたい。第1に，このアルムナイ再雇用を，より広範な，組織の境界をゆるやかにしていく取組みである，という位置付けで考えることが重要だ。これは，アルムナイに限らず，経験者採用のあり方など，様々な人事施策にも関連するものである。事業環境が変化する中で，自社のウチとソトの境界，また，組織と個人の関係をどのようなものにしていくのか。そうした議論を行うことで，自社にとってのアルムナイ再雇用の意味や狙いが明確になるだろう。第2に，実施にあたっては，その直接的なデメリットに対処するために，何のためにこれを行うのかを社内向けに丁寧にコミュニケーションすることや，アルムナイ再雇用の処遇のデザインを工夫し，内部人材が不公平を感じないように配慮するなどが必要となるだろう。

伝統的日本の大企業である，日本製鉄株式会社（以下，日本製鉄）のニュー

スリリース（2023年10月31日）によれば，同社はアルムナイ（日本製鉄を退職した社員）との繋がりを構築するために，今般，「日本製鉄アルムナイネットワーク（以下，本ネットワーク）」を開設した。同社は，経営の最重要課題の1つとして競争力の源泉である人材の確保・活躍推進に注力しており，そのために同社を退職後に社外で様々な経験・知見を培ったアルムナイは新たな価値を共に創造し得る人材であると考え，本ネットワークを開設したと言う[1]。

最後にアルムナイについて，再度一言したい。最近日本の人材マネジメントでは，外国人労働者，女性労働力の活用という，言わば「パラダイムシフト」が生じている。「安価な労働力に依存するのは許されない」と言われた外国人労働力は，「外国人に日本を選んで頂くためには何が必要か」が問題になり，女性労働力は「結婚・出産したら，女性は家庭に入るべきだ」とされたのが，今や「女性活躍推進」である。一旦退職した社員を再度お迎えするアルムナイもこうしたパラダイムシフトの一環であると言えるだろう。

こうしたパラダイムシフトを可能にするのは，まず第1に偏見を克服することである。「辞めた奴は裏切り者だ。そんな奴を雇ったら，また辞められるだけだ！」という偏見がある中では，アルムナイを有効に活用することは覚束ないだろう。

では第2に，こうした偏見を克服するドライビング・フォースは一体何か。外国人労働力の場合は何と言っても少子高齢化，また女性活躍推進は，やはり少子高齢化とジェンダー・ギャップ指数であろう。それでは，アルムナイはと言えば「人的資本経営」ではないだろうか。当該企業に勤務経験があるアルムナイは，追加的人的投資を節約できる。したがって彼らを再雇用することで即戦力を有効活用できるのは，大きなメリットだろう。

広い意味での人的資本を重視する昨今の人的資本経営が，アルムナイを促進するドライビング・フォースとなることを期待したい。

（中川有紀子）

1　日本製鉄株式会社ホームページ　人材確保および活躍推進に向けて「日本製鉄アルムナイネットワーク」の構築について（nipponsteel.com）（2024年8月16日現在）

Q35
早期退職優遇制度は企業にとって必要な人材を流出させていないか？

早期退職優遇制度とは何か

　早期退職優遇制度とは，企業が通常の退職条件よりも優遇された条件での退職を募る制度のことである。一般的には以下のような特徴がある。

【対象者の範囲の設定】：たとえば，50歳以上の管理職といったように年齢・部署・職種などで対象者が定められていることが一般的である。

【退職金の優遇】：退職者には，自己都合による退職よりも割増された退職金が支給されることが多く，大手企業では数十カ月分といった高額の割増となることもある。

【再就職支援】：応募し退職する従業員に対して，再就職をサポートするためのセミナーやカウンセリング，紹介サービスなどが提供される場合も多い。

【応募期間】：「早期退職募集」という形で，応募を受け付ける期間が限定されることが多い。期間を限定しない常設型の早期退職優遇制度を設ける企業もある。

　企業が早期退職優遇制度を実施する目的は，主に人件費削減，事業の再編成，高齢化への対応などだ。解雇規制の難しさがしばしば指摘される日本だが［☞Q20］，特にバブル崩壊後は，この制度を用いることで，企業は計画的にまとまった数の高齢社員の退出を促してきた。従業員の自由選択を前提とした早期退職を募集することで，整理解雇ではない形で組織の新陳代謝を図っている。

　この10年ほどで，「キャリア自律」が企業の人材マネジメントの中心に据えられることが増えてきた［☞Q51］。主体的にキャリアを考えることを企業が従業員に求め，支援していくという流れだ。早期退職制度もまた，そうした潮

流の中で従業員にキャリアの選択を迫るものである。

　近年この早期退職募集が激増したのは，やはりコロナ禍による経済停滞期である。多くの企業が経済的な影響を受け，経費削減や事業の再構築を迫られた結果，募集が続発した。2021年，早期退職募集を実施した上場企業は48社，募集人数の合計は11725人に及び，2009年のリーマンショック時に次ぐ多さであった（株式会社東京商工リサーチ・上場企業「早期・希望退職」実施状況）。近年の早期退職の特徴は，40代からの幅広い年代の従業員が対象になってきた点，また業績上は好調を維持している企業の実施が目立ってきた点である。

早期退職優遇制度は企業に必要な人材を流出させていないか

　こうした早期退職優遇制度は，企業に必要な人材を流出させてしまうことにつながっていないだろうか。過去の日本の研究においても，市場でも通じる一般的技能が高い従業員ほど希望退職を選択する確率が高いことが示されているものもある[1]。実務的にも，「転職先が見つかりやすい人から辞めていく」「パフォーマンスが高く，応募してほしくない人が応募してしまう」といったケースは，担当者や現場管理職がしばしば直面することでもあり，重要な問題だ。

　個人の自律的なキャリア構築を求めることと，雇用者として組織をマネジメントしていくことの間には，少なからず齟齬が発生する。筆者が行った調査から，次頁の図のように関連するデータを示した。

　図は，「キャリア自律」の度合いと[2]，自己の「市場価値」，そして「転職意向」の関係を見たものだ。ここでの市場価値は，「現在と同等以上の処遇，条件で転職できる能力をもっている」といった主観的な認知である。左側に市場価値が高い群，右側に低い群に分けた上で，年代別に転職意向の高さを図示している。

1　中嶋哲夫・梅崎修・井川静恵・柿澤寿信・松繁寿和編著『人事の統計分析　人事マイクロデータを用いた人材マネジメントの検証』（2013年，ミネルヴァ書房）。
2　キャリア自律心理尺度は以下を参考。堀内泰利・岡田昌毅「キャリア自律を促進する要因の実証的研究」産業・組織心理学研究 29(2), 73-86, 2016。

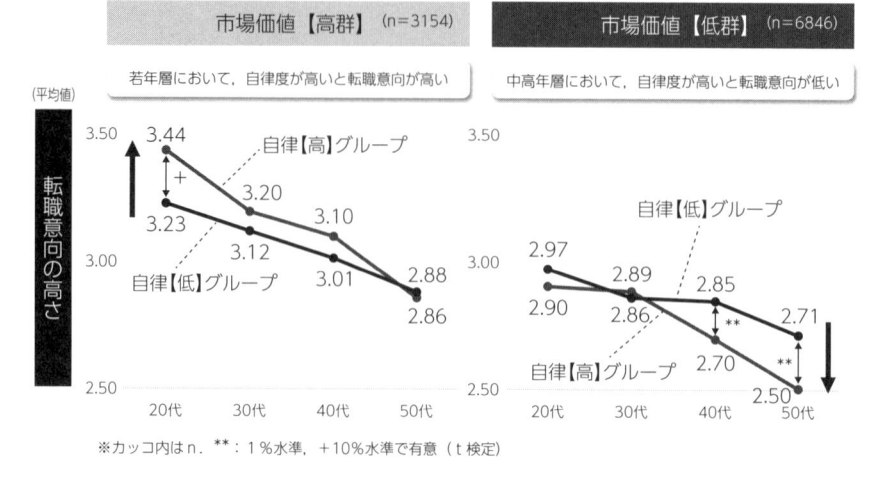

▶市場価値とキャリア自律度，転職意向の関係◀

出所：パーソル総合研究所「従業員のキャリア自律に関する定量調査」

　左側の市場価値【高群】では，特に若年層において，「自律度が高いほど転職意向が高い」という差が有意に見られた。一方で，右側の【低群】では，中高年層において「自律度が高いほどに転職意向が低い」という真逆の傾向が見られた。

　検証課題は多いものの，ここから得られる示唆を端的に言えば，従業員にキャリア自律だけ求めると，他企業に転職できない者は会社に残りやすくなり，逆に「市場で評価されるスキルが高い人材」は退出するリスクにつながる。現場実感的にもそうしたことは往々にして起こっており，早期退職の実施を検討する上でも考慮すべき点だ。

早期退職募集のその他のリスク

　早期退職募集の具体的な募集人数が計画されることもあるが，それに対して多すぎる人数が応募してしまうこともあるし，逆に少なすぎる場合もある。募集に応じない人員を無理に応募させるようなことをすれば，係争リスクにもなる。募集が頻繁になれば，残留する従業員のキャリア不安は募りやすく，ケアする必要性が増す。従業員交渉にあたる実務担当者の気苦労も多く，世間的な

レピュテーション・リスクも高い。人材マネジメントの中でも負荷の高い施策だ。

　また，間接的な影響として，企業のキャリア戦略全体が短視眼化することが挙げられる。早期退職募集で中高年人材を退出させることにより，「中高年層の不活性化」という問題が一時的に先送りされる。筆者が知る事例においても，定期的に早期退職募集が行われる企業では，キャリア研修や人事との面談機会など，キャリアに関する他の施策が希薄であることが多い。

早期退職優遇制度のこれから

　これらのことに鑑みると，随時募集型の早期退職優遇制度にキャリア戦略を依存してしまうことは，戦略的かつ長期的な合理性を持ったマネジメント施策とは言い難い。

　一方で，就業者側の動向および高年法の状況を見れば，65歳を超えて働く人は今後も増えていくことが予想される［☞Q19］。晩婚化も進み，育児や住居に関わる生活費・教育費がかかる時期も後ろに倒れてくるだろう。45歳や50歳といった年齢で募集される早期退職募集でキャリアのリスクがとれる中高年が大きく増えることも考えにくい。

　企業はこのような事情を考慮し，早期退職制度のメリットとデメリットを比較しつつ，実施是非や加算金の設計などを慎重に検討するべきであろう。また，キャリアに関する相談機会や中堅以降の育成施策，目標管理・評価など，中高年層のモチベーション維持や処遇適正化についても時代に合わせた施策は必要だ。早期退職とは別に，そうした中長期的な人材マネジメント総体の検討を同時に行わなければ，ますます進む高齢化に対応することは難しくなる。

（小林祐児）

Q36　役員や管理職のポジティブ・アクションは適材適所を実現するのか？

ポジティブ・アクションとは？

　ポジティブ・アクション（positive action）は「積極的格差是正措置」と訳される。厚生労働省では，ポジティブ・アクションを「固定的な男女の役割分担意識や過去の経緯から，男女労働者の間に事実上生じている仕事上の格差を解消するために，女性の採用拡大・職域拡大・管理職登用の拡大など，個々の企業が行う自主的かつ積極的な取り組み」と定義している。

　ほぼ同じ意味をもつアファーマティブ・アクション（affirmative action）は，米国で1960年代にスタートし，歴史的・構造的に不利な立場に置かれてきた人々（黒人，少数民族，女性等）を対象層にした是正措置が行われてきたが，ヨーロッパや日本では主に性別の違いを対象に，ポジティブ・アクションという言葉が使われることが多いといわれている。

　ポジティブ・アクションの具体的な手法として，まず「クオータ（quota）制」があげられよう。クオータは「割り当て」を意味し，性別等を基準に一定の人数や比率を割り当てる手法である。結果としてのポジションの人数や割合を具体的に設定する場合と，候補者の人数や割合を設定する場合がある。

　クオータ制は，政治分野を中心に世界の多くの国で導入されており，2022年時点で，137カ国・地域で導入されている（国立国会図書館調査及び立法考査局　佐藤令・武岳沙綾「主要国の選挙におけるクオータ制」（2022））。クオータ制は，ポジティブ・アクションの中で最も拘束力が強く，厳格な手法といわれている。

　「プラス・ファクター（plus factor）方式」（能力が同等である場合に一方を優先的に取り扱うことによって実現する方式）や「ゴール・アンド・タイムテーブル（goal and timetable）方式（達成すべき目標と達成までの期間の目

安を示してその実現に努力する手法）は，よりソフトな手法で，目標にむけての自主的な活動であることが多い。

　政府が2003年に掲げた「社会のあらゆる分野において，2020年までに，指導的地位に女性が占める割合が，少なくとも30％程度になるよう期待する」といういわゆる「202030」は，「ゴール・アンド・タイムテーブル方式」である。

　また，女性の応募の奨励，職域拡大，能力向上のための研修やワークライフバランスの実現など，「幅広く女性の参画の拡大を図るための基盤整備を推進する方式」も広い意味でのポジティブ・アクションである。

諸外国におけるポジティブ・アクションの状況

　こうしたポジティブ・アクションは成果をあげているのであろうか？　経済分野で企業役員へのクオータ制を導入している諸外国の状況をみてみよう。

　世界で初めて企業役員への女性のクオータ制を導入したノルウェーで2002年に上場企業に占める女性役員比率は6％であったが，2003年に法律を制定し，2007年末までに40％を達成することが義務付けられた。社名公表や最終的には企業解散という厳しいペナルティもあり，2008年にはすべての上場企業の女性役員比率40％が達成された（Nikkei Style「企業に女性幹部クオータ制 先進ノルウェーに聞く」2014年6月28日）。

　フランスは，2009年には取締役女性比率が約10％であったが，2011年に取締役クオータ法が制定された。2014年年初までに20％，2017年年初までに40％達成という段階的な目標を設定し，罰則規定も設けた。そして，2021年時点での取締役女性比率は45.3％まで上昇した（内閣府男女共同参画推進課「諸外国の経済分野における女性比率向上に係るクオータ制等の制度・施策等に関する調査」(2022))。

　イタリアでは，2011年に上場企業の取締役会と監査役会における男女比率を定めた法律が制定された。その結果，2011年に7％であった比率が2022年には42.6％に上昇している（日本経済新聞「クオータ制，一定の成果　ジェンダー格差是正への道筋」パオラ・プロフェタ ボッコーニ大学教授 2022年12月19日」)。

日本におけるポジティブ・アクションの状況

　日本においては，1985年に「男女雇用機会均等法」が制定され，1997年の改正時にそれまで努力義務であった採用・昇進・教育訓練等での差別が禁止され，男女の均等な機会及び待遇の確保の支障となっている事情を改善することを目的として女性に行う措置（ポジティブ・アクション）は，法違反にはならないことが規定された。

　前述の政府が2003年に立てた「202030」目標は，2015年12月に第4次男女共同基本計画において「2020年の民間企業の女性課長職の割合を15％にする」と下方修正され，2020年12月の第5次男女共同基本計画においては，「2020年代の可能な限り早期に指導的地位に占める女性の割合が30％程度となるよう目指して取組を進める」とさらにトーンダウンした。

　しかしながら，2016年4月に施行され2022年改正された「女性活躍推進法」では，一定規模以上の企業に対して，女性活躍推進に向けた数値目標や行動計画の策定・公表が義務化され，より積極的なポジティブ・アクションの推進が求められるようになっている。

　また，2023年6月に制定された女性活躍・男女共同参画の重点方針（女性版骨太の方針）では「プライム市場上場企業は，①2025年を目途に，女性役員を1名以上選任するよう努める，②2030年までに，女性役員の比率を30％以上とすることを目指す」という具体的な数値目標も設定された。

　ポジティブ・アクションを積極的に進めてきた企業では，数値的な成果も見られる。たとえば，イオンは過去10年間で女性管理職が64人から5506人に，比率も4.7％から37.1％に増加し，2025年には女性管理職比率50％を目指している。明治安田生命保険では女性管理職が94人から407人に，比率は2.3％から33.3％に増加した（東洋経済『CSR企業総覧』(2022)）。日本においても，ポジティブ・アクションの取組みによる数値的成果が確認できる。

役員や管理職のポジティブ・アクションは適材適所を実現するか？

　以上みてきたように，ポジティブ・アクションは役員や管理職の女性比率の改善，すなわち数的な面において一定の成果をあげているといえるであろう。では質の面ではどうか。

　まず，属性によって育成や登用に差異がある状態は，ポテンシャルのある人材が「土俵＝活躍の場」にあがれていないということを認識する必要がある。女性の役員・管理職比率に数値目標を持つことにより，今までの選抜方法においては候補にあがらなかった人たちが選抜の候補となり，より幅広い人材プールからポジションに就く可能性のある候補者を増加させることができる。より多くの候補者からの選抜はよりそのポジションにあった人材の選抜を可能にする。

　「職域拡大」「研修の充実」「ワーク・ライフ・バランスの充実」などの基盤整備を推進する方式のポジティブ・アクションを実施することにより，女性の能力開発やモティベーション向上にプラスの効果が見込まれ，「適材」となる人材が増えるとも考えられる。

　適材適所を考える際，それぞれの個別ポジション「適所」における「適材」を考えるだけでなく，様々な能力をもった個の組み合わせ，組織全体を「所」として見たときの「適材」を考えることも重要であろう。ポジティブ・アクションにより変化しづらい組織の多様性の確保を可能にし，組織全体で見たときの「適材適所」に貢献する効果もある。

　組織全体の「適材適所」という考え方に加えて，「適材適所」を時間軸で見ることも重要である。日本社会に根強く残る性別役割分業意識やそして家事・育児が女性に偏っている現状や女性に多いといわれる「インポスター症候群」などから，女性の「昇進への意欲」は男性に比べて低いといわれており，また統計的差別［☞Q16］などから「経験値」が男性に比べて低いということもあろう。こうした意欲や経験の面で，短期的に見たときに女性を選抜することが「適材」なのか疑問に思えることもあるかもしれない。しかし，NPO法人J-Winの調査では，「管理職になる前に抵抗感があった」とした女性は約5割であったが，「管理職になってよかった」と思う女性は1年後は約4割，2〜3年後は約7割，4年後以降は8割以上と意欲と自信を徐々につけているというデーターもある（Nikkei Style「自信ない症候群を克服　管理職めざす女性たち」2022年4月7日）。

　適材適所であるかどうかは，中長期的な視点をもって見極める必要があり，これはポジティブ・アクションによる選抜・配置のみに該当することではない。

（永井裕美子）

Q37
なぜ成果主義人事管理は上手くいかなかったのか？

成果主義の定義

経営の視点から見れば，そもそも社員に「成果」を求めない企業はないだろう。それなのになぜ，あえて「成果主義」という言葉を使うのだろうか？

そこで，最初に成果主義の定義を説明する。奥西（2001）によれば，①賃金決定要因として，成果を左右する諸変数（技能，知識，努力など）よりも，結果としての成果を重視すること，②長期的な成果よりも短期的な成果を重視すること，③実際の賃金により大きな格差をつけること，である。すなわち，賃金決定要因が原因より結果志向になること，長期より短期志向になること，賃金格差が拡大することが「成果主義」の強まりと解釈されるのである。

成果主義人事管理の目的

日本で成果主義人事管理が人事労務の世界で盛んに議論されたのは，1990年代後半から2000年初めにかけてである。その目的は何だったのか。

この時期に成果主義人事管理を導入したほとんどの企業の目的は，①評価に対する満足感や納得感の向上，②労働意欲の向上，③（あまり公にはされないが）人件費の削減，にあったと思われる。言い換えれば，それまで採用されてきた制度がこうした課題を含んでいたということである。

それまでの人事制度～職能資格制度～の特徴と課題

ではここで，それまでの制度である，「職能資格制度」という人事制度の特徴と課題について整理してみることとする［☞Q04］。

職能資格制度の第1の特徴は，社員を評価するにあたり，仕事の結果としての成果だけでなく社員が持つ能力や目標達成に向けた努力も重視する点にある。

たとえば日本企業の典型的な評価項目は「成績評価」「能力評価」「情意評価」から構成されており，このうち「能力評価」というのは社員が持つ潜在能力を，「情意評価」というのは規律性や協調性，積極性，責任感といった勤務態度や仕事に対する意欲を評価する。

　しかしながら，能力に関する客観的な基準を設定することは非常に困難である。また，発揮能力を測るだけでも難しいのに，潜在能力も含めて評価するとなればなおさら曖昧な評価にならざるを得ない。能力・情意とも，数字やデータなどで客観的に測ることができないため，評価の過程で評価者の主観や先入観が評価結果に影響を及ぼす可能性がある。結果として評価の納得性が高まりにくい。これが職能資格制度の第1の課題である。

　職能資格制度の第2の特徴は，長期的な成果を重視する点にある。

　日本では，新規学卒者として就業経験のない者を採用する慣行のもと，入職後にいろいろな仕事を経験させながら職能を高め，仕事の適性を見極めていく必要がある。こうしたやり方は社員の長期的な人材育成につながっていると同時に，日本企業における昇進の実態を形作っている。小池（1991）によれば，日本の大企業には，入職後15〜20年後に管理職となるコースと管理職にならないコースに分化する「遅い昇進」が存在し，様々な仕事の経験を行う過程でいろいろな上司による長期観察期間を経て昇進していく実態があきらかにされた。そうしたことから，少し古い調査にはなるが，同一入社年次の社員の昇進に差が初めて生じる時期は，アメリカの企業では入社後3.4年であるのに対し，日本企業は7.9年であった（日本労働研究機構，1998）。

　八代（2011）は，「こうした長期の競争は，長期雇用においては従業員のモチベーションに配慮しているといえるが，一般的には能力のある者を早く昇進させることこそがやる気を高める途ではないか」と述べている。特に，技術革新など企業を取り巻く環境の変化が速い現代においては，「遅い昇進」は，若く優秀な社員の労働意欲の低下につながるものと思われる。これが，職能資格制度の第2の課題である。

　職能資格制度の第3の特徴は，実際の賃金に大きな格差がないという点にある。

　職能資格制度における賃金設計は，一般的に，年齢をベースとしたライフサ

イクルに応じて必要となる生計費を賄うことを念頭に賃金カーブが描かれる。そしてひとたび決定した賃金カーブに基づいて，職務遂行能力に応じて区分された職能等級ごとに決める「職能給」，年齢や勤続年数ごとに決める「年齢給」や「勤続給」に配分される。このうち年齢給や勤続給は年齢や勤続年数に従って自動的に決まるものであるから，新卒で入社した社員は仕事の成果にかかわらず同一となる。職能給については，評価に応じて会社が定めた昇給額が加算されていくが，一般的にはここでも大きな賃金差はつかず，同じ年齢の同期入社で同じ等級であれば社員間の賃金格差は小さい。

　しかしこのやり方では，社員全員が年齢や勤続年数の上昇に応じて賃金も毎年必ず同じ額だけ上昇することになる。また，傍から見て仕事の内容と職能等級が見合っていない場合でも職能等級を下げることは職能資格制度の考えと合わないこととなり，結果として社内の地位（職能等級）や給与の高止まりにつながってしまう。こうして，職能資格制度のもとでは賃金が年功的になり，社員の高齢化に伴って企業の賃金負担が増大する。これが第3の課題である。

成果主義の具体的制度改革

　こうした課題を克服するために，企業は実際にどのような制度改革を行ったのだろうか。

　第1に，評価にあたり，結果としての成果を重視することによって評価者の主観を極力排除し，評価の納得性を高めようとした。具体的には，業績評価（結果）に対する評価割合を高めるとともに，能力評価についても成果にできる限り紐づいた顕在能力（コンピテンシー）を評価するようにした。

　第2に，短期的な成果を求めることによって優秀な社員の労働意欲を高めようとした。具体的には，MBO（業務目標の到達度に応じた評価）の運用を強め，単年度の成果を処遇に反映するようにした。

　第3に，賃金の一方的な上昇を抑えようとした。具体的には，賃金体系における年齢給や勤続給を廃止するあるいはその割合を極力少なくするとともに，職能等級の決定についても従来の「積み上げ方式（職能等級は過去の能力の積み上げであるから下がることはない）」という考え方から「洗い替え方式（その時々の能力に応じた職能等級を割り当てる）」に切り替え，場合によっては

降格もあり得る仕組にしようとした。

成果主義人事管理はなぜうまくいかなかったのだろうか？

　結果として，こうした成果主義人事管理はうまくいかなかった，というのが大方の見方である。なぜだろうか。以下，主な3点をあげる。

　（1）　成果主義を導入しても，社員個人に対する仕事の割り振りは依然として旧来のままであったことがあげられる。会社主導でローテーションが行われ，その結果責任を問われたらどうであろう。結果責任を負う気になるだろうか。すなわち，仕事が選べない日本企業ではそもそも成果は問えないのである。

　（2）　成果を短期的に測るのはとても難しい。評価の間違い（誤差）があっても，長期雇用の下では格差は長期に徐々に積み上げられていたので問題は顕在化しなかったが，成果主義のもと短期の評価を処遇に反映すると不満が生まれる。結局，評価が「中心化」してしまったのである。

　（3）　成果主義によって賃金格差を大きくすることによって「勝者」のモチベーションは高めることができたかもしれない。しかし同時に，予想されたことであるが，「敗者」のモチベーションも低下させてしまった。一方で日本の労働法下では賃金の減額や退職に関して様々な制限があり，結果として「優秀な若手社員の賃金は上がる一方，“敗者”の賃金はほとんど下げることができない」という状況が生まれ，コスト削減を期待した成果主義人事管理はうまくいかなかった。

　現在大手企業を中心に「ジョブ型」雇用制度へ移行する企業が多くなってきた［☞Q28］。しかしながら，その導入の目的が単に「成果主義人事管理制度の敗者復活戦」という意味合いであるとすれば，同じような失敗をする可能性がある。過去の教訓を生かして，同じ失敗をしないようにしたい。

　立道・守島（2006）は，「目標管理制度」「評価結果の本人への開示」「考課者訓練」といった“納得性確保のための施策”が充実している企業では，成果主義的な賃金や評価制度を働く人が受け入れる可能性が高まると指摘している。ジョブ型雇用制度の導入企業にも参考になるであろう［☞Q12，28，53］。

（一守　靖）

Q38　働き方改革は何のために行うのか？

働き方改革とは何か

　働き方改革とは，労働者がそれぞれの事情に応じた，多様で柔軟な働き方を自分で選択できる社会を実現するための取組みの総称であり，その中核は，長時間労働の是正，多様で柔軟な働き方の実現，雇用形態にかかわらない公正な待遇の確保等にある。

　2016年9月，働き方改革の実現を目的とする実行計画の策定等に係る審議を目的とする「働き方改革実現会議」が設置され，2017年3月に「長時間労働の是正」「柔軟な働き方がしやすい環境整備」など9分野における具体的な方向性を示した「働き方改革実行計画」がまとめられた。その後2018年6月に「働き方改革法案」が成立，2019年4月から「働き方改革関連法（働き方改革を推進するための関係法律の整備に関する法律）」が順次施行されている。「働き方改革関連法」は，長時間労働の是正，正規・非正規社員の格差是正などを通じた労働環境の改善を目的とする。

　働き方改革が求められた背景には，日本が直面する「少子高齢化に伴う生産年齢人口減少」「労働者のニーズの多様化」「労働者の健康維持」といった課題がある。生産年齢人口が減少する中では，働き方の多様化を通じて，育児や介護といった様々な理由により就業が困難だった層の就業機会の拡大，さらには特定の働き方をする労働者だけでなく，多様な働き方をするすべての労働者が意欲・能力を存分に発揮できる環境をつくることが不可欠である。

　また，長時間労働によってもたらされる心身の健康への悪影響を軽減することも大切である。長時間労働は労働者の心身に悪影響をもたらすことは広く知られているが［☞Q14］，昨今では，「健康経営」という言葉に代表されるように，従業員の健康管理や健康増進の取り組みを「投資」と捉え，生産性向上・従業員の活力向上・企業価値向上につなげる考え方も出てきている。

　以下では，働き方改革の中核である，「長時間労働の是正」についてその法的根拠と求められる取り組み，推進上の課題を整理する。

長時間労働の是正

　長時間労働の是正に深く関わる働き方改革関連法案の改正は，主として「時間外労働の上限規制」と「年次有給休暇の取得義務化」を牽引する。

　「時間外労働の上限」は，労働基準法の改正により定められた。具体的には，月45時間，年360時間を原則とし，臨時的な特別な事情がある場合でも年720時間，単月100時間未満（休日労働含む），複数月平均80時間（休日労働含む）を限度に設定されている。施行は2019年4月であるが，中小企業は2020年4月からであった。また，上限規制の猶予が認められていた建設・運輸・医師に対しても2024年4月から上限規制が適用された。

　一方，「年次有給休暇の取得義務化」とは，使用者が，10日以上の年次有給休暇が付与されるすべての労働者に対し，毎年5日，年次有給休暇を確実に取得させる必要があることを意味する。なお，年次有給休暇は，①半年間継続して雇用され，②全労働日の8割以上を出勤しているすべての労働者に付与される。

　これらの法律を土台に，働き方改革は，働き過ぎを防ぐことで労働者の健康を守り，ワーク・ライフ・バランスを実現し，ウェルビーイングを高めることを目指す。また，職場における長時間労働の蔓延は，仕事と仕事以外（育児・介護）との両立を困難にすることから，ケア役割を担うことが多い従業員の就業継続やキャリア形成や，仕事役割を主として担うことが多い従業員の子育て参加をも困難なものとする。したがって，時間外労働の上限を規制することには，日本においてケア役割を担うことが多い女性の就業継続・キャリア形成[☞Q15]，ならびに諸外国と比べて家事育児に参加する時間が限られる日本の男性の子育て参加を後押しすることが期待される。

日本における長時間労働の実態

　日本の長時間労働の実態を確認しておこう。週労働時間60時間以上の雇用者の比率は減少傾向にある。しかしながら，政府目標は2025年までに「週労働時

間40時間以上の雇用者のうち，週労働時間60時間以上の雇用者の割合を5％以下」とすることであるが，2022年は8.9％であり乖離があることから，より一層の削減が求められている。

▶週60時間以上の雇用者の割合◀

出所：総務省「労働力調査」

長時間労働の是正にむけて

　長時間労働の是正は，長時間労働を抑制すること自体が目的であると同時に，長時間労働の削減を通じて，労働者の心身の健康を維持向上させるなどワーク・ライフ・バランスを保ちウェルビーイングを高め，長時間労働が蔓延する職場であることを理由に，就業継続や持っている力を発揮できなかった人々の活躍を可能にし，労働時間の削減を図る中で業務の見直しが進み生産性を高めることの手段でもある。

　すなわち，長時間労働の是正は，求める社会や企業像を実現する上での最終的なゴールではなく，手段ならびに求める成果の中間指標の1つとして位置づくことが重要である。もちろん，労働時間の上限規制は長時間労働の是正にプラスの効果があることが示されているなど，非常に有効な手段である。

　しかし，「とにかく残業するな」という形で，長時間労働の是正そのものが目的になってしまうことがある。特に企業の非財務情報についても情報開示が進む中，たとえば1カ月あたりの残業時間というわかりやすい指標が注目され

るようになっていることも一因である。そうなってしまうと，業務量は変わらないのに残業時間だけを減少させるといった本末転倒な取組みが生じてしまう。その結果，残業をしているにも関わらず残業時間をつけにくい，ひどい場合には残業したことを隠してしまうといった状況や，仕事ができる一部の労働者に仕事が集中し，その労働者の心身の健康が悪化してしまうといった，働き方改革が持つ本来の目的からすると本末転倒な問題が発生してしまうリスクが高まる。

業務の見直しと職場風土の改革の重要性

　長時間労働を削減するための代表的な取り組みとしては，①残業時間の把握，②残業時間の可視化，③残業理由の申請などがあるが，これに加えて，残業自体の発生を抑制するように業務自体を見直したり，職場風土を変えていくといった取り組みも求められる。

　いくつか取り組み事例を上げていこう。まず，会議の回数や時間に制限をつけることで会議時間を短縮したり，既存の業務の「ムダ」削減といった業務の見直しを通じた業務量の削減がある。また，業務量に対してそもそもの人員が少ないことが残業の主たる要因であるならば，人員増を行うことも必要であろう。さらに，顧客に理解してもらった上で顧客をも含めた業務プロセスの改善を行っている企業もある。業務量やそのプロセス，人員構成だけでなく職場風土や管理職のマネジメントの見直しも不可欠だ。何もしなければ業務は増加する一方であることから，業務の改廃を進め，無駄な業務を取り除くことは経営層や管理職が取り組むべき課題であり，そのために必要な裁量を管理職に持たせることが必要だ。

　さらに，「長時間労働の是正」に注目する働き方改革が，労働者ひいては企業にとってプラスの効果をもたらすために，限られた時間の中での人材育成を実現する方法を検討することも必要になる。これまで多くの企業では残業を含めOJTを通じて一定の時間をかける形で従業員の育成を進めてきたが，「長時間労働の是正」はそういった育成方法を見直し，限られた時間の中での育成方法を求める。企業には職場での学習に加え，職場外での学習の活用等の検討を含めた育成方法の確立が求められている。

（坂爪洋美）

Q39
育児休業取得はキャリアに
プラスかマイナスか？

日本の育児休業をめぐる法制度の現状

　企業の育児休業制度の土台となる日本の育児・介護休業法の変遷と現状を確認することから始めよう。2024年1月時点の育児・介護休業法に基づくと，育児休業制度とは子が1歳（一定の場合は，最長で2歳）に達するまで（父母ともに育児休業を取得する場合は，子が1歳2カ月に達するまでの間の1年間＜パパ・ママ育休プラス＞），申出により取得が可能な制度である。

　育児・介護休業法は，直近では令和3年6月に改正されている。この改正の代表的な変更をみていこう。まず，育児休業を2回に分けて取得することが可能になったほか，男性の育児休業取得促進のため，子の出生直後の時期における柔軟な育児休業の枠組みである「産後パパ育休」が創設された。「産後パパ育休」とは，子の出生後8週間以内に4週間まで取得することができる柔軟な育児休業であり，2回に分けて分割して取得することができる。

　また，常時雇用する労働者数が1,000人超の事業主に対し，育児休業の取得の状況について公表を義務付けられた。特に男性の育児休業取得率は，日本でも企業に非財務情報の開示を求める動きが本格化する中で，重要な指標となっている。

日本の育児休業の取得状況

　過去10年の日本の育児休業取得率の推移を図でみていこう。女性はこの間80%台で推移しているが，男性は令和2年度にようやく10%台に到達した。最新の令和5年度の育児休業取得率は女性が84.1%，男性が30.1%と男性で上昇傾向にある。この背景には，令和3年6月の育児・介護休業法の改定があると推測されるが，政府は男性の育休取得率の目標を2025年までに50%，2030年ま

でには85％に引き上げるとしており，目標までは依然として大きな開きがある。

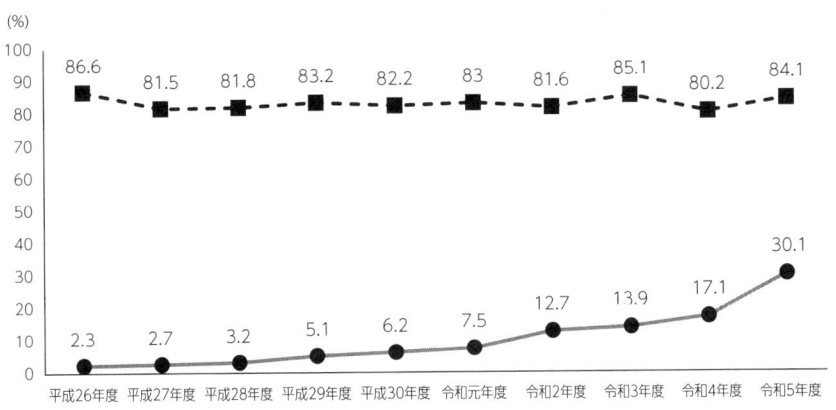

▶男女別育児休業取得率の推移◀

(出所) 雇用均等基本調査

　男性の育児休業取得率が低水準にとどまる理由を，調査結果から見ていこう。厚生労働省（2023）によれば，「男性（正社員・職員）」の育児休業取得[1]については「利用したことはなく，利用希望もない」が33.5％で最も回答割合が高く，次いで「利用したことはないが，利用したかった（利用したい）」が29.1％であった。取得を希望しない男性も一定数存在する。男性（正社員・職員）が育児休業を取得しなかった理由としては，「収入を減らしたくなかったから」（39.9％），「職場が育児休業制度を取得しづらい雰囲気だったから，または会社や上司，職場の育児休業取得への理解がなかったから」（22.5％），「自分にしかできない仕事や担当している仕事がある」（22.0％），「残業が多いなど業務が繁忙であった」と「会社で育児休業制度が整備されていなかったから」（21.9％）が上位を占める。

1　ここでの育児休業には，配偶者出産休暇・産後パパ育休（出生時育児休業）制度は含まれない。

育児休業の取得が個人のキャリアに与えるプラスの影響

　育児休業の取得が取得者のキャリアにもたらすプラスの影響として，最も広く知られているのは出産後の女性の就業継続である［☞Q15］。また，男性の育児休業取得は，育児休業取得中に男性が家事や育児を担うことはもちろんのこと，その経験が育児休業取得後の育児への関与を促し，カップルが共に育児に関与すること，さらには女性の就業継続を後押しする。

　女性の場合には育児休業の取得をきっかけとした就業継続を通じて，男性の場合には育児休業取得をきっかけとした育児への関与を通じて仕事と育児を両立させることは，ワーク・ライフ・エンリッチメントをもたらす。ワーク・ライフ・エンリッチメントとは，たとえば仕事上の経験が仕事以外の生活領域での経験の質を高めることである。キャリアへのプラスの影響という観点から言えば，育児に関わる経験で身につけたスキルや時間の使い方が，仕事上に役立つことを通じて，仕事の質を高めることにつながる。

　さらに，仕事や育児に関わることはイントラパーソナル・ダイバーシティ（個人内多様性）を高める［☞Q17］。イントラパーソナル・ダイバーシティとは1人の人間が多様な経験と幅広い知見を持つことであり，多様な経験と幅広い知見は新たな知の探索や，役割間葛藤を経験することによる内省を通じて，多様な価値観の受け入れを促す。ダイバーシティ経営の重要性が指摘される中で，多様な価値観を受け入れることは，キャリア形成において不可欠であると同時に，多様性を創造性につなげる上でも不可欠だ。

育児休業の取得が個人のキャリアに与えるマイナスの影響

　育児休業を取得することが取得者のキャリアにもたらすマイナスの影響として頻繁に議論されるのは，賃金の低下や昇進の遅れ，能力開発の停滞，それらを通じた仕事などへの満足感の低下である。取得者のキャリアに対するマイナスの影響は，取得者の多くが女性であることを反映し，主として女性を対象とした調査が多い。特に，「育児休業を取得した人は取得しなかった人と比べて賃金が低くなるのでは？」という問いは長年にわたって議論されている。海外の研究まで視野に入れれば，育児休業取得の結果，賃金が「低くなる」「高くなる」「影響しない」という多種多様な結果が得られており，現時点では統一

された結果は得られていない。一方，法定期間を超えるような長期間の育児休業の取得は，取得した女性の管理職登用を阻害する可能性が指摘されている。

　育児休業の取得が，取得者のキャリアにマイナスの影響をもたらしうるメカニズムは，「人的資本仮説」と「flexibility stigma仮説」で説明されることが多い。前者では，育児休業の取得は従業員の技能や知識，ネットワークの陳腐化をもたらすことを通じて，当該従業員の人的資本の価値が低下すると考える（Mincer and Offek, 1982）。後者は両立支援策の利用申請ならびに実際に利用することで，職場や上司から育児などの家庭生活を重視し，仕事に対する意欲が低い従業員とみなされることで，その後のキャリアで不当な扱いを受ける可能性があると考える（Williams et al., 2013）。

企業に求められる取り組み

　育児休業の取得がもたらすプラスの影響とマイナスの影響をみてきた。育児休業の取得は，取得した個人のキャリアに対してプラスの影響もマイナスの影響ももたらしうる。しかしながらその影響は，企業の取り組みによって変化する。

　たとえば，育児休業取得の中核的なプラスの影響である就業継続も，育児休業後に復職した職場で長時間労働が蔓延していれば，最終的には離職につながってしまう。逆に，男性の育児休業取得者へのスティグマが生じない職場風土であれば，男性の育児休業取得によるマイナスの影響は発生しにくい。

　したがって，企業には育児休業の取得が取得者のキャリアにもたらすプラスの影響を促進し，同時にマイナスの影響を抑制する取組みを導入し，適切に運用することが求められる。人事制度の観点からは，育児休業からの復帰前後で取得者が働き方やキャリアを考える機会や，復帰後の働き方について上司と面談する機会を提供することも効果的だ。同時に，両立支援策以外の人事施策も，仕事と育児を両立しながら働く従業員の働きがいや働きやすさを高める施策となるよう，見直していくことが大事になる。

　また，「長時間労働が当たり前」といった組織風土を見直すことや，管理職のアンコンシャスバイアスの低減ならびにマネジメント手法のアップデート［☞Q43］も育児休業取得ならびに取得者の復帰後のキャリアを良いものとしていくために不可欠である。

（坂爪洋美）

Q40
労働組合の存在は人材マネジメントに寄与しているのか？

発言 – 退出モデルで見る労働組合

　労働組合が労働者のために必要であるかという問いに対しては，基礎編のQ23でも説明した。その理由の第1に集団による交渉力の強さをあげた。第2に，雇用契約後に起こる業務内容の変更が避けられないことを確認し，事後的な調整や制度・ルール形成のためにも労働組合が有用であることを説明した。ただし，この有用性とは，労働者に対してである。人材マネジメントに対する寄与としては，経営側にとっても有用性があるかという問いに答えなければならない。この問いに応える前に，労働組合の影響についてどのような研究が積み上げられてきたのかを確認したい。

　労働組合の有用性を経営側への発言力に求めるアプローチとして，発言 – 退出モデル（voice-exit model）がある。このモデルは，もともとハーシュマンによって提示された理論であり，営利企業，非営利企業，国家などを含むすべての組織を対象にしている（Hirschman,1970）。そして，この理論を労働組合に適用し，先駆的な実証分析の成果を生み出したのが，フリーマン・メドフの研究である（Freeman and Medoff,1984）。

　このモデルにおける発言（voice）とは，労働組合の機能を組合員の意見や要望を集約し，経営側に発言することと定義し，退出（exit）をその組織からの離脱と定義する。この2つの選択肢のどちらを選ぶかという判断を労働者はしていると考えたのである。この発言（voice）の力を労働組合の機能と考えれば，この機能がなければ，労働者は労働組合から退出（exit）と考えられる。もちろん，実際に労働組合を辞める人は少ないであろうが，現実的には組合への参加意欲が大幅に低下したり，そもそも会社を退職したりすることが考えられる。

　このような二択の合理的選択モデルを前提に，労働組合による発言効果の実証は，日本においても積み上げられてきた。多くの実証研究が積み上げられた理由は，労働組合の効果が多様だからである。賃金上昇，離職率低下，雇用保障のような労働者側の利得への効果もあれば，企業の生産性への効果も考えられている。先行研究では，様々なデータや対象を分析し，質問紙や分析手法も異なるので，それぞれの実証研究で分析結果の違いはあるが，正の影響が確認されている。以下に示したのは，労働組合の効果をわかりやすく説明した図である。

▶労働組合の効果◀

　この枠組みの中では，苦情・要望の吸収と発言が労働意欲を高め，離職率を低下させた結果，企業の生産性を高めるという因果関係と，職場の局所的情報の吸い上げが事業戦略に反映された結果，生産性が高められるというもう1つの因果関係が想定されている。

　ところで，人事担当者が人事施策を立案する時，その人事担当者の下には職場の本当の情報が集まってきているのであろうか。従業員から見れば，人事は自分を評価する部門である。管理職も含めて不平・不満を言いにくい。それゆえ，人事担当者や管理職は孤独になる。そして，空回りの人事制度を導入した後，職場の「隠されてきた不平・不満」が噴出したら人事施策は失敗することになるかもしれない。

不満を集める力・発言する力

　経営側と比較すると，労働組合には，労働者の本音の不平・不満が集まりやすいと言えよう。つまり，この不平・不満という声が集まっていることが労働組合の優位性である。言い換えれば，労働組合が職場の本音を集めることができなくなれば，経営側は人事施策立案の際に意見を聞くべき相手とは思わない

	計	成果があった		成果の内容（複数回答）			
				労働組合との意思の疎通が良くなった	企業活動の運営が円滑になった	労働環境の整備に役立った	
全体	100.0	60.7	(100.0)	(55.8)	(44.7)	(76.4)	
労働組合がある	100.0	71.1	(100.0)	(69.6)	(45.5)	(74.1)	
労働組合がない	100.0	38.2	(100.0)	(-)	(41.7)	(85.5)	

注：（　）内は，成果があった事業所に対する割合である。
資料『労使コミュニケーション調査』（厚生労働省, 2019年）

し，労働組合が発言効果を失えば，労働者に残された選択は退出（exit）しかないのである。

　では，労働組合は個別的な案件について，経営側とどのように議論しているのであろうか。賃金水準のように経営側と「パイの分配」にかかわる案件は団体交渉によって決定されるが，人材マネジメントのような「パイの増大」につながり，組合員間の調整が必要な案件は，労使協議制での議論が効果的である。最新版の『労使コミュニケーション調査』（厚生労働省, 2019）によれば，労使協議機関がある事業所は37.1％であるが，労働組合がある事業所に絞れば，その割合は83.9％になる。

　なお，同調査では，労使協議機関の成果について事業所調査を行っている。表に示したように，経営側も労使協議機関の成果について高く評価していること，さらに労働組合がある事業所の方がない企業よりも高く評価していることがわかる。「企業活動の運営が円滑になった」という回答をしている事業所が44.7％，組合がある企業で45.5％，ない企業で41.7％になることは，経営側が事業運営において労働組合の発言効果を高く評価しているのである。

　さらに，労使協議制を導入している企業では，労使協議会の下部組織として専門委員会も設置していることが多い（66.9％）。専門委員会があれば，経営計画や人事制度のように専門的知識が前提になる話し合いに関しても，労使それぞれの専門家による深い議論が可能になる。つまり，単なる対立ではなく具体的な争点も明確になると言えよう。実際に専門委員会で協議される内容も多岐にわたっており，その設置が労使協議制の効果を高めることも確認されている。

の成果◀

従業員が会社の運営に関心をもつようになった	従業員の仕事に対する満足度が高まった	個別労働紛争が回避された	その他	成果がなかった	どちらともいえない	不明
(33.4)	(31.1)	(8.9)	(3.8)	1.8	36.2	1.3
(34.0)	(30.9)	(9.7)	(3.4)	1.0	27.7	0.2
(31.1)	(32.0)	(5.8)	(5.2)	3.6	54.7	3.5

労働組合間の格差

　労働組合の限界ももちろんある。たとえば，労働組合以外の社員会のような従業員組織が同じような発言機能を果たしていたら，もしくは人事部が従業員の発言を吸収し，人事施策に活かしていたら，そもそも労働者は労働組合に苦情や要望をあげない可能性もある。たとえば，経営側は全従業員を対象に人材マネジメントを行っているが，労働組合側が非正規雇用の組織化をしていなければ，組合に集まる声は偏ったものになる。また，労働組合が組合員間の良いコミュニケーションを生み出していなければ，組合にも労働者の声が集まらず，発言につながることはない。

　加えて，労働組合が発言すべき事項の変化も発言の力を弱めている。賃金水準の一律上昇のような集団的労使関係で交渉・協議される事項は，組合員全員の利害が共通であるので，どんなに厳しい交渉でも労働組合の目標ははっきりしている。一方，人事評価制度の改訂のような事項の場合，総人件費が変わらないならば，その改訂によって賃金が上がる労働者と下がる労働者に分かれることになる。つまり，労使対立ではなく，労労対立があるような個別的労使関係の場合，労働組合が不平・不満を集めることも，それらを1つの要望にまとめることも難しくなる。むろん，このような労労対立があるからこそ，労働組合の中で労労対立を調整してほしいと思う経営者は多いとも言えよう。労働組合には，人材マネジメントに寄与できる「機能」が問われているのである。

（梅崎　修）

Q41 転勤は何のために行われてきたのか？ オンライン転勤は可能か？

転勤が行われてきた理由

　本稿では，「転居を伴う異動・配置転換」のことを「転勤」と定義し，通常の異動・配置転換［☞Q02］との相違も意識しながら転勤について考えてみたい。

　まず，リクルートワークス研究所「全国就業実態パネル調査」によると，1年間に転勤を経験した人数（推計）は2016〜2022年において60〜80万人の間で推移しており，2022年については71万人（「20〜59歳の正社員」の2.3％）で，うち家族帯同は21万人，単身赴任は50万人とされている。このように，1年間に転勤を経験する人は正規雇用の一部分にとどまるが，転勤中の人，転勤の可能性があり転勤に備える必要がある転勤予備軍，それらの家族までを含む，転勤の影響を受ける人はもっと多いだろう。

　転勤に焦点を当てた詳細な調査が限られるなかで，2016年に実施された労働政策研究・研修機構の調査で，転勤の目的に関する企業の回答結果をみると，「社員の人材育成」「社員の処遇・適材適所」「組織運営上の人事ローテーションの結果」「組織の活性化・社員への刺激」「事業拡大。新規拠点立ち上げに伴う欠員補充」が上位5位となっている。このように転勤の目的は多岐にわたるが，大きくは社員のキャリア形成支援と経営上の必要性に分類される（両方の目的を包含している場合もある）。

　また，転勤は日本的雇用システムと密接に関係する。日本的雇用システムのもとでは，長期雇用を前提とした企業主導の異動・配置転換によって社員の育成が図られ，転勤は異動・配置転換の延長線上に位置づけられる。その前提のもと，新規拠点の立ち上げなどにおいても，現地採用よりも転勤を含む異動・配置転換による人員補充が行われることが多い。転勤はもちろん，異動に際しても本人同意が前提となるジョブ型の雇用システムとは対照的だといえよう。

▶転勤の目的（複数回答）◀

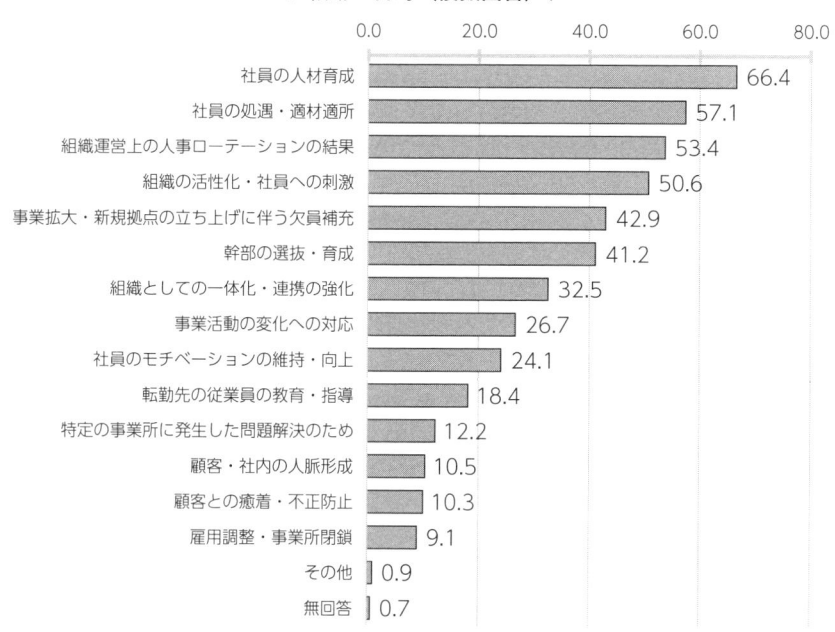

社員の人材育成 66.4
社員の処遇・適材適所 57.1
組織運営上の人事ローテーションの結果 53.4
組織の活性化・社員への刺激 50.6
事業拡大・新規拠点の立ち上げに伴う欠員補充 42.9
幹部の選抜・育成 41.2
組織としての一体化・連携の強化 32.5
事業活動の変化への対応 26.7
社員のモチベーションの維持・向上 24.1
転勤先の従業員の教育・指導 18.4
特定の事業所に発生した問題解決のため 12.2
顧客・社内の人脈形成 10.5
顧客との癒着・不正防止 10.3
雇用調整・事業所閉鎖 9.1
その他 0.9
無回答 0.7

注1：全国の常用労働者300人以上の企業10,000社に対して，2016年に実施された。有効回収1,852件（18.5％）。
注2：転勤がある企業（「正社員（総合職）のほとんどが転勤の可能性がある」と「正社員（総合職）でも転勤をする者の範囲は限られている」の合計）を対象に集計。
出所：労働政策研究・研修機構「企業の転勤の実態に関する調査（企業調査）」より。

転勤の実態と課題

　一方，武石（2022）は，転勤の課題として「個別事情に配慮しなければならない社員が増えている」「転勤を忌避する人が多く人材確保が難しい」などをあげている。また，自身が経験した異動・転勤のうち「キャリア形成上の理由」（「仕事の経験を広げるというキャリア形成上の理由から」「異動によりポストに就くため」のいずれかに回答）で異動・転勤した割合，希望通り（「希望どおりだった」「ある程度は希望どおりだった」のいずれかに回答）異動・転勤した割合がどの程度であったかを分析し，いずれも「０％」（すべての異動・転勤はキャリア形成上の理由ではなかった，もしくは希望通りではなかった）とする割合が半数を超えることを示している。

▶転勤の課題（複数回答）◀

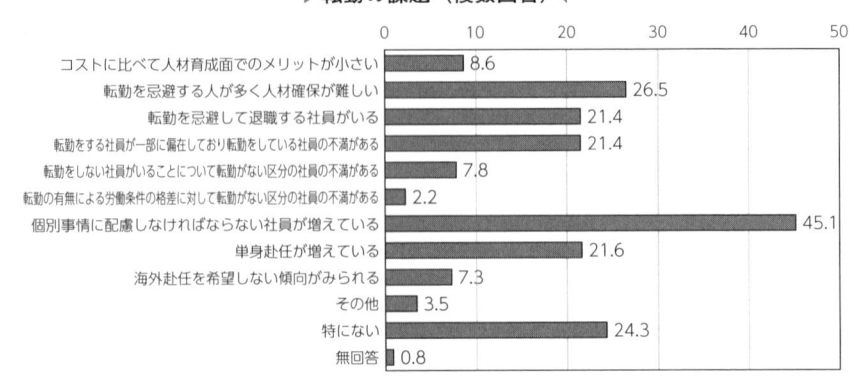

項目	値
コストに比べて人材育成面でのメリットが小さい	8.6
転勤を忌避する人が多く人材確保が難しい	26.5
転勤を忌避して退職する社員がいる	21.4
転勤をする社員が一部に偏在しており転勤をしている社員の不満がある	21.4
転勤をしない社員がいることについて転勤がない区分の社員の不満がある	7.8
転勤の有無による労働条件の格差に対して転勤がない区分の社員の不満がある	2.2
個別事情に配慮しなければならない社員が増えている	45.1
単身赴任が増えている	21.6
海外赴任を希望しない傾向がみられる	7.3
その他	3.5
特にない	24.3
無回答	0.8

注：中央大学大学院戦略経営研究科 ワーク・ライフ・バランス＆多様性推進・研究プロジェクトにおいて，規模300人以上の民間企業6,473社に対して，2015年に実施された企業調査の分析結果。回答数610社。分析対象となる複数事業所がある企業は370社。
出所：武石（2022）より。

▶異動，転勤の経験が，「キャリア形成理由」，「希望どおり」の割合の分布◀

(%)

	キャリア形成理由の割合		希望どおり・ある程度希望どおりの割合	
	異動	転勤	異動	転勤
0%	50.5	51.2	53.5	56.5
25%以下	3.3	3.3	5.2	3.8
25%超 50%以下	11.7	10.5	15.0	14.9
50%超 75%以下	5.6	4.2	5.7	3.8
75%超 100%以下	28.9	30.9	20.6	21.2
n	1139	983	1139	983

注1：中央大学大学院戦略経営研究科 ワーク・ライフ・バランス＆多様性推進・研究プロジェクトが規模300人以上の民間企業に勤務し，一定の条件を満たす個人に対して，2015年に実施した個人調査の分析結果。有効回答者数は1525名。
注2：異動や転勤の経験者に関する集計。
出所：武石（2022）より

オンライン転勤の可能性

　前述の労働政策研究・研修機構の企業調査で，転勤がある企業に対して国内転勤を減らすための施策についてたずねた結果をみると，「IT技術（テレビ会議等）の活用で転勤者を減らす」については，2016年の調査時点では「実施したことがある」が14.6％，「現在検討中」が4.6％にとどまっていた。しかしながら，コロナ禍によるオンライン環境の整備のもと，居住地はそのままで別の勤務地への異動・配置転換が可能となる「オンライン転勤」が現実的な対策として視野に入りつつある。新型コロナウイルス感染症の拡大により最初の緊急事態宣言が発出された 2020年 4 月以降，出勤の制限等によりリモートワークが一気に普及した。総務省「通信利用動向調査」によると，テレワーク（在宅勤務，モバイルワーク，サテライトオフィス勤務，ワーケーション）の導入率は2019年に20.2％だったが，2020年には47.5％に急増し，2022年も51.7％となっている。このようななか，自宅からのリモートワークを前提としつつ，通常の異動・配置転換と同じ条件で，社員を通勤圏外の所属に配属する「オンライン転勤」の事例も出てきた。

　リモートワークの普及により，従来育児や介護などの事情により転勤が難しかった社員にも「オンライン転勤」の可能性が広がることで，個人のワーク・ライフ・バランスやキャリア形成，企業による異動・配置転換の柔軟性にプラスの影響がもたらされることも期待される。一方，佐藤・松浦（2024）は，オンライン転勤を含むリモートワークでは，対面の働き方とは異なる訓練や配慮が必要だと指摘している。具体的には，①効果的なコミュニケーションの手段を使い分ける，②オンラインでのミーティングでも非言語による情報交換ができるよう，ビデオ・オンの徹底などのルールを設定する，③限られた対面の機会を最大限有効に活用する，④管理職は部下のスキルレベルや行動特性に応じてプロセスの途中でのチェックやフォローを意識的に増やすなど，部下マネジメントにおいて配慮を行う，などがあげられている。

（松浦民恵）

Q42 人事部門は経営幹部の選抜にどのように関与しているのか？

　多くの日本企業は，長期雇用と内部登用を中心に人材マネジメントを行っている。すでに多くの章で議論されてきたように，新卒で入社した人材が長年，同じ会社で働き，管理職に登用されていく。転職によって中途入社した管理職も増えてはいるが，その比率は国際的にみると限られている[1]。

　企業のトップとして経営を預かる経営幹部たちはどうだろうか？　経営幹部とは，企業全体あるいは事業部門の経営の意思決定を担う人々のことを指す。狭い意味では代表権を持つ会長や社長となるが，ここでは取締役や執行役員を含めたより広い定義で考えよう。日本企業の多くでは，こうした経営幹部の多くが社内から選抜され，任用される[2]。よって，ここでは内部登用の経営幹部に焦点を当てる。

　内部からの経営幹部の選抜に人事部門はどのように関わるのだろうか？　考えてみるとこれはなかなか複雑な質問だ。というのも，経営という仕事は非常に複雑で，深い経験と見識が求められる。そして，誰を経営幹部にするかによって，事業，さらには企業全体の未来が影響を受ける。経営環境が変化すれば，求められるリーダーシップも変わる。また，同質性の高い金太郎飴の経営チームでは複雑な経営環境に対応することは困難だから，多様な経験や知見を持つ人々のポートフォリオを構築しなければならない[3]。よって，経営幹部の選抜は，企業の中長期的なパフォーマンスに関わる経営判断そのものだといえるだろう。また，組織の中で，人事部門は経営者に報告し，判断を仰ぐ立場にあ

1　リクルート（2015）を参照されたい。
2　Strategy&が実施した2018年CEO承継調査は，CEOの他社からの招聘，他企業での勤務経験について，調査対象国中，日本が最も比率が低かったと報告している。経営幹部全体ではなくCEOに限った調査だが，日本企業の特徴が表れていると言える。
3　例えば，多国籍企業においては，経営幹部の国際的多様性が高いほどパフォーマンスが高いことを示す研究がある（Nielsen & Nielsen, 2013）。

る。だから，人事部門が経営者の選抜に関わるとは，言ってみれば自分の上司，あるいは「上司の上司」の選抜に関わるようなものだ。実に微妙な立ち位置である。

一方で，経営幹部の選抜という仕事は，「経営幹部一歩手前まできた人材」だけを対象にしているわけではない。そこには人材を仕事や教育を通じて育成し，その能力や仕事ぶりを評価し，配置転換や登用を行うといった，一連のプロセスが関わる。経営幹部として活躍するには，それに先立って様々な経験を積み，苦境を乗り越え，リーダーシップを鍛え上げていくことが必要だ。また，現役の経営幹部からメンタリングを受けることもまた，経営幹部に求められる視座や考え方を学ぶ機会となる。ただ，そうした「良質な経験」の機会は企業内にたくさん存在するわけではないから，そもそも誰にどのような経験を積ませるのか，を丁寧にデザインしていく必要がある。将来の経営幹部に育ちうるハイポテンシャル人材を，当人たちが未だ中間管理職や現場のプレイヤーである段階で見極め，挑戦を促すアサインメントを行い，鍛えていくこともまた，経営者候補の選抜プロセスと言える。ここまで選抜を広げて考えると，人事が担うべきことが見えてくる。

黒子としての人事

以上を踏まえ，人事部門の経営幹部選抜への関わりについて，3つのポイントを挙げたい。まず，経営幹部選抜の主役はあくまでも経営幹部たちであり，人事の役割は「黒子」である。社会や産業の変化を見据え，自社の中長期の未来を構想した上で，経営という複雑で大きな責任を伴う営みの本質を踏まえて，経営幹部候補の要件を定めること，また，次の経営チームのポートフォリオをデザインすることは，まさに経営幹部の仕事である。

また，経営幹部候補たちの実力や可能性を見極め，対象者を鍛えるために，どのような経験を積ませるかを判断することもまた，経営幹部が関わるべき役割である。人材をストレッチするということは，本人がその過程で壁にぶち当たる可能性の高い未経験の仕事に挑戦してもらう，ということだ。それだからこそ新たな能力が身につき，リーダーシップが磨かれる。その一方で，成果が出るとは限らず，それが事業上で重要なポジションであるほど，リスクが存在

する。また，経営幹部候補として選ばれるような人材は，今の部署でハイパフォーマーとして輝いている人材である。その上司たちは「今，動かされると業績に問題が出る」と主張し，人材を囲い込もうとするかもしれない。こうしたリスクや囲い込みを超えて，挑戦機会を提供するには，経営幹部の判断が不可欠だ。

　よって，人事の役割は，経営幹部が経営者候補人材の選抜に効果的に関われるよう舞台を整え，ファシリテートすることだと言えるだろう。まさに黒子である。

プロセスをデザインし，管理運営する

　では，黒子としての人事部門は具体的に何を行うのだろうか。それは，経営者選抜に関わる一連のプロセスをデザインし，管理運営することであろう。

　現場におけるハイポテンシャル人材の選抜と，ストレッチアサインメントを通じた育成を例にとろう。経営幹部が，直接現場の人材を見極める，というのは，（小規模な企業を除いては）あまり現実的ではない。よって，こうした見極めは各部門の部長など，管理職層が担うこととなる。そのためには，経営幹部たちが考える，将来の経営者候補に求める要件（「リーダーシップ・コンピテンシー」などと呼ばれることが多い）を言語化し，見極めの基準として管理職層が使えるように整理する必要がある。そして，それを用いて人材を選抜するよう管理職層に依頼をかけ，提出されたリストを統合し，候補者のリストを作成する。その上で，さらにポテンシャルを見極めるために，アセスメントを意図した集合研修を行い，場合によっては経営幹部に参加者の様子を直接オブザーブしてもらい，対象を絞り込むこともあるだろう。

　また，社内に将来の経営幹部候補人材のプールが不足している場合には，外部からの中途採用も選択肢となる［☞Q10］。こうした場合にも，経営者候補に求める要件を定めておくことで，中途採用の基準に用いることができる。

　さらに，こうして選抜されたハイポテンシャル人材たちの状況を定期的に確認し，パフォーマンスの発揮状況や能力開発課題を検討し，今後も将来の経営幹部候補人材として扱うのかどうかを議論し，さらなる成長のためのストレッチアサインメントを検討する場を設ける（「人材育成会議」などと呼ばれる）。

さらには，こうした経営者候補幹部たちの視座を高め，スキルを磨くためのトレーニングや，自身と向き合い，リーダーシップを磨くことを促すコーチングなどの施策を行う。このようなプロセスを経て，人材を見出し，育成し，登用していくことが，最終的に経営幹部の選抜につながっていく。こうした一連のプロセスをデザインし，管理運営し，適切なタイミングで経営幹部や管理職を巻き込むことが，人事の役割と言えるだろう。

経営視点を持つ専門家

最後に，人事部門はこうした一連のプロセスのデザインと管理運営を，「経営視点を持つ人材マネジメントの専門家」として遂行する，という点について述べたい。

すでに上で述べた通り，経営幹部候補を選抜していくプロセスは，随所に経営者が関わり進めるものだ。それゆえ，人事部門も経営者がもっている経営や組織の未来についての懸念やビジョンを共有しなければ，その設計や運営はままならないだろう。通り一遍の仕組を整えることにとどまらず，自社の課題を踏まえた経営幹部選抜の仕組を作り上げる上では，社会や産業の変化，そこからくる自社の挑戦といった，高い視座を人事が持つことが不可欠である。

一方で，人事の専門家としての能力も同時に必要である。経営幹部が将来の経営幹部候補に求めるものを聞き取った上で，それを人材要件として概念化，構造化し，共通の物差しに落とし込むには，専門的なノウハウが必要である。また，経営幹部候補たちを対象にしたトレーニングやコーチングといった成長支援の施策を設計する上でも，人材開発に関する専門性が必要となる。一連のプロセスの様々な要素のデザインと管理運営において，人事の知見が役立つ。

まとめよう。経営幹部の選抜と育成は，企業の未来を左右する経営上極めて重要な仕事であり，それゆえに経営幹部たちが積極的に関与すべきものだ。しかし，人事には黒子として，一連のプロセスのデザインと管理運営を，経営視点を持つ専門家として担う，という重要な役割が存在する。

（吉川克彦）

Q43

日本企業が外資系企業に比べて
女性活躍推進が進まない要因は何か？

日本企業における女性活躍の状況

　厚労省調査（2022）で，企業の課長級以上の管理職に占める女性の割合は12.7％と，毎年の調査の中では，最も高くなったが，前年に比べ0.4％の上昇にとどまっている。厚労省は，「この10年でほとんど伸びておらず，国際的にみれば，G7では最下位で低い水準。企業には男女の賃金格差の公表を求めるなど政策を進めているが今後も長期的な取組みが必要」との見解を出している。企業規模別にみると，社員数10人以上30人未満の企業は21.3％と最も高かった一方で，300人以上1,000人未満の企業は6.2％，1,000人以上5,000人未満の企業は7.2％，5,000人以上の企業では8.2％となっていて，規模が大きい企業の方が女性管理職の割合が少ない傾向となっている。

　労働政策研究・研修機構（2023）の「国際労働比較」によると，管理職に占める女性の割合は日本は13.2％である。これに対し，各国は高い順に，フィリピン53％，スウェーデン43％，アメリカ41.4％，オーストラリア40％，シンガポール38.1％，フランス37.8％，イギリス36.5％，ドイツ29.2％，イタリア28.6％，マレーシア24.9％，韓国16.3％となっている。日本企業の女性活躍の状況は，国際的にみても大きく遅れているのだ。

女性の活躍を阻むものとは？

　女性の活躍は，日本に限らず，国際的な課題であり，世界中の多くの国，企業が取り組んでいる。そこで，ここでは国を超えた普遍的な女性活躍推進の課題と，日本に特有の課題について整理して述べる。

　普遍的な課題は，「ジェンダーに紐づく役割期待」である。典型的に男性に期待される社会的役割イメージが「社会に出て働き，稼ぎ，組織を引っ張るこ

と」であるのに対し，典型的に女性に期待されるそれは，「家庭を保ち，子育てをすること」だ。こうした社会的役割イメージは徐々に変化しつつあるものの，現在でも多くの国でこうした傾向は見られる。この結果，採用や評価，登用，処遇などの様々な面で，バイアスが働く。女性の方が評価されにくいし，リーダー的な役割に採用，登用されにくい。また，女性自身も，そうした役割を担うことを躊躇したり，家庭に時間を使おうとしたりする傾向も見られる。家族からのプレッシャーを受けることも，こうした傾向を助長する。

　一方，日本ならではの原因は何だろうか。第1に，上述のような社会的役割規範がそもそも日本は他国に比べて強い傾向があることが，国際文化比較で示されている。第2に，長時間労働の慣行が強いため，男女共にフルタイムで働くと，家事や育児を行う時間がとれない［☞Q14］。結果的に，性別による分業が促進されやすい。第3に，組織のメンバーとして，長時間働き，長期間継続して貢献することが組織では重視される。このため，出産休業や育児休業を取得したり，短時間勤務を行うと，組織にコミットしていないと受けとられがちなのだ［☞Q39］。

日系企業と外資系企業の違い

　日本国内における日系企業と外資系企業を比較しても，後者の方が，相対的に女性活躍が進んでいる。これはなぜだろうか。まず，外資系企業は，その本国の人材マネジメントの方針や施策を国内法人においても展開していることが多い。そのため，上段のような日本企業によくみられる長時間労働や，組織内メンバーシップの重視といった，女性活躍の壁となる慣行があてはまらないことが多い。また，本社からの方針で，女性をより積極的に登用する方針が日本法人にも発信されていることも多い。加えて，かつては，外資系企業は新卒労働市場において不利な立場にあったことも影響している。日本の大手企業が男性を中心に採用する市場において，注目されていない女性優秀人材を採用することが，外資系企業の人材獲得競争の機会になっていたのだ。

日系企業において女性活躍を促進するためには？

　上段の国を超えた普遍的な壁と，日本特有の壁との両方にアプローチする必

要がある。企業トップが，ダイバーシティ＆インクルージョンのメッセージを明確に社内外に向けて発信すること，中間管理職の女性社員育成・仕事配分・評価・登用のマネジメントスタイルを見直すこと，そして，女性が活躍している実績を少しずつでも作ることで社内の認知を変えていくことだ。以下に，より具体的に紹介しよう。

　まずは，ダイバーシティ＆インクルージョンの必要性を企業トップが折に触れて発信し続けることである。インクルージョンは「包摂的」と訳されるが，ダイバーシティを実現するうえで両輪の考え方である。欧米企業は，その歴史的背景からも「ダイバーシティ＆インクルージョン」が強く推進されている。インクルージョンとは，全員に同じような活躍を求めるのではなく，1人ひとりの個性や事情を踏まえて最大限の活躍を促す環境づくりを目指し，そのための人事制度や組織作りに取り組むことである。日本企業においても，多様な人材が居場所を持って働けるにはインクルーシブな環境が必要であることを，企業トップがメッセージを発信し，中間管理職への腹おちを促し，女性社員自身のモチベーションを引きだすことが不可欠だ。

　企業経営においては，女性活躍が目的ではなく，企業価値向上があくまで目的である。女性活躍は一手段に過ぎない。多様な人材がいきいきモチベーション高く生産性高く働くことで，組織のパフォーマンスが上がり，総和としての企業価値が上がっていく，この因果関係が重要である。インクルージョンのないダイバーシティ戦略は，性別に関係なく同質化を押し付けられることになりかねない。多様な人材が，それぞれの考え方や視点を活かして，活躍できる環境が新規事業やイノベーションの創出において非常に重要である。こうした本質的な意味でのダイバーシティとインクルージョンを経営幹部が発信することが肝要である。

　次に，中間管理職が男女関係なく，公平に役割と責任を与え，成長を促し，成果を上げたものを評価するマネジメントを行うようなシステムを構築することだ。中間管理職が行動様式を変えることで，職場の実態が変化し，組織文化もおのずと変わり，男女関係なくモチベーション高く活躍することにつながるだろう。逆に言えば，トップがいかにメッセージを発信しても，実態が伴わなければ，メッセージの信頼性が失われ，むしろ逆効果になりかねない。

　第3に，ロールモデルが少ないという課題に対し企業トップ，中間管理職，女性社員が三位一体となって，1人ひとりに光を当てた打ち手を地道に，スピードを上げて取り組むことが必要だろう。経営幹部や管理職に様々な女性がいて，活躍していることが「当たり前」になることが，上述した「ジェンダーに基づく役割期待」を乗り越えることにつながるのだ。具体的には，評価や登用のあり方を見直すことはもちろんだが，社内の女性登用候補が不足している場合には，女性幹部人材，および幹部候補生を外部からキャリア採用することも有効な打ち手と言えるだろう。

（中川有紀子）

Q44
なぜ海外の日系企業では経営現地化が進まないのか？

日本企業の海外拠点のトップの多くを，本社から赴任した日本人が占めている。こうした「本社からの赴任者の多用」は欧米企業と比べて日本企業に顕著に見られる傾向であり，長年あまり変化していない。そうした状況に対し，様々な論者が「日本企業はもっと経営を現地化（＝現地の人材を登用）すべきだ」という指摘を行ってきた。にもかかわらず，なぜ日本企業では，海外拠点トップを日本からの赴任者が占めつづけているのだろうか。本節では，まず，海外拠点のトップに占める本社からの赴任者の比率についてのデータを確認した上で，赴任者中心の海外拠点トップ人事に，どのような懸念があるのか，について紹介する。その上で，なぜ日本企業では，「現地化」が進みにくいのか，について検討しよう。

海外拠点トップにおける本社からの赴任者比率

まずは実態を見てみよう。下表に2001年と2016年に発表された論文[1]のデータをまとめた。日本企業において，過半数の海外拠点の責任者（＝海外拠点社長）が本社からの赴任者で占められており，その比率が欧米諸国の数値と比べて大幅に高いことは一目瞭然である。2001年の研究から2016年の研究の間に，若干の低下が見られるものの，全体として日本企業が大幅に高い数値を示している傾向は変わっていない。

より最近の調査では，たとえば野村総研が2023年に発表した調査で，類似の傾向が報告されている。

1 　Harzing（2001）およびHarzing, Pudelko, & Reiche（2016）。なお，後者では日本企業と韓国企業を合わせて集計した値のみを報告している点に留意。サンプルの多数が日本企業であることを著者に確認の上，その値を掲載した。

▶海外拠点トップに占める本国からの赴任者の比率の比較◀

国	2001年	2016年
日本（脚注1参照）	77%（601）	64%（89）
ドイツ	41%（279）	25%（107）
フランス	30%（247）	32%（67）
イギリス	23%（381）	22%（56）
アメリカ	-	13%（222）

（企業の出身国別集計，括弧内はサンプル数）

赴任者中心の海外拠点人事への批判

　こうした「赴任者を中心にした海外拠点人事」は，日本人が海外拠点のコントロールを担っているため，「自国中心主義」だとして批判されてきた。その理由は大きく2つに集約される。第1は，現地の状況を踏まえた柔軟な意思決定が損なわれる，というものだ。グローバル経営においては，世界中で一貫し，連携した活動を行うこと（グローバル統合という）と，各地ごとの状況に合わせた活動を行うこと（ローカル適応という）の両方を考慮する必要がある。本社からの赴任者は本社の方針や戦略，文化を深く理解し，本社の様々な人材との人脈を持つ一方，現地の人材と比較して，現地市場についての理解に限界があり，現地における人脈も赴任後に構築せざるを得ない。よって，赴任者を多く海外拠点トップ人事に配置することは，拠点における本社の意を汲んだ意思決定や，本社から海外拠点への技術やノウハウの移転といった，グローバル統合に向けた取組みを促進する。一方で，現地の状況をとらえ，現地でこそ必要な意思決定を機敏に行い，現地のネットワークを通じて実現していく，といったローカル適応の動きが，弱みとなりやすいと考えられるのだ。

　第2に，現地採用された人材のモチベーションに対する悪影響が指摘されている。何年かに一度，本社から拠点社長が派遣されてくることが続くと，現地の管理職は，「自分たちには拠点トップになる道は閉ざされている」「本社の人材にはグローバルなキャリアがひらけているのに，現地拠点で採用された人材にはそうした機会がない」と感じることにつながりうる。「多国籍企業に勤めることで国際的なキャリアを切り拓きたい」という意欲を持つ人材にとっては，意欲を持ちにくい環境と言えるだろう。もちろん，皆がそうしたキャリアを望

むわけではない。しかしながら，拠点のトップ，さらにはその先のグローバルなキャリアが広がっている企業と比べれば，意欲ある人材を引きつけにくい環境であることは，想像に難くない。

なぜ，経営の現地化が難しいのか

　こうした批判を踏まえて，様々な経済団体や企業が経営現地化の取組みをうたってきた。たとえば，経済団体連合会が1996年に策定した企業行動憲章の「実行の手引き」では，「経営の現地化の推進」というタイトルのもと「現地従業員を現地企業のマネジメントに積極的に登用する」ことが謳われている。個々の企業においても，経営の現地化を経営方針などに盛り込んでいる企業は様々に存在する。

　しかしながら，海外拠点人事が大きく現地化したとは言い難いのは，上で述べた通りだ。これはなぜだろうか。筆者らが行った日本を含む10カ国の比較研究[2]に基づいて2つの要因を紹介したい。

　第1の要因は，「自国民を贔屓している」というものだ。人間には，洋の東西を問わず，身内を大切にする傾向がある。心理学における様々な研究から，人は「よそもの」だと感じた相手を警戒し，安易に信頼しない一方で，「身内」だと感じた相手を好意的に評価し，信頼する傾向があること，そして，こうした身内贔屓心理は無意識に働いていることが知られているのだ。また，この「身内贔屓」傾向には，文化差が存在する。集団主義傾向が強い社会ほど「身内贔屓」傾向が強く働くのだ[3]。日本文化は欧米諸国と比べると，相対的に集団主義傾向が強く，結果，「身内贔屓」心理もより強く働きやすい。このことが，海外拠点幹部人事において，海外出身人材の登用に慎重になる傾向につながっていると考えられるのだ。

　第2の要因は「日本のビジネスパーソンの英語力の不足」と「日本企業における長期雇用」が生み出すコミュニケーションの問題だ。本社がグローバルな経営方針を考え，推進する一方で，海外拠点は進出先の国のローカルな事情に直面する。そのため，本社と海外拠点は，時にはぶつかりつつも，互いの方針や状況を伝え合うことが不可欠だ。海外拠点の責任者として，本社からの赴任

2　Lee, Yoshikawa, & Harzing（2022）を参照されたい。
3　GLOBE Project, World Values Surveyなどで一貫してこうした傾向が知られている。

者を配置することは，こうしたコミュニケーションを円滑にする。互いに日本語で話せるし，本社の事情もよくわかっているから，阿吽（あうん）の呼吸が通じる。本社にいる人々にとっては，実に安心である。

一方，現地人材を登用したらどうなるだろう？　日本語が流暢な幹部人材を海外で確保することは，非常に難しい（中国や韓国のように日本語話者が多い国は例外だ）。よって，多くの場合，本社と海外拠点の間のやりとりは，英語で行うことになる。ただ，残念ながら，日本のビジネスパーソンの多くが英語を苦手としている。言葉が，円滑なコミュニケーションの大きな障壁になってしまう。さらに，日本企業における中核幹部，管理職たちは，多くの場合新卒採用で入社し，その会社内でキャリアを積んできた人たちである。それを通じ，社内の考え方や動き方を身につけているため，彼ら彼女らは互いに「阿吽の呼吸」で分かり合える。しかし，海外で登用された人材には，阿吽の呼吸の基礎をなす共通認識を得る機会が限られる。結果，現地人材の登用は，英語力，阿吽の呼吸の2つの面で，本社と海外拠点の間のコミュニケーションを困難にする。それゆえ，日本企業では海外拠点の幹部に現地の人材を登用・配置し，経営の現地化を進めることへのハードルが高くなってしまうのだ。

現地化を進めるには本社が変わる必要がある

ここまでの議論を踏まえると，容易に経営の現地化が進まないことは明らかだ。身内贔屓の意識，日本人ビジネスパーソン（特に経営幹部層）の英語力，長期雇用に根ざした阿吽の呼吸，いずれも簡単に変わるものではない。筆者は，海外拠点幹部の現地化を進めるためには，海外拠点における人材育成の努力に加えて，本社の変革が不可欠だと考える。海外の人材を本社に赴任させ，管理職として働いてもらう。次世代を担う人材を本社，海外問わず集め，英語でトレーニングを行う。こうした取組みにより，国を超えた「仲間」としての意識が生まれ，互いの「当たり前」が共有されることが，ここで述べた2つの問題を克服することにつながる。最初は当然，日本人幹部や管理職たちから抵抗があるだろう。しかし，経営の現地化が進まない原因が日本にこそ存在する，ということを認め，最初は無理をしてでもそれを克服することが，結果的に本質的な解決につながると考えられるのだ。

（吉川克彦）

Q45 多国籍企業の人事制度はグローバル統合 すべきか，ローカル適応すべきか？

　日本国内のみで活動する企業であれば，地域に関わらず全社員に対して共通の人事制度を適用することが一般的だ。コース別雇用を行う場合には，コースごとに人事制度が異なることはあるだろう。しかし，東京本社と関西支社で人事制度が違う，というようなことはまずない。

　しかし，複数の国に拠点を持ち，国境を越えて活動する多国籍企業では話が変わってくる。世界中，国に関わらず共通の人事制度を適応するアプローチ（「グローバル統合」という）と，国ごとの実情に合わせて，それぞれの人事制度を設計，運用するアプローチ（「ローカル適応」という）の2つの考え方が存在する。

　本節ではまず，ローカル適応，グローバル統合それぞれの意義を検討する。その上で，この両者の間で，自社の人事制度を設計構築する上で考慮が必要となる事項について検討していく。

人事制度をローカル適応する意義

　まず，なぜ多国籍企業において，人事制度のローカル適応の必要性が生まれるのだろうか？　それは，一言で言えば「世界が多様だから」だ。雇用に関する法令や，賃金相場，労働市場，労使関係の在り方は国によって異なる。それらの根底には異なる歴史，文化が存在する。たとえば，日本では大学卒業時に新卒採用が一斉に行われ，その後の転職市場は比較的限られている。一方，アメリカをはじめ，多くの国では日本よりも転職市場が発展しており，キャリア人材の中途採用が広く行われている。一般従業員と管理職の間の給与格差も国によって大きく異なる。例えば，日本では一般従業員と管理職の給与差は平均すると2倍程度に収まっているが，海外ではもっと大きな給与差のある国が珍しくない。また，日本では解雇には厳しい要件があるが [☞Q20]，たとえば

アメリカでは従業員の解雇が広く一般的に行われている。ヨーロッパにおいても，様々な解雇規制があるものの，日本では認められていない金銭的な解決が可能なことが多い。こうした違いを反映して，人事制度には国ごとにかなり違いが存在する。日本に「日本的な人材マネジメント」が存在するように，それぞれの国に，現地企業の間で一般的に用いられている人材マネジメントの類型がある。

こうした国間の違いは，どんな挑戦を多国籍企業にもたらすだろうか。日本企業の海外拠点で，日本本社の人事制度をそのまま適応することを考えてみよう。現地の人々からすれば，日本企業の人事制度は見慣れない，奇妙なものに感じるはずだ。なぜ，現地の一般的な人事制度と同じようにしないのか，疑問を感じる人もいるだろう。筆者が過去に，ある日本企業の中国拠点での人事制度の再構築に関わった際に，現地管理職から「この制度はおかしい。中国企業だともっとXXXだ」という声をよく聞いたものだ。こうした違和感は，現地の人材の不満につながる。日本からの赴任者が説明するにしても，1人ひとりの納得感を得ることは難しい。人材の確保，意欲喚起や定着という観点で不利が生じうる。このような問題を避ける上では，現地の市場の一般的な人材マネジメントの在り方を踏まえた人事制度を導入することに合理性がある。

人事制度をグローバル統合する意義

次に，グローバル統合についても考えてみよう。遠く離れた国々の拠点の間で，人事制度を統合する意義として，大きく3つがある。1つ目の意義は，世界中に広がる従業員を1つの組織として束ねることができる，という点だ。多国籍企業で働くのは，異なる文化，社会環境で育ち，生きている人々だが，世界中で同じ基準で採用，評価，登用し，同じトレーニングを行うことで，国を超えた社内の共通言語，共通の価値基準を培うことができる。製造業を例にとろう。工程改善活動の方法論を製造現場の人材に教え，チームで改善に取り組むよう促し，それで成果を上げられる人材を評価し，登用する。こうしたマネジメントを世界中で行うことは，自社のものづくりの強みを世界中に広めることにつながるだろう。そして，世界中の製造拠点の人々が，互いに共通の考え方や優先順位，判断の仕方を持つようになっていくから，拠点を超えた情報共

有や協業が行いやすくなっていく。また，拠点を超えた人材配置や異動もしやすくなるだろう。

2点目は，1点目に関連するが，世界中の人材に同じ土台で活躍する機会を提供できることだ。本社と海外拠点の人事制度が切り離され，別のものとなっている場合，様々な形で不公平が生じうる。たとえば，本社で採用された人材には海外赴任を通じて世界の様々な拠点で経験を積む機会がある一方で，海外拠点で採用された人材にはそうした機会がない，といったことだ。人事制度をグローバル統合することは，出身地に関わらず公平に機会が手に入る組織を構築する基盤となる。

3つ目はコスト面でのメリットだ。人事制度の構築と運用には一定の労力がかかるし，専門性が必要だ。ローカル適応のために各国ごとに採用や評価，報酬，育成など様々な施策を設計運用する場合，各地に人事領域の経験と専門性を持つ人材を配置する（あるいは，コンサルタントなどの形で確保する）必要が生まれる。一方，人事制度を世界共通のものとして運営すれば，各国ごとに施策を企画設計する必要性が減るため，こうしたコストを削減することができる。

グローバル統合すべきか，ローカル適応すべきか

この問いに端的に答えを述べるならば，企業による，ということになる。人材マネジメント全般において言えることだが，絶対の正解はなく，企業の理念や戦略，事業環境などに照らして固有の解を見出す必要がある。ただし，この議論はグローバル統合か，ローカル適応か，の間での二者択一ではない，という点に注意が必要だ。現実には，すべてをグローバル統合しようとしても，各地の文化や法令，労働市場の在り方などの違いから，何がしかのローカル適応が必要になることが一般的だ。逆に，ローカル適応を志向するとしても，1つの会社として経営する以上，何らかの共通の要素は必要になる。

この前提で，人事制度のグローバル統合とローカル適応を考える上での視点を紹介しよう。まず，自社の理念や事業戦略といった，経営の上位概念との一貫性だ。自社が，世界中で共通の商品やサービスを提供し，共通のオペレーションを徹底し，すべての人材に同じような機会を提供することを重視するの

であれば，人事制度もグローバル統合するメリットが大きい。逆に，自社の事業が現地に根ざして，現地の市場や人々から受け入れられることが重要であれば，グローバル統合のメリットは限られ，ローカル適応が重要となるだろう。

　次に，人材の階層だ。経営幹部人材（海外拠点のトップも含めて）は，自社のグローバルな事業・組織運営を担う人々であり，共通の考え方を持っていることが重要であるため，この人々に関する人事制度はグローバル統合するメリットが大きい。一方，より現場に近い人材については，各市場の状況に合わせた運営が重要となるので，相対的にはローカル適応の必要性が強いことが多い。

　最後に，人事制度の骨格となる要素，たとえば，人材要件や評価基準，また，すべての人材に共通で理解，習得してほしいスキルや考え方，姿勢に関する育成プログラムなどは，グローバルで統合するメリットが大きいだろう。一方で，各国特有の事情の影響が強い，給与水準（物価が違うため）や，人材募集のやり方（労働市場の在り方が違うため）については，ローカル適応の必要性が大きいように思われる。

　このように，グローバル統合するものとローカル適応するものを丁寧に整理して検討する上では，本社の経営者や人事メンバーだけで方針を決めるのではなく，各地の経営幹部や人事メンバーを巻き込むことが有効だと考えられる。本社の人材だけでは，ローカル適応のニーズが掴みきれないからだ。それぞれの立場があり，問題意識も異なるため，合意に至るには多様な議論が必要になるだろう。しかし，そうした議論を通じて作られる，グローバルな人事の運営の在り方に関する国を超えた共通理解がなければ，制度はできてもその後，運用していくことは困難だ。グローバルな人事制度だけでなく，それを支える体制構築も進める必要がある。

（吉川克彦）

Q46
公務員の定年引上げは新規学卒採用にいかなる影響を及ぼすか？

　国家公務員の定年は，1985年に定年制度が導入されて以降，長く60歳とされてきた。多くの民間企業と同様に65歳までの雇用確保は定年退職後の再雇用（再任用）により行ってきたが，高齢期の職員に最大限活躍してもらうことを目的に65歳定年への引上げが決定され，2023年度から段階的な引上げが始まっている[1]。地方公務員の定年は，各地方公共団体が国家公務員の定年を基準として条例で定めることとされており，基本的に同様の引上げが行われている。

定年引上げの新規学卒採用への影響と緩和策

　高齢期の職員の活躍を目的に定年を引き上げているものの，人材マネジメント施策全体としては，若手・中堅層の人材マネジメントとのバランスを考慮に入れる必要がある。一気に定年を65歳まで引き上げずに段階的に引き上げることとしたのは，過渡期に発生する，新規学卒採用への影響を含む若手・中堅層の人材マネジメントへの影響を緩和する必要があるからである。

　近年は，行政機関においても経験者採用や任期付採用（有期雇用）が増加しているが，採用は依然として新規学卒採用が中心である。行政機関では，人員の増加を抑制しながら行政需要に応じた人員の再配置を行う観点から，職員数について厳格な定員管理が行われている。安全保障，治安，税関・出入国管理などの定員が増加している行政分野もあるものの，全体的には抑制傾向の行政分野が多く，毎年度の採用人数は，前年度の退職者の人数に応じた数になる。このような仕組であるため，定年を引き上げる年度において旧制度であれば定年退職するはずだった世代が定年にならず欠員が大幅に減ることとなり，その翌年度（2024，2026，2028，2030，2032年度）の新規学卒採用を極端に少なく

1　2年ごとに1歳ずつの段階的な定年の引上げとなっており，2023年度から61歳，2025年度から62歳，2027年度から63歳，2029年度から64歳，2031年度以降は65歳となる。

せざるを得ないこととなる（下図）。これらの年度には各省庁の新規学卒採用が数千人規模で減り，職員の年齢構成がいびつなものになってしまう[2]。

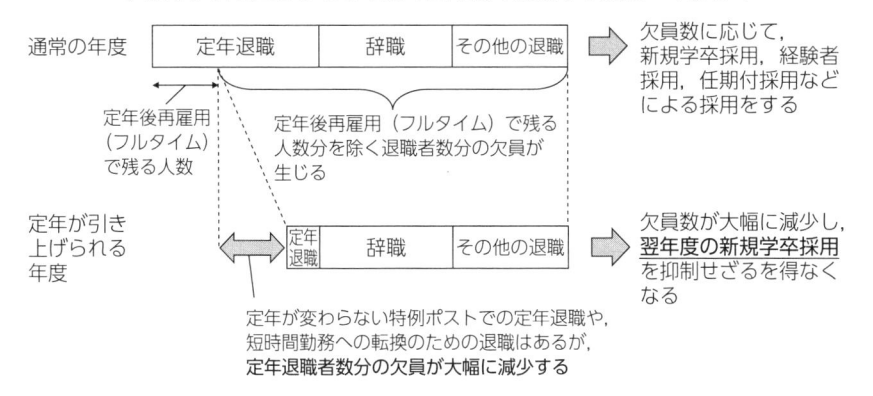

▶定年が引き上げられる年度の翌年度の新規学卒採用への影響◀

このため，この問題の緩和措置がとられることとなり，2024年度の定員に関しては，2023年7月に「国家公務員の定年引上げに伴う新規採用への影響を緩和するための特例的な定員」を措置する方針が明示され[3]，全省庁で合計1,829人分の特例的な定員が2024年度限定の時限定員として措置されることとなった。2026，2028，2030，3032年度についても同様の措置がとられることが予想される。これにより，定年の引上げ期間中の新規学卒採用の抑制数が平準化されるようになる[4]。

若手・中堅職員への影響を緩和するためのその他の仕組

新規学卒採用への影響以外で，若手・中堅職員への影響を考慮する必要があ

2　現在行っている定年引上げは，2年ごとに1歳ずつの段階的な引上げであるため，2年ごとに旧定年での定年退職がない年度となる。仮に，一気に定年を5歳引き上げると，5年間にわたり旧定年での定年退職が発生せず，新規学卒採用の大幅抑制も5年間連続で続ける必要が生じる。

3　「令和6年度内閣の重要課題を推進するための体制整備及び人件費予算の配分の方針」（令和5年7月25日内閣総理大臣決定）。

4　公務員より先行して定年を65歳に引き上げた民間企業では，一気に65歳に引き上げた企業が大多数である。筆者が話をうかがった企業では，新規学卒採用は例年のペースを維持して行い，65歳の定年退職者が出るようになるまでの間は，社員数と人件費の増加を許容しているところが多かった。これらの企業では，旧制度であれば60歳で支払う予定だった退職金が5年繰り延べになることで人件費支出が抑制される効果も勘案して判断していることが多い。

るのは，①昇任への影響と②給与水準（昇給）への影響である。

　公務員の人事制度では，勤務実績不良や適格性欠如による分限降任[5]の仕組はあるが，管理監督職に就いている人を組織の新陳代謝の維持や後進育成のために降任することはできない（この点について日本的雇用慣行の下にある場合は民間企業でも基本的に同様である）。定年の引上げに伴い，管理監督職に就いている職員がさらに最長5年間長く管理監督職に就き続けると，これから管理監督職に就く世代の昇任に大きな影響が及ぶ。定年引上げ中の過渡期だけでなく，65歳定年が完成した後も，管理監督職に就く職員の年齢層はあまり高くならない方がよいという考え方も根強い。このような点を考慮して，60歳での「役職定年制」が導入されている。管理監督職に就いている職員が60歳になった場合には，翌年度の4月1日までに，管理監督職ではないポストに異動させる必要がある[6]。

　また，給与についても，基本的に降任人事というものがなく，55歳までは定期昇給がある給与制度であるため，ほとんどの場合60歳に到達した職員の給与は公務員生活の中で最も高い給与水準となっている。このようなピークの給与水準が定年引上げ後の60代職員にも適用されるようにすると，人件費の増大につながることになる。仮に60歳到達後の給与水準が維持されるようにしつつ，人件費の増大をまねかないようにするならば，若手・中堅職員の給与の伸びを大きく抑制せざるを得なくなるが，このような制度設計での定年引上げでは世代間のバランスを著しく欠くことになる。このため，職員が60歳になった場合には，翌年度から（就いているポストや給与のグレードが変わらなくても）7割の給与水準になる仕組とされている。たとえば，60歳到達時点で年収700〜800万円程度の職員であれば，定年が延びた分の60代の期間は年収500万円台に抑制される。しかし，定年退職後の再任用では300万円台になることが多かったことから比べると，大幅な増加である。

　定年引上げの過渡期には，退職金支払の繰り延べによる人件費の減額と，給与支払の増加による人件費の増額（60代職員の給与額の増加，新規学卒採用を

5　本人の意に反して下位の職制上の段階に属するポストに異動させること。
6　正確には「管理監督職勤務上限年齢制」という。なお，60歳になった人を役降りさせることによって公務の運営に著しい支障が生ずる場合には，例外的に期限を超えて管理監督職に就かせることができる仕組が設けられている。

確保するための特例的な定員措置による職員数増加などによる）の両方が生じる。定年引上げ完成後については，現行の措置を維持すれば，定年引上げによる人件費の影響はそれほど大きくならないのではないかと思われる。人材マネジメントの観点からも，人件費抑制の観点からも，役職定年制や60代職員の給与水準の調整措置は簡単にはなくせないだろう。

　日本社会の高齢化が進む中で，60代職員に最大限活躍してもらうことは重要な課題である。一方で，各世代の人事処遇についてバランスをとっていく必要がある。役降り後の60代職員がモチベーションを保ちながら貢献していけるのかといった問題［☞Q54］もあり，当面は新制度の運用の模索が続くことになるだろう。

　将来的な理想を言えば，役職定年や一定年齢での給与水準の調整といった年齢による画一的な取扱いではなく，職員1人ひとりの意欲と能力に応じて，役職も給与水準も個別に決めていける仕組を目指すべきだと考える。しかし，これは，60代職員をどう扱うかといった部分的な検討で済むものではなく，人材マネジメント全般の見直しを伴わずには実現し得ない。年齢などの客観的な属性によらず人事に個別判断が多くなれば情実人事の余地も増えるので，特に公務では特定の職員への権力集中の可能性などの難しい問題もある。しかし，現行の年齢などによる画一的な人材マネジメントを続けることも，日本社会の発展を考える場合に限界にきているように思う。日本的雇用慣行を前提に確立した規範や法制に官民ともに縛られており，この点の思い切った見直しも必要であろう。

（今井由紀子）

Q47　国家公務員の天下り問題が生じる原因は何か？

「再就職規制」の導入と退職管理の変化

　国家公務員（特に幹部職員）が退職後に民間部門に再就職することへの批判は古くから根強くある。いわゆる「天下り」問題である。これに対し，すべての再就職を問題とするのではなく，①各省庁の予算・権限を背景とした再就職の押し付け，②再就職した元職員による口利き（自分の再就職先への利益誘導等の働きかけ）といった不適切な行為が問題であるとして，2008年の法律改正により，「再就職規制」と呼ばれる以下の3つの行為規制が導入された。

（1）各省庁の職員が他の職員やOBの再就職をあっせんすることを禁止

（2）職員が職務上の利害関係企業等に対して求職活動をすることを禁止

（3）OBが以前に在職していた組織に対し，自分の再就職先がかかわる契約や処分などに係る働きかけをすることを禁止

　特に（1）の「あっせん規制」の導入は，各省庁が退職予定の職員（およびOB）の再就職をあっせんすることが多々あった従前の仕組から，退職管理の在り方を大きく転換させることとなり，インパクトは相当なものであった。

　各省庁が再就職をあっせん…という表現をしたが，国家公務員の人材マネジメントは，府・省・庁といった組織単位より細分化された「人事グループ」[1]ごとに採用，人事異動，人材育成，退職管理が行われているのが実態である。「人事グループ」は，採用試験区分，職種，採用機関を主な基準として分かれるもので，職員の採用時点で属するグループが決まっている。また，それは新人から幹部職員までの現役職員により構成されるが，関係する業界や分野にい

---

[1]　人事院（2012）では，グループ別人事管理のイメージ図において，「旧I種採用事務系」と複数の「旧I種採用技術系」「旧II種・III種等採用」のグループを例示している。実際には，「旧I種採用事務系」だけでもさらに複数に分かれている省は多い。大きい省では「人事グループ」の数は数十に上り，グループごとに人材マネジメントの状況や課題は様々である。

るOBたちも併せて構成員とみることができる。2008年の再就職規制導入以前に，職員の再就職のあっせんの中核を担ったのは，その職員が属する「人事グループ」の幹部職員と人事担当であった。規制導入後は，現役の幹部職員や人事担当が関与できなくなったので，一部の「人事グループ」では，有力OB（元幹部職員であるOB）たちが再就職のあっせんを担う形に移行した[2]。

「天下り」に対する厳しい目

再就職規制の導入後も，世間の「天下り」に対する厳しい目はなくなっていない。その理由として一番大きいのは，再就職規制違反の事案や，規制違反には該当しないものの昔ながらの押し付け的な事案が発覚してニュースになることがあり，そのようなことが裏で頻繁にあると疑われているからではないかと思う。法律違反は論外であるが，上述の有力OBが再就職のあっせんを行う仕組の中で，何らかの理由で企業の意向を無視して行き過ぎた行動をしたときに押し付け事案となり得る。有力OBはすでに退職しているとはいえ，現役職員とOBネットワークを含めた全体が1つの「人事グループ」なので，直接に権限や予算を持っていなくても，企業が圧力と感じることはあり得るだろう。

なぜ再就職まで面倒をみるのか

そこで，一部の「人事グループ」で構成員の再就職まで面倒をみる理由を考えてみたい。実際のところ，報酬を得るわけでもなく再就職のあっせんを担うのは面倒な役回りであるのに，有力OBが精力的に行うのはなぜだろうか。

積極的な動機となっているものとして次の2点を挙げることができる。

1つは，その「人事グループ」の組織的な意思として，所管業界や特定の分野に対し公式／非公式両面で影響力を及ぼしたい（及ぼすべき）という考えがあるからだと考えている。このため，OBを企業や団体に再就職させて非公式な人的ネットワークを築くのである。なお，非公式な人的ネットワーク自体は全否定すべきものではない。情報のやり取りや調整がスムーズにいくことは悪

2　「人事グループ」の中には，もともと再就職のあっせんを行っていないグループや，再就職規制導入後に再就職のあっせんを基本的に行わなくなったグループもある。幹部を多く輩出するグループほど再就職あっせんが必要になる。

いことではないし，影響力を及ぼそうという考えも公共心や政策的な思いから生じている場合もある[3]。ただし，現役職員が公式の権限で民間部門に関与する場合よりも，非公式な関与の場合は不透明になりがちという問題を孕んでいる。

　もう1つは，有力OBにとって，人的ネットワーク形成の中心に自身がいることで，「人事グループ」の中で大きな影響力を持ち続けられるという側面があるからだと考えている。後輩が別の方法で再就職するのではだめで，自分の差配を通じて再就職することにより，強力な親分／子分関係を維持できる。

　一方で，再就職あっせんに関わる有力OBすべてがそのような人物像ではないという意見もある。個人としてはさほど権力欲のない人もいるだろう。その場合の，上記に比べれば消極的な再就職あっせんの動機は，グループ内の強い規範であると考えている。現役職員の円滑な昇進の維持は有力OBの努力にかかっており，有力OBたちには，グループ内でトップクラスの幹部に上り詰めたのだから後輩の面倒をみて当然だという内部規範が強く働くと考えられる。

　さらに，有力OBがどのような動機で再就職をあっせんしているにせよ，グループ内で再就職の面倒を見るという構造を強化しているのは，退職した後に，そのようなOBネットワークに頼る必要がある職員が多いという現実である。実は，誰もがOBネットワークに頼って再就職したいと考えているわけではない[4]。しかし，典型的な日本的雇用慣行の下にある国の行政機関では，多くの職員はゼネラリストであり，所属組織の外で通用する専門性を身に付けていない。また，もっぱら人事異動命令で与えられた職務を忠実にこなす職業人生を経てきた人は，自身の能力・経験をアピールする方法が分からない。シニア層の厳しい転職市場で自力で再就職先を見つけることは基本的に難しい[5]。その一方で，特に幹部職員は，役職定年後の役降りや定年後再雇用を受け入れて公務に残り続けることも難しく，なおさらOBネットワークに頼らざるを得ないと考

3　実際に再就職のあっせんをしている有力OBに話を聞くと，（当然現役職員を巻き込む規制違反や押し付けはしていないという前提で）悪いことをしていないという思いはもちろん，むしろ社会貢献のために面倒なことを無報酬で行っているという誇りを持っている様子を見受けることが多い。

4　OBに頼らず別の方法で再就職した人の話では，「退職してまで厳しい先輩・後輩関係に縛られたくなかった」「再就職先や仕事内容を自分で決めたかった」といったことが，OBに頼らなかった理由として挙げられていた。

5　同じような話を伝統的な大企業の人からも聞くことが多い。官特有の事象ではなく，日本的雇用慣行の下にある組織に共通に生じていることだと思われる。

える人が多い。

本質的な対応とは

　国家公務員の再就職が押し付け事案ばかりであるわけでは決してなく，望まれて能力を活用されている場合も当然あるのだが，未だに問題が起こるのも事実であり，どのように対応していくべきであろうか。シンプルな発想でOBによるあっせんを規制せよとの意見もみられるが，現役職員への規制の場合とは異なり実効性の確保が難しく，地下に潜るだけになりそうなので得策だとは思えない。筆者の考えでは，何より世間の監視が一番有効だと思う[6]ので，押し付けに直面した企業が事態を世に問えるような仕組ができないものかと思う。

　また，上述のとおり，有力OBが再就職のあっせんを行う仕組を成り立たせている大きな要因は，結局のところ日本的雇用慣行であり，組織に依存せざるを得ない人を生む人材活用・育成にある。若い世代はすでに1つの組織で勤め上げることを前提にしていないので，一部の「人事グループ」のような強固な結束は時間の経過とともにおのずと弱まると考えているが，より本質的な対応をとるならば，自分の意思で職業生活設計をしていけるような人材活用・育成に転換していくことが重要である。この問題は，単に規制をすればよいものではなく，日本的雇用慣行と密接につながった複雑で構造的な問題として向き合っていくべきものである。

（今井由紀子）

6　某省の有力OBたちが所管業界の企業の役員人事に介入した事件が2023年に発覚したのは，大いに教訓になったのではないだろうか。明るみに出るリスクが常にあるのだと思えば，無理なことをする可能性は低くなると思われる。

Q48　政治主導による国家公務員幹部の人事は適材適所に役立つのか？

　近年，国家公務員幹部の人事における政治主導が強まっているとの認識が広がっている。2014年の内閣人事局の設置と「幹部職員人事の一元管理」の導入はその象徴として言及されることが多い。もっとも，政治主導の強化は2014年から始まったわけではなく，1990年代半ば以降の累次の制度改革と，長期安定政権による強いリーダーシップによって，事例が蓄積されてきた経緯がある。

　もともと「縦割り行政」などの"官僚主導"の行政運営への批判を背景に進められてきたものなので，政治主導が強まることは好意的に言及されることもあるし，逆に，弊害を生んでいると批判されることもある。多くの国民にとって重要なのは，政治主導の人事によって，各省庁における適材適所が実現されるのかということだと思われるので，以下で，その点について考察したい。

政治主導による人事とは

　大臣をトップとする各省庁のポストは，政治任用職と一般職に分かれる[1]。政治任用職[2]には，任用（採用や配置），免職に関する法令上のルールはなく，任命権者の自由裁量で任免を行える。一方で，大多数を占める一般職の人事については，法令上のルールとして，①成績主義の原則に基づく任用と，②身分保障が定められている。成績主義の原則に基づく任用とは，受験成績，人事評価またはその他の能力の実証に基づいて採用や配置を行わなければならないというルールである。身分保障とは，法令に定める事由（勤務実績不良や適格性欠如など）に該当しなければ，職員の意に反して，降任・休職・免職されないというルールである。この2つのルールによって，情実人事を排し，公務の専

1　厳密には他のカテゴリもあるが本稿では言及しない。
2　政治任用職に該当するのは，内閣を構成する内閣総理大臣および国務大臣のほか，内閣官房のポストでは内閣官房副長官，内閣危機管理監，国家安全保障局長，内閣総理大臣補佐官，内閣総理大臣秘書官などがあり，各省庁のポストでは副大臣，大臣政務官，大臣補佐官などがある。

門性と中立性を確保している。その上で，戦後の一般職の公務員人事において
は，「公務員人事の自律性」[3]が尊重されてきた。任命権を持つのは大臣であっ
ても，各省庁の職員の能力・適性等を的確に把握している人事担当が立案する
人事案に対し，政治側からの介入は抑制的であった。

　政治任用職の人事が政治的に行われることは当然なので，本稿で「政治主導
の人事」という場合には，一般職の国家公務員（幹部）の人事について，従来
のように「公務員人事の自律性」に委ねず，政治側（内閣総理大臣・内閣官房
長官や各省庁の大臣）の意向を強く反映させるような事例を指す。

1990年代半ば以降の政治主導の強化

　橋本内閣の下で1996年に設置された行政改革会議での検討を皮切りに進めら
れてきた行政改革の主要テーマの１つが「内閣（官邸）機能の強化」であった。
国家公務員幹部の人事における政治主導の強化もこの一環であり，主として以
下のような制度改革が行われた。

①　1997年６月の人事以降，各省庁の事務次官，局長級の幹部人事に内閣が事
　前に関与する仕組として，「閣議人事検討会議」（内閣官房長官と３人の内閣
　官房副長官により構成）が導入された。

②　2001年の省庁再編時の人事以降，各省庁の大臣が事務次官，局長級の幹部
　を任命する際に内閣承認（閣議決定）を得て行う仕組となった（従来の閣議
　了解を経て任命する仕組よりも関与が強まった）。

③　2014年から「幹部職員人事の一元管理」が導入され，内閣官房長官が適格
　性審査と幹部候補者名簿の作成を行うとともに，各大臣が本省部長級以上の
　幹部人事を行う際に，内閣総理大臣および内閣官房長官と協議をする仕組と
　なった。新設の内閣人事局が，それらの幹部職員人事に関する事務を担う。

　各省庁の幹部の任命権者は大臣であるが，上記のように内閣総理大臣や内閣
官房長官の意向を強く反映できる仕組が導入され，実際に，長期安定政権で
あった小泉内閣，第二次安倍内閣の時期を中心に事例が蓄積されていった。ま

3　「公務員人事の自律性」については，人事院（1999）に詳しい。

た，内閣（官邸）主導が強化される中で，各省庁の大臣も，内閣総理大臣から指示された政権の重要政策を強く意識し，必要と思えば従来の人事慣行とは異なる判断を積極的に行うようになった。

政治主導による幹部人事の具体例として，たとえば，以下が挙げられる。

① 政権の重要政策実行のための登用や更迭
- 郵政民営化に関し自民党の反対派と協力していたとされる総務省の郵政担当幹部を更迭【2005年小泉内閣】
- 政権が重視する農政改革を実行できると見込んだ幹部を従来の人事慣行とは異なる人事で農林水産省の事務次官に登用【2016年第二次安倍内閣】

② 従来の人事慣行では例がなかった職員グループからの人材登用
- 旧 I 種採用職員しか就いたことのなかった海上保安庁長官に初めて海上保安官出身者を任命【2013年第二次安倍内閣】

③ 組織間の協力関係を強化するための人事交流
- 経済産業省と農林水産省が初めて局長級の人事交流を実施（農林水産物・食品の輸出拡大）【2016年第二次安倍内閣】

一般職の人事における「適材適所」とは

一般職の国家公務員の人事に関しては，上述のとおり①成績主義の原則に基づく任用と，②身分保障という２つのルールがある。任用のルールについて少し補足すると，昇任や同格のポストへの異動の場合には，人事評価に基づき，そのポストに必要な「標準職務遂行能力」[4]とそのポストについての適性（専門的な知識，技術，経験等）を持つ人の中から選んで配置することになっている。これらの任用の条件を満たす人材群からの登用や，身分保障に抵触しない人事（同格のポストへの異動など）での更迭である限り，政治主導による人事を行うことは法的に問題とならない。

一方，適法かどうかではなく，より「適材適所」の人事であったのかどうかの判断は短期的には非常に難しい。特定の政策の是非について議論するのと同

---

4 職務の種類と職制上の段階が同じであるポスト群に共通の，職務を遂行する上で発揮することが求められる能力。たとえば，「一般行政」の「本省内部部局等の部長」相当のポストの標準職務遂行能力は，「倫理」「構想」「判断」「説明・調整」「業務運営」「組織統率」の６項目について定められている。

様に，様々な立場の関係者による評価を蓄積し，ある程度時間をかけて検証していく必要がある。その場合の議論のポイントを挙げるとするならば，以下の2点が重要なのではないだろうか。

（1）「公務員人事の自律性」に委ねていては実現し得なかった成果が得られたか

先に例示したように，政治主導の人事には，政権の重要政策の実行，有能な人材の活用，組織の活性化などのねらいがある。これらが実際に達成され，ひいては国民の利益につながっているかどうかということであろう。

（2）「公務員人事の自律性」の尊重によって維持されてきたものが，看過できないほどに失われていないかどうか

一般的に，政治主導が強まるときに最も心配されるのは，能力や適性に基づかない情実人事とならないか，公務の中立性や公正性の確保に影響を及ぼさないかといった点である。仮に，多くの関係者がこの点に疑問や不安を持つような場合は，適材適所とは言えなくなってくる。

冒頭で述べたとおり，30年近くにわたり政治主導の強化が進められてきた結果，国家公務員にとって，内閣（官邸）や大臣に対して忠実であることが従前よりはるかに強い規範となった。これ自体は，国民から選ばれた国会議員を中心とする「政治」による民主的な統制であり問題視すべきことではない。一方で，明治時代の近代公務員制度の導入以降の歴史を通じて，公務員の専門性，中立性，公正性の重要さも認識されている。「政」と「官」の特性を踏まえた適切な役割分担やバランスの維持を双方で心がけることが，公務員人事の長期的な「適材適所」の実現をもたらすだろうと考える。

（今井由紀子）

Q49 なぜ日本の賃金水準は低いのか？上がらないのか？

日本の賃金水準は上がっていない

　日本の賃金水準が低いという声を良く聞くようになって久しいが，本当に日本の賃金水準は低いのだろうか。水準が高いか低いかという議論は常に比較で行われるもので，過去に比べて低い（上がらない），他者との比較で低い，という比較論で言われる。結論からいうと，日本の賃金水準は低い。あるいは上がっていない。その理由は多様な要因が複雑に絡み合っている。ここでは，その代表的な考え方をいくつか紹介するが，まずは，実態を見てみよう。以下のグラフを見て頂きたい。日本と欧米主要国における実質賃金の推移である。一目瞭然で，日本の実質賃金は上がっていない。それどころか，日本のそれだけが下がっている。この30年間，日本においては，物価変動がほとんどなく，同

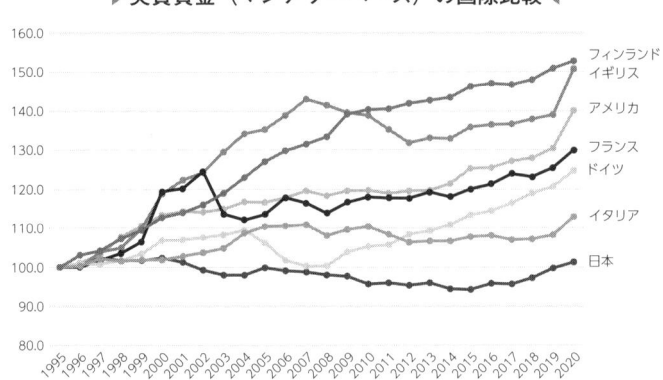

▶実質賃金（マンアワーベース）の国際比較◀

注：賃金については，「国民経済計算」に基づく賃金・俸給を雇用者数及び雇用者1人当たり平均労働時間で除することにより算出。

資料：『第2回社会保障審議会年金部会年金財政における経済前提に関する専門委員会』資料を基に，比較する国の数を絞って作成。

じように，賃金もほぼ上がっておらず，実質賃金の変動がほぼないという，世界的にみてかなり特殊な状況にあるといえる。

日本の物価は，バブル崩壊後の1992年から約30年間，毎年の変化が±１％以下と，他国と比べものにならないほど安定している。物価上昇がないという事実の良し悪しは別として，生活に必要な生計費に変化はほとんどなく，賃金が下がることがなければ生活に困窮することはなかった。一方，日本以外の国では物価上昇（インフレーション）があるのが通常で，それに即して賃金水準も上がっている。また，後述するが多くの国で労働生産性も日本以上に上がっており，これらが賃金押し上げの要因になっている。

日本の賃金水準は国際比較で低い

海外との比較をする場合，そこには必ず為替レートが介在し，為替により低くも高くも感じることになる。2020年代になって為替の円安により，より日本の賃金水準を低く感じるようになった事実は否めない。

たとえば，2010年にニューヨークで某社の人事部長の年収が＄100,000だったとして，当時のドル円レート（＄１＝¥85）換算では850万円であったものが，2024年の為替レート（＄１＝¥150）にすると日本円で1,500万円となる。単純な為替レートの話であるが，かつ，ニューヨークでのドル建て賃金水準自体がその間倍増しており，日本円換算では3,000万円程度になっている。比較の実感で「日本の賃金水準が低い」と思うのは当然だろう（なお，円相場はユーロ・ポンド等ドル以外の通貨との関係でも円安傾向であるため，国際比較という視点では円安の視点を意識することも重要である）。

日本の賃金には上方硬直性がある

そもそも賃金には，最低賃金などの法的制約，労働契約による賃金の保護，労働者モラルと生産性の維持，公平性の維持などの理由から経済学では一般的に下方硬直性があると言われる。ただし，日本の場合，以下に述べる特有の理由から「賃金を上げにくい」という意味での上方硬直性も生じている。

第１に，日本の雇用慣行・労働法令上，従業員の解雇を行うことが困難［☞Q20］，かつ，賃金の引下げが行いにくい［☞Q06］という労働法的制約がある。

これにより，

　　総額人件費＝従業員数×賃金

という要素のうち，従業員数の調整も賃金の調整も硬直的である。そのため，一度，賃金を上げてしまうと，将来業績が悪くなったとしても「上げた賃金」で同じ人数の従業員を雇用し続けるという予測が成り立つ。この予測があるがゆえに，経営者は，現在の賃金引上げに躊躇することになる。

第2に，デフレマインドの問題がある。長期のデフレ環境下で，経営者も従業員も，物価が上昇しないだろうという期待を持っている。こうした心理は，経営者が賃金上昇を避けることにつながる。賃金上昇によるコスト上昇を，商品やサービス価格に転嫁できないと考えるマインドが定着している。このような理由から，長年，日本の賃金は停滞してきたと考えられる。

労働分配率が低い

日本の労働分配率は主要先進国比較で低く，賃金が低い要因の1つとなっている。日本の労働分配率の低い主な理由は，先に述べた実質賃金の下落，技術進歩や工業ロボットの導入，資本労働比率の上昇，非正規雇用の増加などがある。また，日本では，バブル崩壊時やコロナ禍等，企業収益を圧迫したときに，正社員の雇用調整を行うことが難しい結果として人件費の上昇抑制が行われ労働分配率が低下する。日本の正社員は長期雇用が前提となっているがゆえに人件費が固定費化する傾向にある。そして，企業収益が悪化した際，非正規雇用は雇用の調整弁となるが，正社員については人員調整ではなく，人件費の調整（昇給停止，賞与停止，残業削減等）に動くことから賃金の上昇が起こらず，賃金低下につながりやすいという側面がある。

労働生産性が低迷している

日本銀行の調査によると，バブル経済崩壊後の1990年代初頭以降，日本の労働生産性の成長率は低迷している。また，OECDによる分析では，日本は高い労働投入にもかかわらず，労働生産性が低いとされている。

日本の労働生産性の低さの背景には，技術革新やその労働力への応用といった取組みの不十分さ，社内異動に頼る労働資源配分の効率性の低さ，労働市場

のダイナミズム不足，小中企業を中心とした過度な保護政策など，多様な社会構造や政策要因が絡み合って生産性の向上を妨げていることに加え，各企業の制度や業務の仕組として，長時間労働による業務効率性の低下，非効率な業務プロセス，人材育成の不足などが労働生産性の低下に寄与し，結果として，これらが賃金上昇の妨げとなっている。

雇用形態と労働市場による下方硬直性

　日本の雇用形態と労働市場の構造的理由もある。企業に属する雇用契約（所謂メンバーシップ型雇用）で，長期雇用の文化も根強く残る日本企業では，全社員横断的に賃金交渉が行われ，トータル人件費管理の視点から賃金決定がされることから個別賃金の上昇には一定の制御圧力がかかり，下方硬直性が強くなる。先述した通り下方硬直性の強い環境では，賃金を上げることも難しくなる（上方硬直性）。

長期終身雇用下で培われた日本人の価値観と文化

　最後に，日本の賃金水準が低い理由として，不平不満があっても社員が自ら退職しないということがある。長期雇用前提の文化の中で，被雇用者は不満を口にするものの，退職行動につながるケースは少ない。株主視点から考えると，低賃金で一所懸命に働き成果を出すなら，賃金水準を上げる必要はない。

　以上のように，日本の賃金水準が低い，あるいは水準が上がらないとされる理由は複数あり，それぞれの要因が相互に作用している。ただし，業界や職種，企業の規模などによってその実態は大きく異なる。また，若年層不足や新たなスキルを持つ人材不足などを背景に，変化も起こり始めている。

　今後，持続可能な賃上げを行うためには，解雇要件を緩和すること，また，一定制約（減額制限や労使交渉）のもと賃金の下方改定を可能にすることの検討も避けけては通れないだろう。

（山本紳也）

Q50 AIやHRテクノロジーは人材マネジメントをどのように変えるのか？

　この問いは，この本で扱われているトピックの中で最も難しい問いかもしれない。なぜならば，テクノロジー進歩の予想は困難で，今日不可能なことがいつ可能になるわからない。2022年生成AIの登場により，テクノロジーによる進化は別次元に入ったといえる。本節で書かれている内容は，2024年春時点での考え方と捉え，読者が将来を考える入口として頂きたい。

AIは雇用にどのような影響を与えるか

　これまでも，技術革新は雇用に少なからず影響を与えてきた。たとえば，そろばんが電卓に代わり，電卓がコンピュータに代わったとき，その都度，経理担当者やアシスタントの数は減ってきた。AIによる特定職の雇用減少を特別なことだと恐れる必要はないが，AIによる雇用への影響はこれまでのそれとは異なる。

　18世紀後半から19世紀にかけて起こった産業革命では，手作業による生産活動から機械を使用した製造活動への移行が起こった。農業や手工業から工場労働への大規模な移行が起こり，雇用の構造変革が起こり，多くが職を失った。同時に，機械操作や管理に必要な特定のスキルが求められるようになり，未熟練労働者は低賃金の仕事に追いやられるという，スキル変革も起こった。その結果，機械化により生産性が大幅に向上し，長期的には経済全体の成長を促進したが，一部の労働者は職を失った。同時に，機械製造を中心とした新しい産業が創出され，より高いスキルの求められる職が多く生まれた。

　この傾向は20世紀後半の情報技術革命（コンピュータ化）でも引き継がれ，製造業における作業職はさらに激減したものの，システムエンジニアやコンピュータプログラマという新しいスキルの求められる雇用が圧倒的に拡大した。

　では，AIの登場で雇用はどう変わるのか。AIの登場で，さらに高度なスキ

ルとその適応性が求められるようになる。特にデータ分析，AIプログラミング，
AIトレーニングといった高度なスキルを要する職種ですでに需要が拡大して
いる。同時に，AIに取って代わられる可能性のある単純ルーティン作業や調
査業務等を行う職種では，職を失うリスクが高まっている。ただ，AIにおけ
る雇用の変化は，これまでの生産性向上が成果であった産業革命からの変化と
は異なり，産業横断的かつ広範囲の職種に影響を及ぼす。すでに，AI技術は，
製造業だけでなく，医療，金融，小売，運輸，士業など幅広い産業に直接的に
影響を及ぼしている。多様な産業で雇用がAIに置き換えられるのと同時に，
多様な職種で新たなスキルが求められるようになっている。また，AI倫理学者，
AIトレーナー，データアノテーターなど全く新しい職も生まれている。

　産業革命とAI時代の変化の最大の違いは，影響を受けるスキルセットと職
種の範囲だ。産業革命は物理的な労働を中心に変革したが，AIは知的労働も
含めてより広い範囲に影響を及ぼす。一般的に産業革命から情報技術革命によ
り，肉体労働から知的労働に人の役割が変わったと言われた。AIにより，人
の役割は，知的労働から感情労働に変わると言われる。

　現時点でAIが得意とするのは，調査，分析，パターン認識，類型化，解決
策の示唆などと言われ，これらで人はAIに対抗できない。一方，現時点でAI
が苦手で人間の力が必要なのは，課題設定，決断，責任を取ること，そして感
情を交換するコミュニケーションと言われている。これがすでに起こっている
一例をあげると，医学において癌治療の領域ではその情報量の多さと複雑性ゆ
え，人間が正しい診断をすることは不可能だと言われ，すでにAI診断が当た
り前になりつつある。しかし，その診断結果を患者に伝え，患者に寄り添う治
療方法を考え決定し，中長期にわたり治療を行うことは人間医師にしかできな
い。

テクノロジーによる人材マネジメントの変化

　AIを含むHRテクノロジーは，今後の人材マネジメントに対しても多大な影
響と変化を及ぼす。それは人事業務の効率化にとどまらず，人事業務そのもの
の在り方，意思決定の在り方や質の向上，企業と社員の関係性等，マネジメン
トの在り方にも変化をもたらす。さらに，エンプロイーエキスペリエンス（社

員の経験）に対しても変化をもたらし，それが働き方の変化にもつながる可能性がある。

採用プロセスの効率化と公正性の向上：AIを活用した採用ツールは，履歴書のスクリーニング，候補者の選定，面接プロセスの最適化など，採用プロセスを大幅に効率化し，採用プロセスが迅速化，人的偏見を減らしより公平な採用が可能になる。加えて，採用担当者がAIを活用した学びから，選定のポイントや面接時のコミュニケーションなど，採用担当者の採用力の向上にもつながる。

社員の能力向上と業績管理の向上：AIは，社員の評価結果や業績などパフォーマンスデータを分析し，個々人の強みや改善必要点（弱み）を導き出す。さらに，AIはこれらを指摘するにとどまらず，強みの強化や改善必要点の改善方法をアドバイスすることが可能だ。これをよりパーソナライズされたフィードバックや開発計画の提供ができ，社員の能力開発を強力に支援し，業績の向上につなげることが可能になる。

社員エンゲージメントの向上：AIは社員満足度調査やエンゲージメント調査結果を分析するだけでなく，日常の社員個々人の行動を観察分析することから，職場環境や働き方，福利厚生の改善等を提案できるようになる。これにより，働く環境が向上し，社員の満足度も向上，生産性の向上や離職率の低下にも寄与する可能性がある。

人事の予測分析と戦略的意思決定：人事部門は，AIを利用して労働市場の傾向を分析し，社員の採用，確保／維持，育成に関して戦略的な意思決定をサポートする。採用計画や育成計画に活用することで，タイムリーな戦略的人材マネジメントにつなげることができる。

継続学習とキャリア開発の支援：AIを使った学習管理システム（LMS）は，社員個々人の能力やニーズに合わせた学習コンテンツを提案提供し，キャリア

開発を支援することができ，社員は会社への業績貢献だけでなく，自立した
キャリア開発につなげることができる。

　リモートワークと分散チームの管理：AIツールは，リモートワークやグロー
バルに分散したチームの管理にも役立つ。離れた場所でのコミュニケーション
の最適化に寄与するだけでなく，プロジェクトの進捗管理，チーム間の協働の
促進策提案などにも寄与する。

　これらは，可能性のほんの一部にすぎない。しかし，人事管理や人材マネジ
メントにおけるこれらのテクノロジー活用には，プライバシーの保護，倫理課
題，人間と機械の関係の再定義など，慎重に取り組む必要のある問題も多く存
在し，これらの課題解決が必要になる。

人事担当者に求められるスキル向上と変化対応

　AIやHRテクノロジーによる人材マネジメントの変化に対応するために，人
事担当者にも知識の習得に加え，意識や行動の変容が求められるようになる。
専門性に応じた人事部門の担当の再組織化も必要になるだろう。

　人事担当者に求められる代表的な能力や変化対応は，テクノロジーへの理解
と適応力強化，データ分析スキルと問題解決力の強化，感情労働下におけるよ
り高いレベルでのコミュニケーション力や人間関係構築力，高い倫理意識とプ
ライバシーへの配慮などが考えられる。

　このように，AIやHRテクノロジーの導入は，人事担当者にとって新たなス
キルや知識の獲得を必要とし，その役割や働き方にも変化をもたらす。また，
このような変化ニーズは，当然他のすべての職場や社員にも同時に訪れ，この
人たちのデジタルリテラシーを上げ，AIと一緒に働ける環境整備することも
新たなHRの役割になりそうだ。これらの変化に適応し，組織と社員に価値提
供することが，今後のHRの重要な課題であり，組織活動の成否を握ることに
もなりそうだ。

（山本紳也）

Q51 なぜ多くの企業がキャリア自律の推進に取り組んでいるのか？

キャリア自律とは何か

キャリアとは，中世ラテン語の「車道」を語源にもつ単語で，人がたどる足跡・経歴・遍歴などを意味し，さらに特別な訓練を要する職業や，仕事・職業上の成功なども表すようになった。必ずしも報酬を得る職務や出世のみでなく，近年では広義で「働く」ことに関する長期的な経験や能力開発も意味している。

本問では，キャリア自律とは，「変化する環境において，主体的かつ継続的に自身のキャリア構築と学習に取り組んでいる」状態と定義したい。主体的，かつ継続的という点が重要であり，働く者自身が自分のキャリアを計画し，自らの意思のもとにキャリアに関する決断と開発を行っている状態を表している。

企業がキャリア自律に注目する背景とは

なぜ今，キャリア自律がこれほどまで注目されているのか，企業と従業員の関係性が変化したことに着目して背景を探ってみたい。

まず企業の視点に立つと，終身雇用を前提とした人的リソースの配分が難しくなってきたことが主な背景として挙げられる。特に日本企業では伝統的に，長期雇用と年功序列を前提として，企業主導で従業員の配置・異動・昇格昇進を管理してきた。この方法において，企業は組織全体のリソース最適化を優先させ，従業員個人の意思とは関係なく，個人を動かすことができた。従業員も，長い目でみれば企業が定年まで雇用と報酬を保証してくれる環境に身を置いている以上，自分の希望に合わなくとも企業主導の配置を受け入れていた。これにより，「キャリアとは企業から従業員に与えられる」ものとして捉えられた。

ところが，企業の成長鈍化が長引き，年功での昇進や報酬水準の向上を約束できなくなったときに，企業は従業員との新しい関係性を模索するようになっ

た。その表れとして，まずは「キャリア自律」の名のもとに，キャリア構築の主体は企業でなく個人である，という意識の移行を試みた。そして，キャリアとは必ずしも今現在の自社との関わり合いだけで完成するのではない，企業と個人は相互にかつ継続的に「選び・選ばれる」関係であるという方向を打ち出した。

　一方で従業員の視点に立つと，世代を経るごとに個人のキャリアに対する意識が変わっていったことが，企業との関係性を変える背景にある。ライフ・ワーク・インテグレーション[1]をより求める世代が増えたことで，個人差はあるものの，就職・転職・キャリア転換は自分の意思でやりたいタイミングで行うという意識が従来より強くなった。企業に長く勤めることで処遇がよくなるわけではないのであれば，この傾向は尚更である。

　特に，1990年代後半から2010年代にかけて生まれたZ世代は，自分の関心エリアを追求し，その分野において社会とのつながりを保つことを好むと言われており，この世代の従業員にとっては企業で過ごすキャリアは自分にとってほんの一部でしかないという考えが高まっている。また，日本人の平均寿命はすでに男女とも80歳を超えており[2]，今後も伸びると言われている。人生100年時代ともなれば，退職した後もさらに長い人生が続く。そのため従業員は，企業に滅私奉公するのでなく，より端的に自分が求めるもの（成長機会や現時点での処遇）を企業に期待するようになった。

メンバーシップ型雇用において，どうやってキャリア自律を促進させるか

　上記のように，企業と個人の新しい関係性を模索する鍵となる「キャリア自律」だが，実は日本企業にとっては悩みが大きい。前述のとおり，メンバーシップ型雇用［☞Q28］の企業では，経営者・上位管理職・人事が従業員を配置する裁量を伝統的に持っていた。しかし，キャリア自律を促していくと，従業員個人の意思ありきで配置を検討しないといけなくなるので，組織主導の全

1　前述Q26参照。個人の多様な生き方とそれを支える仕事，家族，趣味など人生の複数の構成要素を統合的に設計し，人生全体の充実を図ろうとする考え方。
2　厚生労働省『令和4年簡易生命表』（2023年発表）
https://www.mhlw.go.jp/toukei/saikin/hw/life/life22/index.html

体最適化が制約されかねなくなる。そして，メンバーシップ型である以上は長期雇用を前提としているので，事業環境が変わったとはいえ簡単に人員整理はできない。これが，日本企業でキャリア自律を促進する上での大きなジレンマとなっている。

　2つ目のジレンマは，従業員のキャリア自律を促進させていくことで，社内に希望するキャリア機会がない場合は人材が社外流出してしまうことへの不安感から生じている。自社の魅力を高め，留保したい人材には個別にリテンションを図る努力が伴っていないと，コア人材の社外流出が止まらなくなるリスクがある。企業と従業員が相互に「選び・選ばれる」関係を構築するためには，避けては通れない道筋だが，企業側では抜本的な対策が追い付いていない。

　日本企業は，この2つのジレンマに対応しながらキャリア自律促進の取組みを設計しないといけない。その結果，メンバーシップ型雇用の制度そのものは変更せずとも，自らの配置転換を志願できる機会を増やす仕組として，社内公募制，社内FA制度[3]などが導入されている［☞Q31］。さらには社外で働くキャリアを認めるとして，副業解禁が2018年頃から普及している[4]。

　仕組導入に加えて，社内にキャリア相談室を設営したり，従業員にキャリアシート作成と上司とのキャリア面談を促すなどの，キャリア・プランニング支援が行われている。

ジョブ型雇用の外資系企業における，キャリア自律促進の事例

　外資系企業では，ジョブ型雇用の企業が多く，メンバーシップ型が主流の日本企業と前提が異なる。ジョブ型では，「初めにジョブありき」で人材を確保するため，新卒採用に加えて中途採用で即戦力人材を確保することが一般的である。そのため，転職経験のある従業員が日本企業より多い。転職とは，自らのキャリア構築を真剣に考える機会となるので，キャリア自律が促されると言える。また，企業の事業改変や業績悪化に応じて人員削減を含む組織変更も頻発しており，ジョブ型では仕事およびそのポジションがなくなることは雇用の

3　社員が自ら他部署に対して自己PRを行い，それが受け入れられると人事異動が成立する制度。
4　厚生労働省は2018年に「副業・兼業の促進に関するガイドライン」の「モデル就業規則」上で副業禁止の規定を削除し，副業・兼業に関する規定を新設。これをきっかけに副業解禁に踏み切る企業が増加した。

喪失に直結しがちである。年功で昇進するという制度も見られない。したがっ
て，本来自分でスキルアップを図りキャリアを作っていかないと，会社は定年
まで自分の面倒はみてくれない，という環境に身を置いており，キャリア自律
に対する意識が日本企業の従業員より強いことが前提にある。

　その上で，やはり外資系企業でもキャリア自律促進の取組みが継続的に行わ
れている。まず，個人の明確なキャリア・プラン策定と，それに基づく上司と
の定期的な対話が必須となっている。その記録は社内システムに登録すること
が求められ，経営・人事が常にモニタリングできるようになっている。また，
会社主導の異動は幹部レベルのポジションなど一部に限られており，多くの場
合，空きポジションは全世界の拠点に公開され，グローバルレベルで社内公募
が行われる。応募者の中から社内選抜を経て最も適した人材が登用される，と
いう社内の公開競争が，従業員のキャリア意識を刺激することにつながる。さ
らに，社内に無料の学習プラットフォームが用意され，とるべきトレーニング
は自己責任で選択・受講しなさい，という方針が出されることも多い。これは，
ジョブ型ではメンバーシップ型の企業のように雇用を守ることができないが，
従業員が自己責任でエンプロイヤビリティーを上げるため，十分な学習機会を
支援するのが企業の社会的責任である，という考え方に基づく。このような育
成方針もキャリア自律の促進を後押しすると言える。

　現在，多くの人事制度・人材マネジメントの取組みが，企業と従業員の関係
性を「相互依存せず，自律した大人同士の関わり方」となるように組み直され
ている。キャリア自律の促進はその方向性に大きく合致しており，将来に向け
て前向きな成果を期待したい。

（高橋菜穂子）

Q52
非正規雇用の増大は日本企業に何をもたらしたのか？

正規雇用・非正規雇用とは

　正規雇用と呼ばれる働き方は，労働時間がフルタイム，労働契約が無期，雇用関係が直接雇用という3つの条件を満たしていることが原則とされ，これらの条件が1つでも欠けると非正規雇用に分類される。

　とはいえ，正規雇用でも一時的に短時間勤務であったり，逆に3つの条件を満たしていても職場で非正規雇用として区分されていたり，実態は必ずしも原則通りにはなっていない。また，労働契約が有期の場合も，更新が通算5年を超えれば本人希望により無期への転換が可能となる。

　総務省「労働力調査」によると，非正規雇用2,124万人のうち，パート・アルバイトは1,489万人（70.1％），契約社員は283万人（13.3％），嘱託は111万人（5.2％），派遣社員は156万人（7.3％）である。それぞれの雇用形態に明確な定義はなく，「労働力調査」は職場での呼称に基づいて実施されている。また，正規雇用は男性が64.8％を占めるのに対して，非正規雇用の67.8％は女性である。

▶正規雇用と非正規雇用◀

		労働時間		労働契約		雇用関係
正規雇用		原則としてフルタイム（一部，短時間）		無期		
非正規雇用	パート	短時間勤務	フルタイム	通算5年超で希望者は無期化 / 有期	無期	直接雇用
	アルバイト					
	契約社員					
	嘱託					
	派遣社員					間接雇用

出所：筆者作成。

　パートは「パートタイム」という語源のとおり短時間勤務の労働者が多く，35歳以上の中高年女性が6割以上を占める。育児や介護等と両立しやすい働き方として自発的に選択されるケースも多いためか，他の雇用形態に

比べて賃金水準が低い割には他の雇用形態への転換希望が少ない働き方としても知られている。なお，アルバイトについては学生が従事している場合が多い。

　契約社員や派遣社員の賃金水準は平均的にはパートより高いが，正規雇用よりは低い。いずれもフルタイム勤務が一般的で，男女構成は契約社員がほぼ半々，派遣社員は女性が約6割を占める。なお，派遣社員は，雇用契約の締結先（派遣元）と，指揮命令を受ける職場（派遣先）が異なる間接雇用であることから，派遣先においては外部人材として位置づけられる。

　嘱託は主に定年後再雇用の労働者であることから，55歳以上の男性が約6割を占める。

▶雇用形態別の男女・年齢構成◀

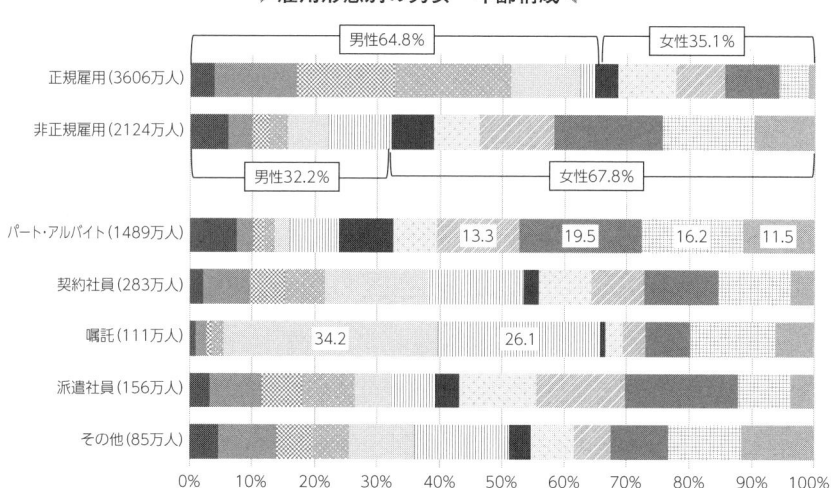

グラフの左から順に

■男性15～24歳　■男性25～34歳　▨男性35～44歳　▧男性45～54歳　▦男性55～64歳　▥男性65歳以上
■女性15～24歳　▨女性25～34歳　▨女性35～44歳　▨女性45～54歳　▤女性55～64歳　▨女性65歳以上

出所：総務省「労働力調査」（詳細集計，長期系列データ，2023年平均10-1）より筆者作成。

非正規雇用の増大と変質

　正規雇用と非正規雇用の合計に占める非正規雇用の割合は，1984年には15.3％だったが，バブル経済崩壊後の長い景気低迷のもとで徐々に増加し，2019年の38.3％をピークに2023年は37.1％となっている。

企業にとって，非正規雇用が正規雇用に比べて，①雇用保障の負担が小さく労働力の需給調整がしやすいこと，②賃金水準が低く人件費の効率化が可能となることが，厳しい経営環境下における非正規雇用増加の主な要因としてあげられよう［☞Q07］。ただし，厚生労働省『令和4年版　労働経済の分析』では，人口に占める非正規雇用の割合が増加傾向にあったのは主に60歳以上である一方，幅広い年齢層で正規雇用の割合が増加してきたことが指摘されている（厚生労働省，2022）。また，不本意非正規雇用（非正規雇用についた主な理由を「正規の職員・従業員の仕事がないから」と回答した者）は，2013年の342万人（非正規雇用の19.2％）から2023年には196万人（同9.6％）まで減少している（出所は次頁の図表と同様）。

　また，非正規雇用については，「基幹労働力化」と呼ばれる変化も指摘されている。つまり，パートなど直接雇用の非正規雇用を中心に，量的な増加や勤続年数の伸長を背景として，非正規雇用のままで基幹的業務に従事する者が増加してきた。実際のところ，短期で店舗を異動する店長よりも，その店舗に長く根付いているパートのほうが店舗の実態を熟知しており，パートが店長の業務の一部を代替しているというような例もある。

非正規雇用をめぐる課題

　非正規雇用は，企業にとっては前述のとおり労働力の需給調整や人件費の効率化，労働者にとっては個人の都合に合わせた柔軟な働き方を可能にした。一方で，非正規雇用をめぐる課題も深刻化してきた。以下に，特に大きな2つの課題を提起して本稿の結びとしたい。

　1つ目は，待遇面での非正規雇用と正規雇用の公平性の確保という課題である。非正規雇用の増加，基幹労働力化の進行のもと，両者に期待される役割が交錯してきた。一方で，両者の待遇面での不合理な格差，すなわち説明できない，あるいは納得されない格差が問題となっている［☞Q08］。

▶正規雇用と非正規雇用の推移◀

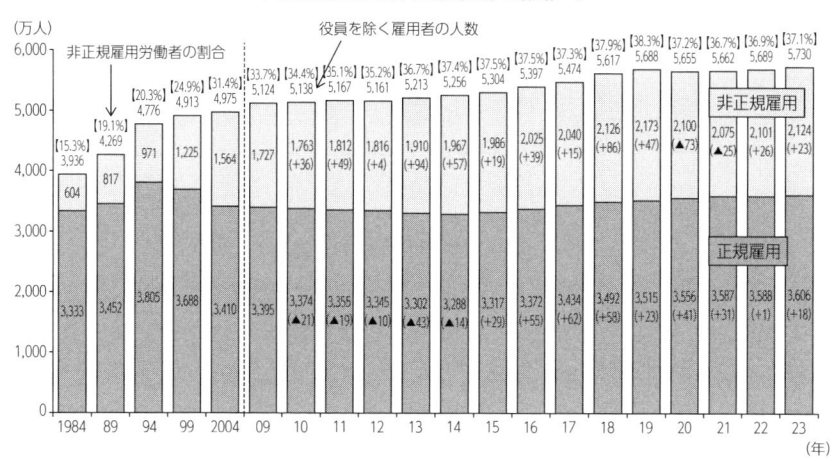

注：雇用形態の区分は，勤め先での「呼称」によるもの。
出所：総務省「労働力調査」より厚生労働省作成。
　　　https://www.mhlw.go.jp/content/001234734.pdf　（2024年7月31日閲覧）

　2つ目は，非正規雇用の能力開発やキャリア形成の課題である。非正規雇用は正規雇用に比べて期待される役割が限定され，Off-JTや体系的なOJTといった成長機会も制約されることが多い。このため能力開発やキャリア形成が停滞する事態，すなわち能力開発がうまくいかず，思うようなキャリア形成ができないといった事態に陥るケースが少なくない。

　これら2つの非正規雇用をめぐる課題は，働く人個人の問題のように見えるかもしれないが，実は企業側の問題でもあることを，企業は認識すべきである。労働力人口が減少し，人材の確保・定着がより一層難しくなってくるなかで，雇用者の4割弱を占める非正規雇用の課題を放置することは，企業にとって大きなリスク，損失となろう。

　今後，企業がこれら2つの課題に向き合うなかで，非正規雇用の在り方のみならず，正規雇用を含む雇用管理を構造的に見直す必要性が出てくるかもしれない。非正規雇用の増大は，正規雇用を含む雇用管理全体の再考を，企業に促すことになるのではないだろうか。

（松浦民恵）

Q53 なぜ選抜教育や抜擢人事などに取り組む企業が増えているのか？

　日本企業における伝統的な選抜の特徴を一言で言えば「遅い選抜」だ。新卒で入社し，多少のタイミングの差こそあれ，皆が，職能等級，職位にあまり差がつかない形で昇格・昇進していく。アメリカなどにおいて経営幹部，管理者候補の選抜がより早期に行われることと比較し，「遅い選抜」と言われてきた。

　しかも，昇進年齢そのものが日本では上昇を続けてきた。大湾・佐藤（2017）による賃金センサスの分析からは，2000年の時点では，最も昇進の早い人々の多くが30歳代後半には課長になっていたのに対し，2015年にはそれが40代前半にシフトしていたことが示されている。また，40代で部長に昇進する人も2002年から2015年にかけて減少していた。バブル経済崩壊後，多くの企業の国内における事業成長が停滞し，組織規模の拡大が止まった。ポスト数が増えないなかで，横並びの昇進を維持すると，「詰まり」が生じてしまうのだ。

　こうした状況に対し，昨今，より早期に人材を選抜し，将来の経営幹部候補としての教育を行うことや経験を積ませることに関心が広がっている。年次ベースの横並びの人事に変わり，将来を期待できる人材を年次に関わらず選び出す，より実力ベースの人事に転換する，ということだ。こうした変化の背景には何があるのだろうか？　本問ではまず，遅い選抜の意義を検討した上で，現在起きている変化，そして，その促進要因について議論する。

日本企業における遅い選抜の要因

　上述のとおり日本企業では，伝統的に，新卒で入社した人材の昇進昇格を横並びで行う傾向が強い。年次に応じて昇進・昇格が行われるため，年次的管理とも言われる [☞Q03]。結果，幹部として昇進していく人と，あるところで昇進が止まる人がはっきりするのは，キャリアの半ば（たとえば，40代後半）以降になってからである[1]。そして，人事評価についても明確な違いをつけない

ことが多い。こうした施策は，各個人にとって，組織内で自分が評価されているのかされていないのか，はっきりしない状況を作り出す。結果，多くの人々が「自分はそれなりに評価されているだろう」と考える。ここに，「遅い選抜」の妙がある。

　仮に，キャリアの早期，たとえば30代から，少数だけがぐんぐん抜擢されていくとしたらどうだろうか。登用された当事者は，「自分は期待されているのだ」と意欲が湧くだろう。一方で，それ以外の人々は意欲が低下するだろう。もちろん，登用されることを全員が望むわけではないし，管理職になるのが幸せとは限らない。しかし，多くの人にとって，他者から評価されること，また，昇進昇格によって給与などの処遇が良くなることは重要なことだ。よって，「早い選抜」は，選ばれなかった多数に，「自分にはこの会社では評価されないだろう」「自分はずっとこのままかもしれない」と感じさせることになる。

　長期雇用で，転職市場が活発ではなかった日本においては，これは問題を生む。評価されない，処遇が変わらないと感じ，意欲の低い人々が長く会社に留まる恐れがあるからだ。選抜教育や抜擢人事が話題になるようになった2000年代の初頭，様々な企業の人事の方から「選抜教育を考えているが，『誰が選ばれているのか』をできるだけ社内に明らかにしたくない」といった相談を頂いた記憶がある。それだけ，差をつけること，その結果として「選ばれなかった人」の意欲が低下することへの危惧は強かったのだ。

遅い選抜に起きている変化

　では，こうした「遅い選抜」について，どのような変化が起きているのだろうか。まず，管理職登用年齢について，筆者らが2023年の1月に行った調査[2]を紹介しよう。管理職昇進時の年齢の過去3年間の変化を聞いたところ，昇進時年齢が「低くなっている」という回答が部長，課長のいずれにおいても3割を超えていた一方で，「高くなった」という回答はいずれも1割を下回ってい

1　昇進スピードに違いはなくても，個人間で配属されるポジションや，任せられる仕事に違いがあり，それがその後の昇進スピードの違い，昇進の有無，にいずれつながっていく，という分析も存在する。こうした日本の「遅い」昇進の詳細な分析については例えば，上原（2007）を参照されたい。

2　吉川他（2023）を参照されたい。

た。ここからは，2000年以降に昇進が遅くなっていったトレンドに，変化が起きていることが読み取れる。一部企業において早期化の取組みが始まっているのだ。また，年功ではなく，実力主義での人事を行っている企業ほど管理者昇進年齢の早期化が起きていることも確認された。

　また，昇進以外の面での選抜も生じている。労働政策研究・研修機構が2018年に行った「多様な働き方の進展と人材マネジメントの在り方に関する調査」によれば，非管理職層を対象とした具体的な早期選抜の内容としては，「特別なプロジェクトや中枢部門への配置など重要な仕事の経験を積ませる」「選抜型研修に優先的に参加させる」「多様な経験を積ませるための優先的な配置転換（国内転勤含む）」が広く行われている。また，管理職を対象にしたものでは，「多様な経験を積ませるための優先的な配置転換（国内転勤含む）」「特別なプロジェクトや中枢部門への配置など重要な仕事の経験を積ませる」「経営実務に関する知識を積極的に習得させる」の選択率が高かった。ここからは，選抜した人材とそれ以外の人材の間で，「経験の質」に差をつけることが活発に行われていることが見て取れる。

選抜教育や抜擢人事に注目が集まる背景とは？

　こうした変化が生じている要因の1つに，外部労働市場の活性化がある。昨今，デジタル化の進展や，サステイナビリティへの取組みなど，激しい環境変化に晒され，社内にはないスキルや経験を持つ人材を外部から確得するためにキャリア採用に積極的な企業が大企業も含めて増加している。転職についての前向きな意志を持つ個人も増加している。こうした状況は，「遅い選抜」システムにとっては脅威である。社内で評価を曖昧にし，明らかな差をつけないでいるうちに，有望人材に外部から魅力的な「オファー」が届き，彼ら彼女らが転職してしまうリスクを高めるからだ。実際，日本国内の大手企業，また，中央官庁において，若手・中堅人材の退職率の上昇への問題意識が高まっている。こうした環境下では，一部の有望人材に，早期の選抜と機会の提供を通じて明確な期待のシグナルを送ることを優先する企業が出てくるのは自然なことと考えられる。今後さらに，新卒から定年退職までという長期雇用が揺らいだり，強い解雇規制が緩和されたりすれば，上述した遅い昇進の意義が低下するため，

「遅い選抜」の見直しがさらに進むと考えられる。

　第2に考えられるのが，事業運営，組織運営上のニーズである。激変する環境下では，思い切った構想を描き，人々を巻き込んでビジネスを創造したり，再構築したりするリーダーが必要となる。一方，「遅い選抜」は，皆を同じように動機づけ，現場から中堅の人材が頑張る組織を作り上げる上では効果的な一方，経営リーダーとして事業や組織を牽引するポテンシャルのある人材を早期に引き上げ経験を積ませるには適さない。自ら責任を取って決断を下し，リーダーシップを発揮していく経験を積んだ経営リーダーを育てるのには向かないのだ。このため，事業環境の激変そのものもまた，「遅い選抜」の見直しと，早期の抜擢人事，選抜教育を促進すると考えられる。

　第3に，企業活動のグローバル化と，それに伴う経営幹部人材の人材マネジメントのグローバル統合 [☞Q45] の影響について検討したい。海外では，アメリカをはじめとして外部労働市場が発達した国が多い。こうした国においては「遅い選抜」が機能しにくいことは上記の議論から明らかだ。よって，企業活動のグローバル化に応じて，日本人だけでなく世界中から幹部候補人材を登用する取組みを進める企業では，抜擢人事，選抜育成がより行われやすいと考えられる[3]。

　抜擢人事や選抜教育に取り組む企業が増えているのはなぜか。それは，企業を取り巻く競争環境が変化することで，従来の伝統的人材マネジメントの在り方が大きく変容しつつあるからだ。抜擢人事や選抜教育は，そうした大きな変化の1つである，と言えるだろう。

（吉川克彦）

3　この点については，佐藤（2020）を参照されたい。

Q54
ポスト・オフ後にも中高年（ミドル・シニア層）に活躍してもらうにはどうすればよいのか？

　ポスト・オフとは，組織において課長や部長などの役職を降りることである。その代表的なやり方として，一律の年齢になった時にポスト・オフになる「役職定年制度」がある［☞Q01］。一部企業では，役職についている期間をあらかじめ制限しておく役職任期制も実施されている。

　役職定年とは，55歳などの一定の年齢に到達したところで，管理職・マネジメント職から降格させ，処遇を引き下げる施策だ。多くの企業では55歳で課長職，58歳で部長職などと役職別に実施年齢が決まっている。多くの企業で，ポスト・オフはこの施策によって行われる。

　役職定年の実施率を確認しておこう。役職定年は，組織高齢化と定年延長に対応するために，80年代から90年代にかけて一般化していった。労務行政研究所「人事労務諸制度実施状況調査」では，97年には47.9％で実施率はピークを迎え，2018年には29.5，2022年には29.1と2000年に入って以降やや数値は低下傾向ではあるものの，バブル期入社組や団塊ジュニア世代が50歳前後となる中で，現在も，大手企業を中心に多くの企業が実施している。

企業はなぜポスト・オフを行うのか

　なぜ企業はポスト・オフを制度化する必要があるのだろうか。しばしば指摘されるように，日本企業の安定雇用と年功的処遇によって長期就業のインセンティブを与え続ける仕組は，年次ごとに総人件費の上昇を招きやすくなっている。役職定年の機能の１つは，そうした年功的な処遇で上がった高齢管理職の賃金を一律に削減し，総人件費を抑制するものである。日本の整理解雇の難しさと高齢化が相まって，この経済的機能の果たすところは大きい。

　２つ目の機能は，若い世代の登用のためにポストを空けるという「組織の新陳代謝機能」である。人材流動性の低い日本は，特に管理職ポストを放置して

おくと同じ者が長く滞留することになる。組織の意思決定も古びてくるとともに，役職者になれないことで若年層の昇進意欲や成長期待に応えることができず，士気が低下しがちだ。それらの弊害を防ぎ，組織全体の新陳代謝を定期的に促進することが，役職定年の機能として期待されている。

役職定年後のモチベーション低下

しかし，役職定年には，その機能を果たすがゆえの「副作用」とも呼ぶべき側面がある。

50代のポスト・オフ後の就業者を対象とした調査では，図示したように，モチベーションの低下が37.7％の者に見られた。「喪失感・寂しさを感じた」といったネガティブな感情の想起や，「会社に対する信頼感が低下した」という割合も3割を超える。こうした意欲低下は，ポスト・オフ前にマネジメントしていた部下の数が多ければ多いほど，強いことも明らかになった。

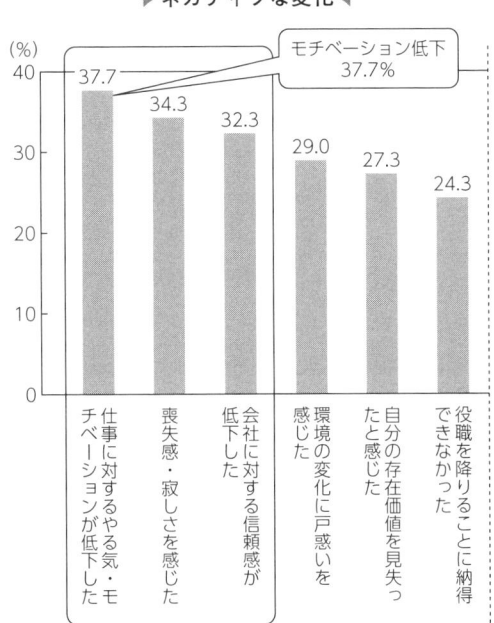

▶ネガティブな変化◀

出所：パーソル総合研究所・石山恒貴「ミドル・シニアの躍進実態調査」

60歳での定年・退出を前提としていた時代であれば，55歳でポストから降りたとしても，残りのキャリアは5年と短かったが，高年齢者雇用安定法で70歳までの就業確保努力義務が求められ，実務的にも65〜70歳までの継続就業が増えていく現在，ポスト・オフ後のキャリアは10年，15年と長くなる。ポスト・オフ後にも活躍の道を探すことが，個人としても企業としても重要な問題となってきたということだ。

ポスト・オフ後の活躍のために

　先ほどの調査データをさらに分析すると，ポスト・オフ後の不活性を導いてしまっているのは，「求められている役割が分からなかった」「相談を受ける機会が減った」といった役割の縮小実感である。管理職としてのリーダー的な役割がはく奪され，必要とされている実感が低下し，モチベーションを落としてしまいがちだ。

　そのため，企業人事としては，①スムーズな役割変更支援，②上司マネジメントの2つの側面からケアが必要である。

　まずは，ポスト・オフ後の役割のスムーズな委譲と明確化である。パーソル総合研究所と法政大学・石山恒貴教授による2017年の調査では，ポスト・オフ後に具体的な仕事内容の変更があった者は50代ポスト・オフ経験者の58.3％であった（パーソル総合研究所／法政大学 石山研究室「ミドル・シニアの躍進実態調査」）。

　シニアの具体的な役割としては，営業や製造の現場のプレーヤーに戻っていく以外にも，たとえばマネジメント層の相談・アドバイザリーや，特定技能の世代継承のための講師登壇，若年層のキャリア相談などがある。企業は，「自分で仕事を見つけてほしい」と放置することなく，これまでの業務経験を活かすような役割を，公式・非公式問わず柔軟に創出していく必要がある。

　特に上位管理職だった者には，そうした役割変更は大きなハードルとなる。「管理職」としてのアイデンティティが強い場合には，会社での自己の存在意義そのものを新しくする必要があるからだ。キャリア面談やキャリア研修，説明会や個別面談など，会社からのメッセージとして，新たな役割に対する期待感を伝達する機会を充実させたい。

　そして，２点目に重要なのが，再雇用後の上司のマネジメントである。役職定年後のミドル・シニア社員の多くは，配置転換によって新たな上司の下に配置されることが多いが，50代後半の場合，多くは上司の方が年下となる。年功的な組織秩序が色濃い日本企業は，年は上だが階層は下という関係性が，上司・部下ともに苦手。上司側が「ベテランなのだから，自分で仕事を見つけてほしい」と実質的にシニア従業員を放置してしまうのもよく見られるし，部下側も「自分よりも仕事に詳しくない者が偉そうに」といった不満を募らせやすい。これは，当事者の相性の問題ではなく，組織全体のエイジズムの問題である。エイジズムとは，年齢に基づいたステレオタイプや，偏見，差別のことだ。賃金カーブのフラット化が実現できても，組織に根付くそうした偏見意識は残りがちだ。

　対策としてたとえば，エイジズムについての知識や対処法を学ぶ研修訓練を導入することや，「年上部下」へのマネジメントの工夫を新たに教えなおすといった訓練を実施する企業もある。シニア課題を閉じたものとして捉えず，企業全体のダイバーシティ確保の観点から位置付けて捉えるためにも，このエイジズムの問題は見過ごすべきではない。

これからのポスト・オフ

　企業は，こうしたポスト・オフに対する準備や備えを，従業員任せにはできない。先ほどの調査では，役職定年前のタイミングでは33.3％が備えをせず，22.0％は「役職定年について極力考えないようにしていた」と回答した。しかも，この準備行動の有無は，役職定年が早めに知らされていようが直前に知らされようが，ほとんど変わらない。役職定年は，通常の定年と異なり，運用において「例外」が多く発生する。そのために，当人は「自分は残れる」と想定し，準備行動に消極的になっていることが示唆される。こうしたことも，上述した２方向からのケアが十二分に必要になる要因だ。

　年齢という実力と関連しない基準で役職を降ろすことになる役職定年は，年齢差別に厳しい欧米的感覚では認められにくいものだ。モチベーションへのケアや十分なコミュニケーション・説明などに努めつつ，慎重に実施したい人事施策の１つだ。

（小林祐児）

Q55
なぜリスキリングは重要なのか？

リスキリングが注目される背景

　近年，企業経営と人事管理の領域で，従業員のリスキリングに耳目が集まっている。「リスキリング」の語に厳密な定義は存在しないが，一般的には，業務上の技術や専門スキルを新しく獲得すること，そして企業がそのための学習機会を従業員に提供することを広く意味している。リカレント教育や生涯学習，大人の学び直しといった過去の関連用語よりも，促進主体が「企業」に重心が移り，より新たな知識・技能の獲得の側面が強調されることが多い。

　リスキリングは，2018年の世界経済フォーラムでの提議などをきっかけに各国の企業・政府が実践を拡大させ，日本でも広がりを見せている。構造的な人手不足・人材不足状況とともに，コロナ禍を経たDX（デジタルトランスフォーメーション）の流れ，人的資本経営のトレンドもここに合流した。バブル崩壊後，長期に渡って縮小傾向にあった日本企業の人材開発機能が久しぶりに活性化する兆しを見せている。

リスキリングの課題

　リスキリングを含めた企業の人材開発の見直しが進む中，大規模なe-Learningや，短期的なデジタル・リスキリング・プログラム提供，自己啓発型の研修など，様々な研修訓練を拡充する企業が増えてきた。

　しかし，同時に課題に浮上しているのが，肝心の従業員の学習習慣の欠如だ。企業の人材開発は，「研修に参加する従業員が一部しかいない」「学んでほしい人こそ学ばない」といった困難に改めて向き合うことになった。性別・年代を一定にして比較したパーソル総合研究所のグローバル調査では，社外学習を全くしていない就業者の割合は，世界平均で18.0％だが，日本は52.6％。市場のスキル需要に対応するためには，個人も組織も学び続ける必要があるにもかか

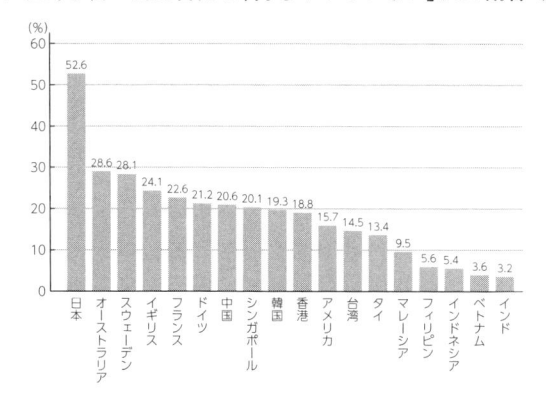

▶社外学習・自己啓発を「何もやっていない」人の割合◀

出所：パーソル総合研究所「グローバル就業実態・成長意識調査」
（2022年）

わらず，学び習慣のなさが顕著に示されている。

さらに，日本の就業者は自主的に学ばないだけではなく，学びを「秘匿」する習慣も広く存在する。2022年のパーソル総合研究所の調査でも，56.2％の学習者（正規雇用者）が，自身の学びやその内容を同僚に共有していない（パーソル総合研究所「学び合う組織に関する定量調査」）。これでは，たとえ組織内の少数が学んだとしても，組織全体に波及する効果が極めて低い。

学ばない日本人が生まれ続ける構造的理由

さて，このような日本の学習習慣の無さは，いったいどこから生まれるのだろうか。その要因は，①外部労働市場の側面と，②企業内キャリアの側面の双方から理解できる。概要だけ記そう。

まず①外部労働市場の特徴として，日本は企業横断的な「賃金調整」の機能，「職業資格整備」の機能，「社会人学習」の機能が貧弱である。欧米先進各国は，労働組合が職業別／産業別に発展したこともあり，ジョブを単位とした技術水準とそれに対する賃金相場・教育機能が市場サイドに発達した［☞Q11］。簡単に言えば，「何をどこでどのくらい学べば，賃金やポジションがどの程度上がるか」という水準が，企業の「外」に存在する度合いが強い。日本の労働市場では，伝統的にこれらの機能がすべて希薄だ。

この特徴に②の企業内キャリアの在り方が連動する。賃金・技術・訓練の水準を企業の「内部」に進化させた日本では，訓練のみならず異動配置の権限もまた企業主導で行われることが極めて多い［☞Q02］。ジョブ・ローテーショ

ンや配置転換を会社主導で行うことによって，個人が計画的かつ主体的に特定領域の知識を学ぶインセンティブは失われがちだ。

　リスキリングを含めた企業の人材開発課題への処方箋もまた，こうした背景の理解から導かれる必要がある。ここでは大きく2つの方向性を示しておきたい。

学び合う組織のために　①キャリア・パスの見直し

　まず見直されるべきは，やはりキャリアの仕組になる。より焦点を絞れば，日本の自発的学習を妨げるのは「会社主導での異動の対象が広く，その期間が長すぎること」だ。幹部層候補の絞り込みが遅く，管理職を含めた広い範囲の正規雇用者を，会社主導で配置転換し続ける。それが特定領域の職務能力を自発的に伸ばすことを妨げ，OJTに依存した限定的な学びを合理的にする。

　近年，多くの企業が公募制や社内FA制度などを拡充してきている［☞Q31，51］。そうした従業員の意思を尊重した異動ないしは昇進を促進し，特に中堅以降の従業員は異動範囲を狭め，特定の職務への関心と学習へのインセンティブを確保したい。また，そうしたキャリア制度に手を挙げるための意識を醸成させるため，キャリア面談やキャリア・イベントなど，自己のキャリアについて思考し，対話する機会を設ける施策も同時に必要だ。

学び合う組織のために　②コミュニティ・ラーニング施策の拡充

　2つ目の処方箋は，より組織レベルで学び合うことにフォーカスするものだ。学びを促進したい企業は，往々にして個人レベルの意欲やモチベーション向上の施策に偏りがちだ。しかし，従業員の多様性が高まる中で，個々人の心理に依存する発想はすぐに限界が来る。勝手に独学し合うのではなく，組織内で学び合い＝学習伝播が起こるような仕掛けも必要だ。

　そのためには，個別学習ではなくコミュニティ・ラーニング関連の施策や，学びの相談機会といったネットワーキング施策が有効である。そうした人を通じた「外発的動機づけ」のための施策こそが拡充されるべきだ。

コミュニティ・ラーニング施策の具体例

　コミュニティ・ラーニング施策の代表例としてまず注目すべきは企業内大学

（コーポレート・ユニバーシティ）の施策だ。企業内に設置される教育機関としての社内大学は，戦前から製造業中心に行われてきたが，近年ホワイトカラーを含めて業界横断的に再度広がりを見せている。経営者育成に特化したもの，デジタル領域を強化したもの，自己啓発の自由度を高めるものなど，多様な形態が現れてきている。人材開発リソースが不足しがちな中小企業も，複数企業で協力し合えばそうした教育プラットフォームを構築することもできよう。

　また，ピアツーピア学習やグループワークなど，対面で学び合う複数人をマッチングさせたり，学びの相談相手としてメンターやコーチを用意する取組みもある。さらに対象範囲を狭めれば，幹部層候補の選抜育成や，中長期の課題解決型プログラム，特別講義やゼミナールなどを活性化させることで，より深く学び合う仲間を創る機会になる。

　また，大手企業から取り入れ始めているプロボノ支援や社外副業支援などの越境学習の機会や，在籍出向，新事業開発・事業公募などによって，自組織・自社の外の他者との関わりを促進し，学びにつながる「まだ見ぬ出会い」を創ることができる。

リスキリングは教育プログラム提供にとどまってはならない

　リスキリングは，2020年ごろからの短期トレンドとして現れてきているが，その内実は，人材育成戦略という人事管理の主要領域にほぼ重なるものだ。本問で触れた以外にも，目標管理，評価制度，長時間労働是正，各種手当含めた処遇の在り方など，併わせて検討するべき観点は多い。

　また，学んだ知識やスキルは活用しなければ意味がない。特にDXという特定目的がある場合には，推進する組織構築や予算確保，プロジェクト組成といった事業側の変革を同時並行的に進めることも求められよう。「新たなスキルを活かしながら，必要に駆られて学ぶ」ことが従業員の学びを促進していく面もある。

　トレンドに流されるように教育プログラムを改定するだけの矮小な議論ではなく，人材戦略全体との整合性を見つつ，総体的な変革が必要になる領野であることは付言しておきたい。

（小林祐児）

参考文献

[Q03]

佐藤博樹・藤村博之・八代充史（2023）『新しい人事労務管理（第7版）』有斐閣アルマ。

[Q07]

佐藤博樹・藤村博之・八代充史（2023）『新しい人事労務管理（第7版）』有斐閣アルマ。

仁田道夫・久本憲夫（2008）『日本的雇用システム』ナカニシヤ出版。

久本憲夫（2011）「多様な正社員の具体化を」『日本労働研究雑誌』No.606 特集「日本的雇用システムは変わったか？―受け手と担い手の観点から」。

[Q09]

佐藤博樹・藤村博之・八代充史（2023）『新しい人事労務管理（第7版）』有斐閣アルマ。

一守　靖（2016）『日本的雇用慣行は変化しているのか―本社人事部の役割』慶應義塾大学出版会。

[Q11]

阿形健司（2010）「職業資格の効用をどう捉えるか」日本労働研究雑誌，No.594。

デビッド・マースデン（2007）『雇用システムの理論―社会的多様性の比較制度分析』NTT出版。

[Q13]

パーソル総合研究所（2021）「人事評価制度と目標管理の実態調査」
https://rc.persol-group.co.jp/thinktank/data/personnel-evaluation.html

Meyer, E., (2016). *The Culture Map: Decoding How People Think, Lead, and Get Things Done Across Cultures.*（田岡恵（監修），樋口武志（翻訳）（2015）『異文化理解力―相手と自分の真意がわかる　ビジネスパーソン必須の教養』英知出版）。

[Q19]

石山恒貴（2023）『定年前と定年後の働き方―サードエイジを生きる思考』光文社新書。

今野浩一郎（2014）『高齢社員の人事管理―戦力化のための仕事・評価・賃金』中央経済社。

日本経済新聞（2021年10月22日）「定年廃止，異業種人材の受け皿に　YKKAP・堀社長」。

[Q21]

一守　靖（2022）『人的資本経営のマネジメント―人と組織の見える化とその開示』中央経済社。

橋本　茂（2005）『交換の社会学―G・C・ホーマンズの社会行動学論』世界思想社。

パーソル総合研究所（2022）「人的資本情報開示に関する実態調査」
https://rc.persol-group.co.jp/thinktank/data/human-capital.html

Baruch Lev. & Feng Gu（2016）. *The end of accounting and the path forward for investors and managers.* John Wiley & Sons.

[Q22]

Harzing, A-W., Pudelko, M. & Reiche, B.S. (2016). The Bridging Role of Expatriates and Inpatriates in Knowledge Transfer in Multinational Corporations. *Human Resource Management*, 55(4), pp.679-695.

[Q23]

江口匡太（2007）「労働者性と不完備性─労働者が保護される必要性について」『日本労働研究雑誌』No.566,pp.37-47（梅崎修）

[Q24]

全農林警職法事件判決（最高裁判所大法廷昭48.4.25）

岩教組学テ事件判決（最高裁判所大法廷昭51.5.21）

[Q25]

経団連（2022）「副業・兼業に関するアンケート調査結果」

厚生労働省（2020）「副業・兼業に係る実態把握の内容等について」
　https://www.mhlw.go.jp/content/11201250/000660780.pdf

川上淳之（2021）『「副業」の研究：多様性がもたらす影響と可能性』慶應義塾大学出版会。

[Q26]

Mark, G., D. Gudith & U. Kloecke（2006）. *The Cost of Interrupted Work: More Speed and Stress*. https://ics.uci.edu/~gmark/chi08-mark.pdf

[Q28]

濱口桂一郎（2009）『新しい労働社会: 雇用システムの再構築へ』岩波新書。

ジェームス C. アベグレン（1958）『日本の経営』ダイヤモンド社。

慶應義塾大学産業研究所HRM研究会編　清家篤・濱口桂一郎・八代充史他著（2022）『ジョブ型vsメンバーシップ型』中央経済社。

[Q30]

佐藤博樹・藤村博之・八代充史（2023）『新しい人事労務管理（第7版)』有斐閣アルマ。

日本経営者団体連盟（1969）『能力主義管理─その理論と実践』日本経営者団体連盟。

杉山　直（2000）「職能資格制度における有効性と限界─非営利組織（私立大学を事例として)」『中京経営研究』第9巻第2号。

福井直人（2009）「日本企業における能力考課基準の変容─職務遂行能力からコンピテンシーへ」北九州市立大学『商経論集』第44巻1・2・3・4合併号。

小西琴絵（2020）「従業員の能力に関する先行研究の整理─人材育成システム再構築のために」『東海学園大学紀要』第25号。

パーソル総合研究所「グローバル就業実態・成長意識調査（2022年)
　https://rc.persol-group.co.jp/thinktank/assets/global-2022.pdf（2024.1.25アクセス)。

小林祐児「なぜ日本人は「仕事のための読書」すらしないのか…「日本人は世界一学ばない

怠け者」という誤解を解く」PRESIDENT Online 2023/2/17
　https://president.jp/articles/-/66591　（2024.1.25アクセス）。
経済産業省「人的資本経営の実現に向けた検討会報告書〜 人材版伊藤レポート２．０〜」
　report2.0.pdf（meti.go.jp）　（2024.1.31 アクセス）

[Q31]
経団連（2020）「人材育成に関するアンケート調査」
　https://www.keidanren.or.jp/policy/2020/008.pdf
厚生労働省「平成14年雇用管理調査」
　https://www.mhlw.go.jp/toukei/itiran/roudou/koyou/kanri/kanri02/3-3.html

[Q32]
Nadella, Satya（2017）*Hit Refresh*. New York: Harper Collins Publishers.
日経XTECH「マイクロソフトに学ぶ，働き方の意識改革」2016年11月８日。
　https://xtech.nikkei.com/it/atcl/watcher/14/334361/110100710/
Business Labor Trend「賃金・人事処遇制度と運用実態をめぐる新たな潮流 第11回 日本マ
　イクロソフト」独立行政法人　労働政策研究・研修機構　2014年12月。
　https://www.jil.go.jp/kokunai/blt/backnumber/2014/12/034-039.pdf
リクルートワークス「人事トップ30人とひもとく人事の未来　日本マイクロソフト 執行役員
　常務 人事本部長 杉田勝好氏」㈱リクルート　リクルートワークス研究所 2021年４月７日。
　https://www.works-i.com/column/whrmr2020_interviews/detail025.html

[Q33]
池田大樹（2021）「日勤労働者における睡眠負債・社会的時差ぼけと勤務間インターバルの
　関連性」『行動医学研究』Vol.26，No.2，53-57。
小野浩（2016）「日本の労働時間はなぜ減らないのか?：長時間労働の社会学的考察」『日本
　労働研究雑誌』677, 15-27。
久保 智英（2022）「オフの量と質から考える働く人々の疲労回復」，厚生労働省「これからの
　労働時間制度に関する検討会（2022年３月29日）」資料。
厚生労働省（2020）「勤務間インターバル制度導入・運用マニュアル」。
山本勲（2019）「働き方改革関連法による長時間労働是正の効果」『日本労働研究雑誌』702,
　29-39。
山本勲（2022）「アフターコロナに向けたウェルビーイングと生産性の両立」厚生労働省・
　雇用政策研究会資料。
山本勲（2023）「人的資本の稼働向上—従業員のウェルビーイング向上の方策とその企業業
　績への影響」日経スマートワーク経営研究会報告2023（第２章所収）。
三谷直紀（2012）「余暇と労働時間の長期的推移に関する経済理論と実際」『日本労働研究雑
　誌』625, 4-20。

[Q37]
奥西好夫（2001）「「成果主義」賃金の導入の条件」『組織科学』Vol.34，No.3。

小池和男（1991）『大卒ホワイトカラーの人材開発』東洋経済新報社。

立道信吾（2009）「成果主義がモラールと生産性に与える影響 飴か鞭か」『社会学評論』60
(2), 225-241。

立道信吾・守島基博（2006）「働く人からみた成果主義」『日本労働研究雑誌』554, 69-83。

日本労働研究機構（1998）『国際比較：大卒ホワイトカラーの人材開発・雇用システム──
日・米・独の大企業(2)──アンケート調査編』調査研究報告書No.101. 日本労働研究機構。

八代充史（2011）「管理職への選抜・育成から見た日本的雇用制度」『日本労働研究雑誌』
606, 20-29。

山本紳也（2006）「コンサルタントが見た成果主義人事の15年」『日本労働研究雑誌』(554),
61-68。

[Q39]

厚生労働省（2023）「仕事と育児の両立等に関する実態把握のための調査研究事業 令和4年
度厚生労働省委託事業労働者調査報告書」

Mincer, J. & Ofek, H. (1982) "Interrupted Work Careers: Depreciation and Restoration of
Human Capital", *Journal of Human Resources*, Vol.17, No.1, 3-24.

Williams, J., Blair-Loy, M. & Berdahl, J. L. (2013) Cultural schemas, social class, and the
flexibility stigma. *Journal of Social Issues*, 69(2), 209-234.

[Q40]

Freeman, R. B. & Medoff, J.L. (1984) *What Do Unions Do?*, NewYork: Basic Books.（島田晴
雄・岸智子訳『労働組合の活路』日本生産性本部, 1987年）

Hirschman, A.O. (1970) *Exit Voice and Loyalty: Responses to Decline in Firms,
Organizations, and States*, Harvard University Press.（矢野修一訳『離脱・発言・忠誠─
企業・組織・国家における衰退への反応』ミネルヴァ書房, 2005年）。

[Q41]

武石恵美子（2022）「転勤施策の運用実態と課題─勤務地を決めるのはだれか」『日本労働研
究雑誌』No. 746, pp.15-30。

佐藤博樹・松浦民恵（2024）「ハイブリッドワークにおける管理職のマネジメント：生産性
向上と部下育成に向けた対応」『日本労務学会第54回全国大会研究報告論集』。

[Q42]

リクルートワークス研究所（2015）「中国・タイ・インド・アメリカ・日本 マネジャーの
リアル─仕事とキャリアの国際比較」。

B.B. Nielsen & S. Nielsen. (2013) Top Management Team Nationality Diversity and Firm
Performance: A Multilevel Study. *Strategic Management Journal*, 34, pp. 373–382.

[Q44]

Harzing, A-W. (2001) Who is in Charge? An Empirical Study of Executive Staffing

Practices in Foreign Subsidiaries. *Human Resource Management*, 40(2), pp.139-158.

Harzing, A.-W., Pudelko, M. & Reiche, B. S. (2016) The Bridging Role of Expatriates and Inpatriates in Knowledge Transfer in Multinational Corporations, *Human Rsource Management*, 55(4), pp.679-695.

Nomura Research Institute Consulting & Solutions India (2023).

Lee, H., Yoshikawa, K. & Harzing, A. (2022) Cultures and institutions: dispositional and contextual explanations for country-of-origin effects in MNC 'ethnocentric' staffing practices. *Organization Studies*. 43(4), pp. 497-519.

[Q47]
人事院（2012）『平成24年度年次報告書』第 1 編第 2 部第 1 章第 1 節「 1 　グループ別人事管理の概要」。

[Q48]
人事院（1999）『平成11年度年次報告書』第 1 編第 1 部第 2 章第三「 2 　政治との関係における公務員の役割」。

[Q49]
独立行政法人経済産業研究所「日本における労働分配率の決定要因分析」（2020）。
玄田有史（2017）『人手不足なのに なぜ賃金が上がらないのか』慶應義塾大学出版会。
日本銀行ワーキングペーパー（2022）「わが国の生産性動向」。
OECD Economic Surveys: Japan (2019).

[Q51]
Gratton, Lynda & J. Scott, Andrew (2016) *The 100-year Life*. London: Bloomsbury Information Ltd.

[Q52]
厚生労働省（2022）『令和 4 年版　労働経済の分析―労働者の主体的なキャリア形成への支援を通じた労働移動の促進に向けた課題』。

[Q53]
大湾秀雄・佐藤香織（2017）「日本的人事の変容と内部労働市場」川口大司編『日本の労働市場』有斐閣. pp.-20-49。
吉川克彦・坂爪洋美・高村静（2023）「日本における「遅い昇進」に変化は起きているのか？ ―管理職昇進時年齢の変化とその要因に関する実証研究」『日本労働研究雑誌』No.756, pp.62-74。
上原克仁（2007）「大手企業における昇進・昇格と異動の実証分析」『日本労働研究雑誌』No.561, pp. 86-101.
佐藤香織（2020）「管理職への昇進の変化―『遅い昇進』の変容とその影響」『日本労働研究雑誌』No.725. pp43-56.

Part II

人材マネジメントの理論

経営学

労働経済学

労働法

第1章　経営学から見た日本の人材マネジメント

1　経営学と人材マネジメント

　経営学とは，その名が示す通り組織の経営についての研究分野だ。組織は，何らかの目的を達成するために協働する人間の集団であり，人間が営む経済・社会活動の一部をなす。このことを反映して，経営学は，経済学，社会学や心理学など，様々な研究分野の影響を受けて発展してきた。経営学は企業，非営利組織や行政組織といった多様な組織を分析対象とし，組織と外部環境との関わり（例：戦略論やファイナンス論）や，組織内部の仕組みや体制（例：組織行動論や情報システム論），組織のダイナミズム（例：アントレプレナーシップ論やイノベーション論）を扱う。

　人材マネジメントは，経営の中でも特に，組織内部の「人」に関わる方針，制度，施策を扱う活動である。組織とは人の集団であり，経営の目的は，一人ではなし得ない成果を，組織を通じて成し遂げることだ（組織が目指す「成果」の具体的な内容は，個々に異なる）。経営が扱う資源は，ヒト（人）・モノ（設備や装置）・カネ（資金），さらには情報（技術やノウハウ，データ）と多岐にわたるが，「人」にはそれらの中で特筆すべき特徴がある。それは，人は組織の所有物ではなく，自分の価値観や信念を持ち，自らの人生を生きている，ということだ。組織の経営者が，働き手が独立した存在であることを無視し，意のままに扱うとすれば，それは現代の奴隷である。働く人々が「この仕事，職場は，自分にとって意味がある」と感じないかぎり，人の意欲は高まらず，その能力を十分に発揮することはない。また，組織から去ってしまうかもしれない。よって，経営の視点からすれば，人は「価値創造の手段」であるのと同時に，「価値提供の対象」でもある[1]。この二面性が，人のマネジメントに特有

---

[1]　こうした，従業員を企業にとっての働き手であると同時にステークホルダーでもあると見る考え方の歴史は古く，たとえば，Beer et al.（1984）などが論じている。

な課題をもたらす。

　この章は，大きく３つのパートで構成する。最初のパートでは，経営学の視点から，人材マネジメントにおける幾つかの根本的な課題について議論を行う。具体的には，①組織と個人の雇用関係，②組織内における個人の協働，③外部環境適応のための組織能力の構築，という３つの視点から，人材マネジメントが直面する課題について検討する。下図にこれらの３つの視点を模式的に表す。

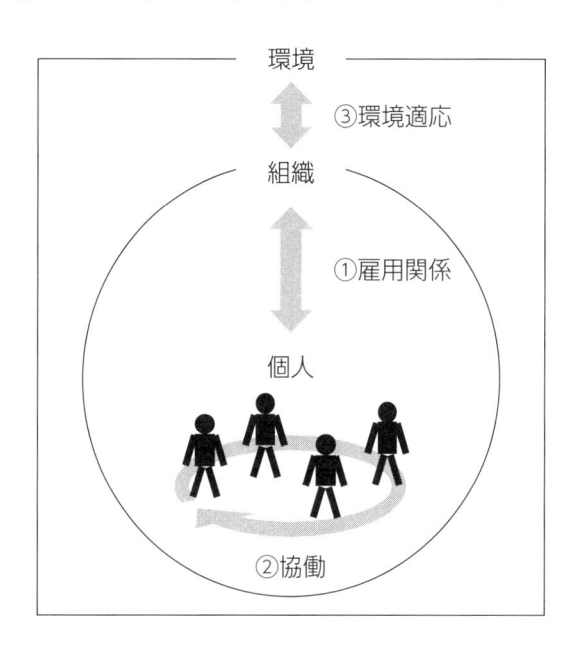

　その上で，日本における伝統的な人材マネジメントが，それらの課題に対してどのような解決策を提供してきたのか，また，人材マネジメントの様々な側面（たとえば採用や評価，昇進など）がどのように有機的に組み合わさり，機能してきたのかを議論する。なお，読者によっては伝統的な人材マネジメントとして議論する内容が古臭いものと感じるかもしれない点をあらかじめお断りしておく。今まさに，人材マネジメントには大きな変化が生じているからだ。本稿の最後で，こうした変化と今後の展望について議論する。

　人材マネジメントの議論は，経営の立場，人事部門の立場，働く人の立場，といった様々な立場から論じることが可能だ。本章では，経営学がそもそも組

織の経営を扱う学問領域であるということを踏まえ，特に経営の立場から議論を行う。また，経営学は，20世紀から21世紀を通じて様々に発展してきたが，この章では，特に古典ともいうべき，比較的初期の議論を主に扱う。その意図は，時を超えて重要な本質的課題について骨太な議論を提供することにある。

2　人材マネジメントにおける根本的課題

（1）組織と個人の雇用関係

　人は雇用を通じて組織の一員となる。日本で働く人の大多数は被雇用者，すなわち，誰かによって雇用されている[2]から，雇用されて働くというのは我々にとって馴染みの深いものだ。では，そもそも，雇用とは何だろうか。この問いに応えるために，雇用以外の働き方である独立開業と対比して考えてみよう。独立開業すれば「自分が自分のボス」であり，誰からも指示をされずに，自身の判断で活動できる。しかし，事業がうまくいかなくなれば，その結果はすべて自分に降りかかる。売上がなければ収入はゼロである。一方，組織に雇用されれば，組織の経営者，また，管理職の指示のもとで仕事に取り組むこととなる。すべてが自分の思い通りにできるわけではなく，自由は制限される。一方，働く組織の業績が多少落ちたとしても，自分の収入がそれに比例して落ちることはまずない。ボーナスや成果給が変動するとしても，丸ごと給与がなくなるようなことは起こらない。このように，雇用には個人にとって「自由」と「安定」の取引という側面がある。経営者，管理職の指示命令権限に従う，という不自由を引き受ける代わりに，収入の安定を手に入れる，と言うわけだ[3]。収入の安定は衣食住に直結する。そう考えれば，雇用を選ぶ個人が多数を占めることは納得できる。そして，雇用保障［☞Q20，41］が人事における重要なトピックであることは自然なことだ。

　一方，企業の側から考えるとどうだろうか。「人を雇用する」ことと「独立

2　2022年度の労働力調査（総務省）によれば，日本における同年の労働力人口が6,902万人，そのうち被雇用者は6,041万人である。

3　H. A. Simon（1951）を参照されたい。なお，管理職の指示命令権限にも限界はある点に留意されたい。労働者が受け入れないようなものは実行不可能だからだ。

開業している個人事業者に業務を委託する」ことを対比してみよう。後者の場合，任せる業務の内容や成果物，それに対する報酬，その他様々な条件を取り決めた上で，個人事業主と契約を結ぶ。業務の内容や条件が変化した場合には，再交渉をして，契約を改めることが必要となる。さらに，業務委託先がきちんと求められた範囲の業務を行ったか，また，その過程で自社固有のノウハウや技術が相手に流出していないかなどをモニタリングする必要がある。これらは，外部者と取引を行うコストと言える。一方，雇用した従業員に仕事を任せる場合には，こうした手間を抑えることができる[4]。経営者や管理職の判断によって，仕事の任せ方や目標を変更することが可能だし，自社のノウハウや技術を自社内で扱うわけだから流出を心配する必要は低い。このように，柔軟な変化が求められる場合や，自社に固有な資源を扱う場合には，事業者に業務委託するよりも，人を雇用して社内で仕事を行うほうが，効率が良い場合が多い。

　このように個人と組織，それぞれにとって雇用を選ぶことにメリットがある。しかし，それは両者の思惑が一致することを意味しない。むしろ，両者の間には，緊張関係がある。個人からすれば，できるだけ安定（雇用や収入を将来にわたって確保できる）と自由（自分自身で仕事内容や働き方，働く場所などを選択できる）の両方があることが望ましい。一方，経営者からすれば，安定と自由はトレードオフになりがちである。企業を取り巻く環境が変化することで，組織で必要とされる仕事が変化するからだ。安定雇用を従業員に約束する場合，経営者は事業や職務，拠点間で柔軟に人を再配置する権限を持つ必要がある[☞Q02, 41]。これはつまり，個人の自由を制限するということだ。逆に，人が特定の職務や拠点で働きつづける自由を望み，経営者の判断で配置転換されることを拒むならば，安定を約束することは困難だ。環境変化の結果，組織の中で必要性が低下した仕事に執着する人材に給与を支払い続けることは，組織の存続を危うくするし，他の従業員にとってアンフェアだからだ。このように，個人が安定と自由の両方を望むとしても，経営者は安易に両方を約束できない。

　人材マネジメントの重要な役割の1つが，こうした緊張関係を扱うことだ。

4　実際には，雇用にも取引コストは発生するが，ここでは議論の単純化のために割愛している。雇用契約の特性やコスト，制約についてのより詳しい議論については，Coase（1937），Williamson（1991）などを参照されたい。

個人が求める雇用のあり方も一様ではない。限られた日時や場所で働くことを重視する人もいれば，フルタイムで働くことを望み，場所にもこだわらない人も存在する。こうした多様性を踏まえた雇用関係のデザインが経営には求められる。

（2）組織内における個人の協働

　組織は分業と協働の体系である。1人ひとりが異なる役割を担い，互いに情報共有したり，調整をしたりすることによって，組織全体としてスムーズに仕事をこなす。しかし，こうした協業は，なぜ成り立つのだろうか。人はみな，自分の人生を生きており，異なる価値観や信念を持つ。それゆえ，相互の利害や判断が必ずしも擦り合うとは限らない。各自が自分の優先順位に沿って行動すれば組織はバラバラになってしまう。それを防ぎ，協働を促すメカニズムが必要だ。ここでは主要なメカニズム3つを紹介したい[5]。

　まず，基礎になるのは，「経営者の権限による統制」だ。経営者や，経営者から権限委譲を受けた管理職が，個人の役割や職場のルール，手続を定め，人々にそれらに従うよう求め，組織を機能させる，というものだ[6]。上で議論した通り，雇用関係に入ることで，個人は，経営者や管理職の権限に従い，その指示のもとで行動することを受け入れる。これは組織における統制の基礎である。ただし，このメカニズムだけでは，個々の人材が持つ能力や意欲を引き出し，十分に発揮させることは困難である。極端に言えば，組織の歯車となって，求められた役割を指示やルールに基づいて果たしているだけ，言われた以上のことはしないからだ。経営者や管理職が予期しないような出来事が発生した場合や，個人間，部門間での齟齬が起きた場合でも，自律的に調整をするわけではないから，組織としての機敏さ，柔軟性に欠ける。

　次に，「報酬による動機付け」がある。業務上の行動や成果に対して報酬を紐づけることによって，個人の努力を促進する，というものだ。ここでいう報酬には，金銭的な給与以外にも福利厚生や，能力開発の機会，昇進昇格，意義

5　Simon（1991）やMarch & Simon（1993）等を参照されたい。
6　組織の構造やルール，手続き等を合理的に設計し，経営者，管理者の指示に基づいて行動することを求める体系を官僚制（Weber, 1921）と呼ぶ。

を感じる仕事に取り組む機会，認知と称賛など，様々なものがある。頑張れば報酬が得られる，と感じることは，人の努力を引き出す。人事評価において業績やプロセスを評価し，報酬や昇進などに反映することが多くの企業で行われているのはこのためだ[7]。この仕組は，人間の努力を引き出す上で効果的だ。一方，欠点も存在する。人が人を評価する以上，評価には常に公平性の問題がつきまとう。また，自身の評価につながる仕事は頑張るが，そうではない仕事を嫌がる，といったこともあるだろう。さらには，業績目標を達成するために，行き過ぎた行動（たとえば，不正）をとってしまうことも起こり得る[☞Q12]。

　3つ目が，「組織アイデンティフィケーション」の醸成だ。組織アイデンティフィケーションとは，個人が「自分は組織の一員である」と強く感じ，そのことに誇りを持ち，大切にしていることを指す。組織アイデンティフィケーションを強く持つ人は，主体的に他の従業員と協働し，組織の成功に貢献しようとする[8]。というのも，こうした人々にとって，組織の成功はすなわち（その一員である）自分の成功でもあるからだ。そのため，誰からも指示されず，報酬による動機付けがなくても，自ら行動する。こうした行動は，集団として生き，進化してきた社会的生物である人間の心理に根ざしたもので，現代の組織においても広く見られる。このメカニズムは，1人ひとりが状況を踏まえて自発的に組織のために行動する，という点で，柔軟性が高く，上の2つのメカニズムを補完する役割を果たす。ただし，弱点もある。人の感じ方は，個性や状況によって様々に異なり，皆が組織アイデンティフィケーションを強く持つわけではない。また，強固な組織アイデンティフィケーションは，今の組織の在り方を守ろうとする心理を刺激するため，変化への抵抗にもつながりうる。

　このように，組織の中における人の協働を促すメカニズムには，それぞれに強みと弱みがあるため，いずれか1つではうまくいかない。それだけ，人間とその集団は複雑な存在だ。経営者は，多様な施策の組み合わせによってこうしたメカニズムを機能させ，個人間の協働を促進する必要がある。具体的には，

7　20世紀初頭に科学的管理法を提唱したFrederic Taylorは，生産性を報酬に関連づけ労働者の努力を促すことを提唱している。これはまさに，「報酬による動機付け」の例と言える。

8　組織アイデンティフィケーションの個人の行動への影響や，その形成については，Ashforth, Harrison, Corley（2008）を参照されたい。

効果的に組織を動かすことができる次世代の経営幹部，管理職を育成し，登用すること，評価や報酬などを通じて人々の動機付けを行うこと，そして，意義ある組織目的を掲げ，従業員が自分を組織の一員であると感じる機会を設けることで，組織成員としてのアイデンティティを育むことなどが挙げられる。

（3）環境適応のための能力構築

　組織は，製品やサービスを通じて顧客に価値を提供する。価値提供を持続的に行うためには，独自の経営資源を備えることが必要となる[9]。特に，今日においては，技術，プロセス，ノウハウ，パートナー，ブランド，意思決定の基準，文化といった無形の経営資源（または知的資産ともいう）が経営上，重要な役割を果たす。それに加えて，組織や顧客を取り巻く環境は変化するから，組織は既存の経営資源を磨くとともに，新たな経営資源を獲得する，また，新たなやり方で経営資源を活用する方法を見出すことが必要だ。

　組織で働く人々は，組織が持つ技術やノウハウ，ブランド，意思決定の基準や文化を学び，内面化し，自らの仕事において実践する。また，新たな技術の創出など，経営資源の革新を担うのもまた，人である[10]。よって，経営者は人材を育成するメカニズムを構築し，人材の経験やスキルを評価し，適切なポジションに配置していかなければならない。特に，自社の中核となる人材を育成，確保していくことは重要だ [☞Q10]。組織独自の経営資源の担い手たる人々が流出すること，また，その継承が途絶えることは，持続的な価値提供を危うくする。同時に，人々による改善や創造を促進し，それを経営資源の進化につなげていく必要がある。そこでは実験的な取組みを促し，失敗も含めて学びとしていくことが不可欠だ。よって，個々の人材が，問題意識や目的意識を持ち，それを行動に移し，周囲を巻き込み，思い切って動けるような環境を作り出すことが重要となる。上から与えられた目標の達成のみに汲々とする職場や，一度の失敗で将来の機会がなくなるような環境では，創造性の発揮は困難だ。

　これに加えて，外部から知を新たに獲得し，自社の変革につなげることも時

9　独自の経営資源と持続的競争優位に関する議論については，Barney & Hestery（2018）を参照されたい。
10　こうした革新における人の役割については，Nonaka & Takeuchi（1995）を参照されたい。

に必要となる。AIをはじめとした急激な技術の発展や，サステイナビリティ
への懸念に伴う産業構造の転換など，急激な環境変化の下では特に重要だ。新
たな業務が生まれ，新しいスキルが必要となる一方で，既存の仕事が消滅し，
これまで必要とされてきたスキルや経験が役に立たなくなる。こうした際には，
既存の人材にリスキリングを促すこと［☞Q55］，また，外部から社内にない
スキルや経験を持つ人材を採用すること，さらには，組織内に活躍の場がなく
なった人々に（社外も含めて）他の仕事に挑戦することを促していくことが必
要となる。

　このように，環境適応のためには，性質の異なる２つのアプローチが必要と
なる。組織内部における持続的な改善には，組織内での人材育成と実験的取組
みの促進が重要となる。一方で，急激な環境変化に際しては，組織内部に存在
しない知識を取り込むため，人材構成の再編と，内部人材への学び直しの促進
が必要となる。上述の通り，組織を取り巻く環境は，時に急激に変化する。
よって，環境を踏まえて人材マネジメントの力点を切り替えることが経営者に
は求められる。

3　日本の伝統的な人材マネジメントを俯瞰する

　次に，日本の伝統的な人材マネジメントが，こうした課題に対して，どのよ
うに対応してきたのかを見ていこう。

（1）正社員を核にした雇用関係

　日本の伝統的な人材マネジメントの特徴で，もっともわかりやすいものの１
つが，正社員制度である。正社員は雇用に期間の定めがなく，一度入社すれば
定年までの雇用が期待できる。一方，正社員には，異なる部門や職種，拠点へ
の人事異動を受け入れることが期待され，個人的事情によって異動を拒絶する
ことは，原則として許されなかった。よって，日本の正社員という雇用形態の
特徴は，「高度な安定的雇用」と「強い経営者の権限と，それに伴う個人の自
由の限定」にある。

　経営上の柔軟性という視点で正社員制度を評価してみよう。より詳しくは，

「機能」における柔軟性と，「量」における柔軟性だ[11]。機能における柔軟性とは，事業環境が変化し，必要とされる仕事の内容が変化したときに，機敏に組織を再編して対応できるか，ということだ。それに対して，「量」における柔軟性とは，需要が変化し，必要な仕事のボリュームが上下したときに，柔軟に対応できるか，ということを意味する。

　正社員という雇用形態は，「機能」における柔軟性をある程度，担保してくれる。経営者が従業員に，職種転換や勤務地の変更を命じることができるからだ。個々の人材が行う仕事の内容を柔軟に組み換え，人そのものを解雇や採用せずとも，事業や業務を再構築していくことができる。もちろん，「機能」の柔軟性には限界がある。というのも，人間が新しいスキルを学ぶスピードには限界があるからだ。急激に進むAIの進化に合わせて，デジタル人材を育成するのだ！　といっても，これまで全くITに馴染みのない人が技術に熟達するには，相当の時間を要するだろう。ビジネスが拡大基調にあれば新たな人材を外部から雇用して充てることが可能だが，そうでなければ安易に人を増やすわけにもいかない。正社員雇用の中では人はあまり辞めないし，経営都合で解雇することも困難だ。希望退職を募るなど，何らかの形で既存の人材の退出を促しつつ，新たな人材を採用する，といった手立てが必要となる。その意味で，正社員雇用は，じわじわと起きる漸次的な変化への対応は得意でも，急激に起きる破壊的な変化への対応には限界がある（この点については，外部環境への適応に関する議論で改めて述べる）。

　「量」に関する柔軟性にはかなり制約がある。景気が悪化し，あらゆる部門で需要そのものが落ち込んだ場合を想定してみよう。そうした場合，配置転換をする先がない中，迅速に人員を減らすことができないため，労働力の余剰が発生してしまう。逆に，景気が良くなったらどうだろうか。正社員を増やせばいい，と考えるかもしれないが，いずれ景気が悪化したときに，そうした人材が余剰となって業績を圧迫しかねない。よって，安易に正社員数を増やすこともできない。こうした「量」の問題に対して，日本企業は2つの方法で対処してきた。第1は正社員以外の，より柔軟に人数の調整が可能な雇用形態を組み

11　組織の柔軟性についてはAtkinson（1984）を参照されたい。

合わせることだ。具体的には，かつての女性一般職[12]，また，2000年代以降の非正規雇用［☞Q07，08］が，組織全体としての「量」の柔軟性の確保の役割に活用されてきた。2008年などの景気悪化時の「雇い止め」はまさにこの一例だ。正社員の雇用は守りつつ，それ以外の人々を調整対象とするのだ。第2が，時間外労働，すなわち残業である。業務量が多いときであっても，正社員を増やさず，彼ら彼女らが残業を行うことを前提に人員管理を行う。これにより，景気後退期など需要が大きく減った際には残業を削減することで，雇用削減をせずとも「量」の調整が可能となる[13]。時間外労働は，様々な意味で批判の対象となっているが，それは正社員の安定性と引き換え，という側面も持っているのだ。

（2）組織における幅広い協働の促進

日本の人材マネジメントはまた，組織における協働の在り方にも強い影響を及ぼしている。具体的には，上で紹介した3つのメカニズムのうち，報酬による動機付けと，組織アイデンティティによる自律的行動の促進を，一般従業員から中間管理職までの広範囲の人々に及ぼしてきたことが，伝統的な日本の人材マネジメントの特徴である。

正社員という雇用関係は，新卒採用に始まり定年で終わる長期にわたるものだ［☞Q01］。大学を卒業したばかりの職務経験のない人材を一括して採用し，新入社員研修を経た彼ら彼女らを各部署に配属する。そして，職場の先輩たちが仕事を通じて育成する。さらに，数年ごとのローテーションを通じて様々な部門や仕事に配置し，経験を積ませていく。登用や異動によって空くポジションは，社内から誰かを登用したり異動したりすることによって埋めていく。こうした，組織内部で人材を動かし，ポジションに配置することを内部労働市場といい，日本の伝統的な人材マネジメントにおける大きな特徴の1つである［☞Part II 第2章］。これに伴い，組織間の転職市場（「外部労働市場」という）はあまり発展せず，限定的な役割を果たすにとどまってきた。新卒というすぐ

---

12 Houseman & Abraham（1993）は，1970-1989年の雇用統計データの分析をもとに，日本企業が経済の変動に対するバッファとして女性雇用を活用してきたことを指摘している。
13 正社員雇用が残業を促す効果については水町（2010）を参照されたい。

には成果を出せない人材を採用し育てることは，経営にとっては大きな投資だが，転職して辞めていく人材が少ないため，長期的な貢献というリターンが得られるのだ。

　この仕組の中で大きな役割を担ってきたのが年功的な昇進昇格だ［☞Q03，04］。同期で新卒入社した人々の多くが，（多少の差はつくとしても）同じようなタイミングで昇進昇格していく[14]。さらに，評価でも明確な差をつけない（特に，ネガティブな評価を避けることが多い）慣行も見られる［☞Q13，37］。こうした仕組のもとでは，誰が経営から評価されているのか，将来の幹部候補として期待されているのかが，長い期間はっきりしない。企業によっては，40代半ばに至るまで，明確な差がつかないような例も多い。アメリカにおいて，将来の幹部候補として登用されていく人と，そうした対象とならない人に，より早期に差がつくことと比較して，日本の組織では「遅い選抜」が行われている，という指摘を受けてきた［☞Q53］。

　これら一連の人材マネジメントの仕組は，日本の組織における協働の在り方に大きな影響を及ぼす。新卒採用により他社で働いた経験のない人材を採用し，一斉に新入社員教育を行うことは，組織成員としてのアイデンティティの形成を促進する。それらの人材が長く組織に留まり，部門や職種を跨いで様々な仕事を組織内で経験することで，組織アイデンティティはさらに強化される。特定の部門や職種よりも，組織がアイデンティティの源泉となっていくのだ。日本のビジネスパーソンは，自分が働く組織のことを指して「うちの会社」という表現をよく使うが，このことはまさに「組織の一員としての自分」という心情の強さを表している。

　一方，「遅い選抜」により，同期入社の人材の間であまり差をつけず，評価をはっきりさせないことは，新卒入社から40歳代中盤に至る長い期間，多くの人々が「自分は今後も，昇進昇格し，報酬が上がっていく機会があるだろう」という期待を持ち続けることにつながる。管理職になることを望まない人は多くても，職能資格が上がることや，昇給することを期待しない人は少ない。

14　多くの企業が成果主義人事のもと，年齢や年次は昇進に考慮していない，としているが，実際には様々な仕組によって年功的な運用が維持されてきた。この点については，八代（2011）を参照されたい。また，昇進と昇格は人事上，異なる概念であり，本来はより丁寧な議論が必要だが，ここでは紙幅の制約から割愛する。詳しくは「はじめに」およびQ03，Q04を参照されたい。

よって，こうした期待を維持することの動機付け効果は軽視できない。逆の状況を考えてみよう。仮に，早期から評価される人とされない人の差がはっきりし，同期入社した人材がどんどん昇進や昇格していく中で，自分が取り残されていけば，どう感じるだろうか。先に期待が持てないと感じ，モチベーションダウンすることは想像に難くない。長期雇用の環境下ではその状態で長く働き続けることになってしまう。その意味で，「遅い選抜」の仕組は日本の正社員雇用にフィットしている。

これらの組み合わせは，日本の組織における「現場力」を支えてきたと考えられる。一般従業員から中間管理職に至る人々が，部門や階層を横断して，組織に対する強いアイデンティフィケーションを持ち，長期間にわたって（将来の昇進昇格とそれに伴う昇給という）報酬による動機付けを持つ。この組み合わせによって，組織のために頑張り，互いに協働する職場が実現するのである（もちろん，はっきりと昇進昇格に差がつくタイミング以降に，モラルダウンする人材が出ることは否めない。いわゆる「働かない中高年」問題はここに一因があると考えられる）。

一方，こうした仕組のもとでは，早期に経営幹部として活躍するポテンシャルを持つ人材を登用し，自ら意思決定をして組織や事業をリードする経験をどんどん積ませることは難しい。特定の人を早く登用することは，それ以外の人たちのモチベーションを下げる恐れがあるからだ。その意味で，日本の人材マネジメントの仕組は，経営リーダー人材を積極的に育成することには相対的に向いていないと言えるだろう。

（3）企業特殊知識を持つ人材の長期的な育成

内部労働市場を中心にした人材マネジメントはまた，組織の外部環境への適応においても大きな役割を果たす。日本の組織において，人々は長期間，同じ組織の中で，様々な部門の様々な仕事に取り組むことを通じて，「自社ならでは」の技術やノウハウ，意思決定の在り方や行動様式を内面化し，体現していく。これを，企業特殊知識[15]という。こうした企業特殊知識は，組織内において有効である一方，他の組織に転職すればその価値は低下してしまう。結果的に，企業特殊知識の習得を促進することは，転職のメリットを下げ，勤続を

促進する効果がある。さらに，皆がそうした「自社ならでは」の技術やノウハウ，意思決定の在り方や行動様式を共有していることは，ローテーションを通じて部門を超えた人脈のネットワークが作られていくことと相まって，組織内における縦横のコミュニケーションの円滑化，言い換えれば，阿吽の呼吸のコミュニケーションにつながる。こうしたことの組み合わせにより，日本企業内には，必ずしも言語化できないことも含めた複雑な企業特殊知識が人々に共有され，蓄積されていく。こうした蓄積は，他の組織が容易に模倣することができない，独自の経営資源であり，持続的競争優位性の源泉になりうるものだ。

　一方で，日本の人材マネジメントのもとでは，外部から新しい考え方やノウハウを大胆に取り入れることや，既存のやり方や考え方から逸脱するようなラディカルな変化に取り組むよう従業員に促すことは困難だ [☞Q30]。新卒で採用され，長い時間をかけて内部育成された人材は，自社の仕事の仕方，考え方を吸収していくため，自然と同質的になる。また，社内の人々や取引先にコミュニケーションが閉じがちであるため，既存のビジネスの枠組みをはみ出すような刺激を得る機会は限られる。加えて，強い組織アイデンティフィケーションは，外部からもたらされたアイデアや考え方に対する否定的な姿勢につながりうる。自社の在り方に忠実であろうとするばかりに，それと異なるものを拒否してしまうためだ。さらに，長期雇用に基づく内部労働市場を前提にした人材マネジメントの下では，大胆な人材の入れ替えは難しい。このように内部労働市場を中心にした人材マネジメントの在り方は，「日本企業が持続的改善を必要とする産業で国際的な優位性を持つ一方で，ラディカルな変化を必要とする産業では劣後する傾向がある[16]」ことの原因の1つであると指摘されてきた。

　加えて，濃密に共有された企業特殊知識を形成する日本の人材マネジメントは，グローバルな経営においても挑戦を生み出す。海外拠点で働く人々が，必ずしも日本で採用され内部登用された人々と同じような経験を積むわけではないからだ。多くの国において，労働市場は日本よりも流動的だ。また，日本か

15　概念的には企業以外の組織にも当てはまるが，経営学においてfirm-specific knowledgeという用語が広く使われているため，ここではその訳語として企業特殊知識を用いる。
16　Hall & Soskice（2001）を参照されたい。

ら海外拠点への赴任はあっても，海外拠点から日本への赴任は限られている[☞Q44]。結果として，海外拠点で採用した人材が，日本において共有されている企業特殊知識—技術やノウハウ，意思決定の在り方や行動様式—を学ぶ機会は限られてしまう。これでは，日本におけるような阿吽の呼吸のコミュニケーションは，言葉の問題も相まって，日本と海外拠点の間では機能しづらい。このことが，海外の人材を海外拠点トップへの登用が進まず，本社からの赴任者を通じたグローバル経営が続く一因となっている。これでは，日本の本社からの視点だけでなく，海外各地からの視点も活かすグローバル経営の体制を実現するのは困難だ。

4　日本の人材マネジメントが直面する挑戦

　ここまで議論してきた伝統的な日本の人材マネジメントは，現在，大きな変化の時を迎えている。以下に，そうした変化を促す主要な要因について確認する。

- 日本の高齢化，人口減少に伴い，労働力人口が大きく減少していく。女性活躍の促進［☞Q15，16，36，43］や，高齢者の雇用継続と活躍促進［☞Q19，54］が行われ，外国人労働者数も拡大を続けている[17]が，それでもなお労働供給不足が生じることが予測されている[18]。

- 人々が，自分の人生をもっとコントロールしたい，と考える傾向が強まっている。自分の選んだ職種で働き続けたいと考える人や［☞Q02，29］，組織の都合で転勤させられたくないと考える人々が増えていること［☞Q41］に顕著に現れている。

- 様々な産業で競争のあり方が変化し，不確実性が高まっており，組織は，自社の既存の経営資源を生かしつつ，大胆な変化に取り組む必要性に直面している。このことは，リスキリングへの注目の高まり［☞Q55］にみてとれる。個人の自律性を高めようという試みもまた，同様だ［☞Q25，31，51］。

17　厚生労働省（2024）によれば，2008年の486万人から2023年には2,049万人に増加している。
18　リクルートワークス研究所（2023）は2030年に341万人，2040年に1,100万人余りの労働供給不足が生じると予測している。

また，そうした変革を牽引する力強い経営リーダー人材を育成する必要性も同時に高まっている［☞Q10, 42, 53］

- 多くの企業が経験者採用を活発に行うようになり，外部労働市場が活性化している[19]。これは，従来よりも離職率が高まることにつながる。また，新卒採用を入口とし，定年退職を出口とする［☞Q01］比較的同質的な人々の集団から，自社を一度退職し，戻ってくるブーメラン人材［☞Q34］も含め，キャリアの途中で自社に加わる人々も含めたより多様性の高い集団に組織が変化することにもつながっていく。

本章の締めくくりとして，こうした変化の日本の人材マネジメントへの影響を確認していこう。まず，労働力人口減少は，雇い手に対する働き手の交渉力を高める。このことは，労働市場のメカニズムを通じた賃金の上昇につながるとともに，企業がITも含めた設備投資によって人材への依存度を下げる動きにもつながるだろう。また，組織が人材確保のために，従来よりも多様な人々のニーズに向き合い，満たすことに取り組む必要が高まることを意味する。

これに加えて，個人が自ら勤務地や職種をコントロールする自由を望むことは，正社員という雇用形態の再考を促す。上述の通り，正社員という雇用形態は，長期安定的な雇用を提供する一方で，経営が広範囲な人材再配置の自由度を持ち，個人の自由を制限する仕組だ。これは，特定の職種や勤務地以外への異動・転勤を受け入れたくないと考える人の比率が増えていくと成立しにくい。もちろん，社内公募のような，個人の判断による組織内での移動を促進する施策［☞Q31］は解決策の1つになる。また，地域や職務を限定した雇用関係［☞Q28］もこうした人々のニーズに対応する上では有効だ。ただし，これにともない，長期安定的雇用を多くの人材に約束し続けることは困難となっていくだろう。個人が望む仕事が組織内に存在しなくなったときに，個人が自ら組織を去る，また，組織が個人に退出を促すことを前提とした人材マネジメントの必要性が高まると考えられる。

19　たとえば，リクルート「2023年転職市場の展望」，日本経済新聞社「2023年度採用計画調査」などを参照されたい。ただし，企業の中途採用意向，個人の転職希望者数が共に増加傾向にある一方，転職者数はあまり増えていないという指摘もある（たとえば，Works Report 2023, なぜ転職したいのに転職しないのか–転職の"都市伝説"を検証する–）ため，慎重な議論が必要である。

　なお，組織内特殊知識の継承と発展という点では，コアとなる人材を組織内で長期的に育成し活躍を促すことの重要性は変わらない［☞Q10］。よって，個人のキャリアの様々なステージを通じて「選ばれ続ける」魅力的な職場であることの重要性が高まるだろう。個人がどのような働き方を望むかは，ライフステージなど様々な理由で変化しうるから，一度正社員として入社したら，退職までずっと同じ条件で働くという前提そのものを見直す必要が生じるかもしれない。ライフステージによって雇用の条件を変えられる（たとえば，子育て中は転勤の範囲を絞る等）柔軟性を持つことは，人材のリテンションに寄与するだろう。

　次に，横並びの昇進と，差がはっきりしない評価からなる「遅い選抜」にも，変化の兆しが見られる［☞Q53］。外部労働市場からの誘惑が高まる中で，将来の活躍が期待できるハイポテンシャル人材の引き抜きを防止することが重要となっている。また，大きな環境変化と不確実性の中で，企業を牽引できる経営リーダーを育てることの重要性も高まっている。このいずれもが，将来の活躍を期待している人材をより早期に抜擢すること，年次ベースではなく，より実力ベースの人材マネジメントを行うことを促すと考えられる[20]。組織からの評価と期待をハイポテンシャル人材に伝え，離職を防止すること，また，彼ら彼女らにストレッチした挑戦を通じてさらなる成長を促すことにつながるためだ。

　ただし，「遅い選抜」を見直すことは，将来の昇進昇格とそれに伴う昇給への期待を通じて，幅広い人々を長期的に動機付ける，という伝統的な日本型人材マネジメントの利点が弱まることを意味する。人々が意欲高く働く環境を今後も実現していくためには，仕事そのものの面白さや，そこに感じる意義，職場における人間関係，成長の実感など，より幅広い点で「働く価値のある職場」を作っていくことがますます不可欠になる。ただし，人々は多様な期待をもっており，1つの組織がすべての人を幸せにすることを目指すことは非現実的だ。自組織がどのような価値を，どのような人々に提供するのかポリシーを持ち，それに基づく人材マネジメントを整えていくことが必要となる。

20　吉川・坂爪・高村（2023）を参照されたい。

外部から経験者の採用を積極的に行うこともまた挑戦を生み出す。他社で経験を積んだのちに採用された人材は，新卒として採用され，組織内で育ってきた人材が持つような組織内特殊知識や社内の人脈を持たない［☞Q34］。また，内部で育ってきた人たちに比べ，組織アイデンティフィケーションも弱いのが自然だ。よって，従来であれば，長い勤続と様々な職場へのローテーションを通じて行ってきた企業特殊知識，社内人脈，組織アイデンティフィケーションの形成を，より限られた時間で行う施策を行っていくことが必要となる。新卒中心の組織であれば，時間の中で自然と起きることを，意図的に起こす仕掛けが必要になる，ということだ。具体的な例としては，職場内で，また職場を超えて対話の機会を設け，パーパスやミッションといった組織目標の共有を促進すること，また，人々が相互理解を深めることを促進するなど，組織開発的な取組みが重要となる。そうした取組みが不十分な場合，組織内における協働が損なわれるリスクが高まるだろう。

　このように，今日の経営者，また，人材マネジメント部門には，既存の人材マネジメントのあり方を再考し，再構築していくことが求められている。伝統的な日本の人材マネジメントは，その組み合わせが絶妙に機能することで，日本の組織に特有の組織運営と経営資源の蓄積を支えてきた。相互の関連性，組み合わせが強いが故に，その一部分だけを変更することは，システム全体の整合性を損なってしまう。Part Iの議論において，何かを変えようとすると，他の部分に支障が出る，といった議論が様々に行われていることが，まさにこの証左である。これは，組織と人材マネジメントのあり方を変革することを困難にする。上で述べてきたような変化の必要性をめぐる議論が2000年代以降，繰り返し行われてきたにも関わらず，日本企業の人材マネジメントの大きな枠組みが緩やかな変化に止まってきたことは，伝統的な仕組の頑健さを示しているとも言えるだろう。

　組織で働く人々は，採用，評価，登用や配置，報酬，教育などそれぞれの人材マネジメント施策から，この組織ではどのような行動や姿勢が期待されるのか，また，それらの期待に応えることで何が得られるのか，といったシグナルを読み取る。そして，多様な施策が相互に一貫したシグナルを送るとき，人材マネジメントは人々の行動に強い影響を及ぼす[21]。それゆえ，個別の課題に対

してパッチワークで対応するのではなく，自組織の人材マネジメントが，総体としてどのような姿を目指すのか，全体を俯瞰した議論を行うことが極めて重要だ。本稿を通じて議論してきた通り，人材マネジメントには，「個人の自由」と「雇用の安定」，「遅い選抜を通じた幅広い層の動機付け」と「早期の選抜を通じた強いリーダーの育成」，「自社独自の経営資源の共有と継承」と「環境変化に応じたラディカルな変化の促進」など，簡単には両立できないジレンマが様々に存在する。何かを選ぶと，何かが困難になる。このようなジレンマを認識した上で，自分たちは何を大切にするのか，そして，それをどのような人材マネジメントによって具現化していくのか。ここには普遍的な「正解」が存在するわけではない。他組織の事例を求めるだけでなく，自社の固有の解を見出すことが必要となる。これが，経営者，人材マネジメント部門に突きつけられた問いと言えるだろう。

（吉川克彦）

［参考文献］

厚生労働省（2024）.「外国人雇用状況」の届出状況まとめ【本文】（令和 5 年10月末時点）。

総務省統計局（2023）. 労働力基本調査（基本集計）。

水町勇一郎（2010）労働時間法制の課題と改革の方向性. RIETI Discussion Paper Series 10-J-012。

八代充史（2011）管理職への選抜・育成から見た日本的雇用制度. 日本労働研究雑誌, No.606, pp.20-29。

吉川克彦・坂爪洋美・高村静（2023）. 日本における「遅い昇進」に変化は起きているのか？－管理職昇進時年齢の変化とその要因に関する実証研究. 日本労働研究雑誌, 756, pp.62-74.

リクルートワークス研究所（2023）. 未来予測2040労働供給制約社会がやってくる。

Ashforth, B. E., Harrison, S. H., & Corley, K. G. (2008). Identification in Organizations: An Examination of Four Fundamental Questions. *Journal of Management*, 34(3), 325-374.

Atkinson, J. (1984). Flexibility, Uncertainty and Manpower Management. *IES Report No. 89*, Institute of Manpower Studies, Brighton.

Barney & Hestery (2018). *Strategic Management and Competitive Advantage: Concepts*, Global Edition. 6th Edition. Pearson.（ジェイ・バーニー＆ウィリアム・S・ヘスタリー著，岡田将大訳（2021）.『企業戦略論』ダイヤモンド社）。

---

21 複数の人材マネジメント施策が効果的に組み合わった状態を人材マネジメントシステムという。それが人々に及ぼす影響についての論考は，Bowen and Ostroff（2004）を参照されたい。

Beer M. Spector B., Lawrence P. R., Mills D. Q., & Walton R. E.（1984）. *Managing Human Assets*. The Free Press.（M.ビアー他（1990）. 梅津祐良・水谷栄二訳『ハーバードで教える人材戦略: ハーバード・ビジネススクールテキスト』日本生産性本部）。

Bowen, D. E., & Ostroff, C.（2004）. Understanding HRM–firm performance linkages: The role of the "strength" of the HRM system. *Academy of management review*, 29（2）, 203-221.

Coase R.（1937）The Nature of The Firm. *Economica*, 4（6）, pp. 386-405.

Hall, P.A, & Soskice, D.（2001）. *Varieties of Capitalism: The Institutional Foundations of Comparative Advantage*. Oxford University Press.（ピーター・A・ホール & デヴィッド・ソスキス. 遠山弘徳訳（2007）.『資本主義の多様性：比較優位の制度的基礎』ナカニシヤ出版）。

Houseman, S. N., & Abraham, K. G.（1993）. Female workers as a buffer in the Japanese economy. *The American Economic Review*, 83（2）, 45-51.

March, J. & Simon, H.（1993）. *Organizations*（Second Edition）. John Wiley & Sons.（ジェームズ・G・マーチ&ハーバート・A・サイモン（2014）. 高田伸夫訳『オーガニゼーションズ第2版　現代組織論の原点』ダイヤモンド社）。

Nonaka, I. & Takeuchi, H.（1995）. *The Knowledge-Creating Company: How Japanese Companies Create the Dynamics of Innovation*. Oxford University Press.（野中郁次郎 & 竹内弘高（2020）. 知識創造企業 新装版. 東洋経済新報社）。

Simon, H.（1991）. Organisations and markets, *Journal of Economic Perspectives*, 5:2, Spring, pp. 25-44.

Simon, H. A.（1951）. A Formal Theory of Employment Relationship. *Econometrica*, 19（3）, pp.293-305.

Weber, M.（1921）. Bureaucracy. In *Economy and Society*（Vol. 1, pp. 956-963）. Barkley, CA: University California Press.（マックス・ウェーバー, 世良晃志郎訳『経済と社会』講談社BOOK倶楽部）。

Williamson, O. E.（1991）. Comparative Economic Organization: The Analysis of Discrete Structural Alternatives. *Administrative Science Quarterly*, 36（2）, pp. 269-296.

第2章　経済学から見た日本の人材マネジメント

1　経済学の企業組織分析への拡張

経済学の理論に基づく人材マネジメントの研究には膨大な蓄積がある。

この事実を意外に思う人も多いかもしれない。経済学と言えば，市場取引や経済政策や景気を分析する学問であると思うからであろう。つまり，企業組織を対象とするのは経営学であり，経済学はマクロ経済を対象として，企業組織や労働者（＝消費者），または政府の間の関係性を分析するという認識である。

そのような経済学のイメージは，かなり古くて狭いものである。経済学は企業組織の内部まで対象領域を拡張し，人事・組織経済学という専門領域も生まれている。人事・組織経済学は，ビジネススクールで定番の科目であると言ってよい。

経済学がいかに企業組織を対象とするようになったか。我々は経済学の対象拡張の歴史を理解することによって人事・組織経済学の特質を理解することができる。

まず，企業組織研究の起点となった研究は，ロナルド・コースによる"The Nature of the Firm"という理論研究である[1]。この研究が1937年に刊行されたことを考えると，いかに先駆的な研究であったかがわかる。コースは，この論文を含めた研究業績によってノーベル経済学賞を受賞している。

この論文は，我々に市場と企業組織に対する定義の改訂を促す。経済学は市場取引システムの効率性を価格調整メカニズムとして分析してきた。その際，企業組織は，商品・サービスを生み出し，労働者を雇う1つのプレイヤーであった。それはあたかも，企業という1つの主体が存在するかのような理論枠組みであった。

1　Coase（1937）を参照。

コースによる議論の新しさは，このような前提を問い直し，企業組織もまた取引システムであると位置付けたことである。当然であるが，組織の中には複数の意思決定主体が存在し，それぞれの間で取引が行なわれている。要するに，取引システムという大きなカテゴリーの中に市場取引と組織内取引という2つのシステムが含まれると整理し直したのである（図2－1参照）。

図表2－1 ▶取引システムの分類

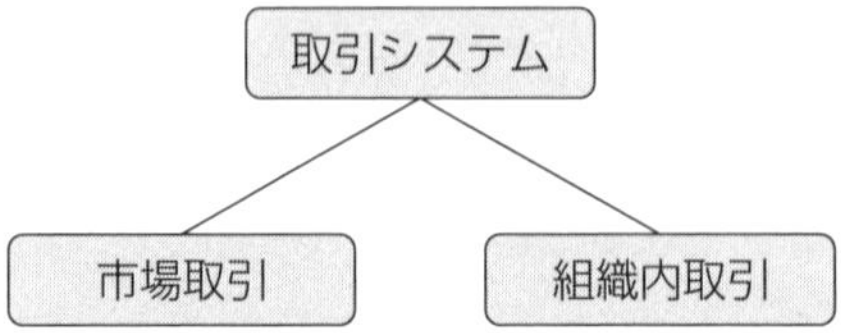

たとえば，労働者の賃金も市場の影響を受ける。しかし賃金は，毎回，市場だけで決定するのではなく，雇われていれば，人事評価を受けて，処遇制度を基に賃金が決められる。このような企業内賃金決定は組織内取引と考えられる。

もちろん市場取引システムは，適切な競争が成り立つならば，効率的である。しかし現実の経済では，このような競争が成り立たないことが多い。

ここで市場競争の条件を確認しよう。まず，個々の買い手と売り手の取引量は市場全体の取引量に比べて小さくなければならない。市場全体の価格に影響を与えることができるならば，それは社会全体にとって非効率な独占・寡占を生んでしまう。

また，そもそも個々の需要者と供給者は，市場価格や商品サービスの性質について完全な情報（complete information）を持っていなければならない。たとえば，売り手が持っている商品サービスの情報を買い手が入手できなければ，取引が成立しないであろう。完全情報が成り立たない世界の研究は，情報の経済学（information economics）として発展している。

たとえば，売り手と買い手のどちらか一方だけが情報を持っている「情報の非対称性（information asymmetry）」は，就職・採用市場，または管理職と部下の指揮命令のような状況に当てはまる。そもそも企業組織とは，プリンシパル（依頼人）＝エージェント（代理人）関係の重層的な束であると考えられる。それゆえ，そのような情報の不完全な状況の下で，いかにモラルハザード

を生じさせないかが課題となるのである。

　ところで，長期継続的な取引関係の中であれば，そのような情報の不完全性を和らげることは可能である。たしかに社内に必要な人材がいなければ，部長をヘッドハンティングすることはある。だが，入社面接で求職者のすべての情報を把握することは難しく，中途採用に失敗することは多い。一方，自社の課長の中から部長を選ぶ場合，入社から現在までの働き方を評価できるので，より精度の高い選抜が可能であろう。要するに，組織内取引が選択される場合は，その効率性が高い（取引の費用が小さい）と考えればよい。むろん市場取引が選択される場合は，その効率性が高いという優位性の選択が行われたのである。

　このような取引システムの選択という発想を「取引費用（transaction cost）」の比較分析としてさらに発展させたのが，オリバー・ウィリアムソン（Oliver Eaton Williamson）による取引コスト経済学（Transaction Cost Economics）である[2]。取引費用は，コースによっても指摘されていたが，この費用を市場と組織で比較するには，取引費用が生まれる要因を特定化する必要があった。

　取引コスト経済学が着目した概念は，人間の認知能力には限界があるという「限定された合理性（bounded rationality）」や取引において相手を出し抜いて自分の利得を優先する機会主義的行動（opportunistic behavior）という人的要因である。

　このような要因に加えて，2つの環境要因が対応している。第1に，環境の不確実性/複雑性が高まれば，限定された合理性が問題をもたらすので，取引費用は大きくなる。第2に，取引先が少数である時に機会主義的行動は生まれやすい。なぜならば少数交換であれば，別の取引先への代替も難しくなるので，機会主義的行動を取った場合の不利益が小さくなるからである。結果的に機会主義的行動が抑制されないのである。

2　Williamson（1975）などを参照。

2　制度派経済学による内部労働市場の発見

　前項で説明したのは，主流派経済学における市場分析から企業組織分析への理論拡張の歴史であった。その上で主流派経済学とは別に，制度派経済学（制度派）の伝統があったことにも留意すべきである[3]。また，日本の人事研究においても，制度派経済学の研究グループが大きな貢献をしてきたことも確認しておくべきである。

　従来の制度派経済学は，統一的な体系や理論が前提となって調査が行われるのではなくて，調査による制度やルールの事例の記述を重視する研究者たちの総称である[4]。制度派経済学は，聞き取り調査などを重視するという特徴があり，人的資源管理論や労使関係論と研究対象も同じである。このグループは，情報の経済学や取引費用の経済学が発展する前，多くの主流派経済学者が市場取引の均衡分析を進めていた時期に企業組織の調査を行っていた。たとえば，労働サービスの取引は，完全競争市場によって決定しているのではなく，フォーマルまたはインフォーマルなルールによって統制された「制度化された市場」の中で決まることを指摘したのは，制度派経済学者のクラーク・カーである（Kerr, 1954）。また，そのような調査研究の1つの達成として，ドーリンジャーとピオレによる『内部労働市場とマンパワー分析』が刊行されたのである（Doeringer and Piore, 1971）。経済学にとどまらず，経営学や社会学においても重要な概念である内部労働市場（internal labor market）は，制度派経済学者の地道な調査によって発見されたのである

　以上のような調査による発見と概念化は，アメリカの制度派経済学者だけが先行していたわけではない。戦後の労働調査を主導した氏原正治郎は，1951年に実施された「京浜工業地帯調査」を基に「労働市場の模型」という概念図を提示している[5]。この概念図は，企業規模別に複数の労働市場があるという「制度化された市場」を意味している。つまり，大企業から中小企業への移動はあ

3　経済学も単線的に発展しているわけではなく，複線的な発展をしていた。取引コストの経済学が新制度派経済学（New institutional economics）と定義されているので，混乱しやすいが，人材マネジメントの研究における（旧）制度派経済学の貢献は大きい。

4　労働調査の研究上の伝統については，梅崎・篠原・南雲・松永（2023）の研究整理を参照。

るが，中小企業から大企業への移動は少ないという企業封鎖性（＝内部労働市場）があることを概念化したのである。さらに，大企業において長期雇用傾向と年齢≒勤続年数に基づく階層的秩序も発見された。この秩序こそが，その後日本的雇用慣行と呼ばれる現象と言えよう[6]。

　日本の内部労働市場は，一般的には，終身雇用，年功序列，企業別労働組合という３つの特徴があると言われているが，これらの言葉はその実態と距離がある。終身雇用は「長期雇用慣行」，年功序列は「格差がなかなか広がらない昇進・昇給競争」と正確に言い換えなければならない。企業別労働組合の権限の強さは，日本の労使関係の一側面を言い表しているが，組合の形態よりも「協調的な（相互信頼的）労使関係」と定義した方が，日本の内部労働市場を説明できる。

　以上をまとめると，内部労働市場＝雇用慣行の研究は次のように整理できる。1970年代までは制度派による事例研究による新たな事実の発見とその概念化が先行した。続いて1980年以降は，「発見された内部労働市場」がどのような仕組で成立するのか，つまり企業内の人材マネジメントを説明する経済理論が発展した。さらに1990年代以降には，そのような理論研究の成果を踏まえたうえで，数量分析を行う仮説検証の研究が発展したのである（Waldman, 2013）[7]。

　調査による事実発見とその概念化，その概念化された事実の理論的説明という相互影響の達成としてあげられるのが[8]，制度派の調査研究者であった小池和男とゲーム理論を使って制度の分析を行っていた理論研究者である青木昌彦の共創的な成果であろう[9]。さらに，後者の仮説検証の研究は，後述するように人事マイクロデータの活用によって飛躍的に発展したのである。

5　「労働市場の模型」は，1954年の報告書でまとめられた概念であり，その後氏原（1966）にも再収録された。

6　橋本（2015）は，「京浜工業地帯調査」の調査票の再分析を行い，氏原の結論とは部分的に異なる分析結果を提示しているので，現時点ではこの時期の内部労働市場化については慎重な検討が必要である。

7　中林（2012）は，日本的雇用システムが形成されたとされる1960-1970年代には，組織自体が形成途上で資料やデータがあまり残されていないので，日本企業で何が起こっていたのかを分析するには難しいことを指摘する。仮説検証よりも制度派のような事例調査が効果を上げることを意味する。

8　前者を帰納的推論（もしくは遡及推論），後者を演繹的推論であると定義できる。

9　Aoki（1988）やAoki & Dore（1994）などを参照。

3　日本の内部労働市場はどのように説明されたのか

　続けて，人事組織の経済学者たちが生み出した様々な概念と人材マネジメントに対する説明枠組みを紹介しよう。

（1）熟練論・分業論から見る内部労働市場

　企業経営は，ヒト・モノ・カネ・情報という経営資源を上手に使うことを目標にしている。これら経営資源の中では，ヒトは最も扱いにくい経営資源である。第1に，モノと違って個人で能力が異なる。要するに，「一品もの」なのである。それゆえ，採用においても，処遇においても1人ひとりを評価しなければならない。第2に，同じ能力を持った人でも意欲によって仕事の成果は違ってくる。企業は，従業員を動機づける仕組みを作らなければならない。第3に，モノとは違って，育成することによって品質（能力）を向上させることができる。以上まとめると，企業には，「評価・動機づけ・育成」という難しい人材マネジメントが求められるのである。

　育成を分析できる経済学の概念は，ゲーリー・ベッカーが提唱した人材資本（human capital）である。この理論は，教育や研修と人に対する投資，投資後の生産性の上昇分を投資の便益と考えることで教育や研修の投資効率を計算することが可能になる。さらに，投資によって身に付いた能力が，どの企業でも役立つ一般的な技能か，特定の企業（もしくは業界）で役立つ企業特殊的な技能であるかを分けることによって，経営側と個人のどちらが投資費用を払うかを考察している。企業特殊的な技能は，他社で役に立たない技能なので，経営側がコストを払って身に付けさせなければ，労働者が自主的に身に付けることはない。言い換えると，企業特殊的技能があるから長期勤続慣行を伴う内部労働市場が誕生するのである。

　また知的熟練論は，1970年代，80年代における日本企業の国際競争力の高さを説明する原理として小池和男によって構築された理論である[10]。知的熟練論

---

[10]　小池和男（2005）が知的熟練論を説明したテキストである。また小池理論の解説は，梅崎（2021）の序章を基に執筆した。

は，生産労働者の仕事をふだんと違った作業（非定常作業）とふだんの作業（定常作業）に大きく分ける。そして，前者の変化と異常という不確実な出来事に対応できる能力が知的熟練と定義された。

　なぜ，知的熟練が重要なのであろうか。その背景には，職場における分業論がある。小池和男は，統合方式（integrated systems）と分離方式（separated systems）と２つの類型を提示し，「不確実性への対処」を技術者が中心に行う分離方式ではなく，知的熟練論を身に付けた生産労働者が，ある程度の異常と変化には対応する統合方式の有効性を主張した。さらに小池和男は，このような知的熟練の育成にはOJT（On the job training）が有効であることを指摘した。知的熟練論におけるOJTとは，仕事中に先輩や上司から指導を受けるようなフォーマルなOJTではなく，企業内キャリアの組み方という仕事経験の広げ方そのもの（インフォーマルなOJT）を意味している。つまり，少しずつ難しい仕事へ挑戦すること，さらに仕事の幅を徐々に広げるという長期の技能形成があり，その組み方に企業の特殊性があれば，転職は生まれ難くなる。このように知的熟練，統合方式，OJT中心の人材育成が相互に影響を与えているのが，日本の内部労働市場の原理であると考えられている。現在批判されることも多い長期雇用慣行であるが，人的資本論や知的熟練論はその合理性を説明しようとしていると言えよう。

（２）インセンティブ設計

　先述した通り，日本企業では，ただ単に長期雇用の従業員が多いだけではなく，なかなか処遇格差が広がらないという特質を持っている。まず，昇進については「遅い昇進」慣行があり［☞Q52］，賃金決定も査定が伴う定期昇給制度であれば，降格がなく，定期昇給額の差の積み上げになれば，処遇格差は広がらない［☞Q37］。こういう格差を広げない人事施策は，一長一短があると考えられるが，これまで従業員の動機づけという観点から説明されてきた。つまり，差がつくのが遅いということは，多くの従業員にはまだ昇進のチャンスがあるのではないかという予測が生まれ，多くの従業員の労働意欲を持続的に高めるであろう。

　処遇を後払いにすることは，従業員の人事評価が難しく，先述したような

「情報の非対称性」が経営側と従業員側に存在し，なおかつ短期で評価（モニタリング）することは難しいという状況では，有効である。[11]。なぜなら，短期的には，ばれずに怠ける（努力しない）ことは可能でも，報酬は長期間で評価されてキャリアの後半に得られるのだから，怠けてもいつかばれてしまうからである。つまり，長期勤続して努力を続ける方が，結果的には合理的になる。

　見方を変えると，このような人事には，結果的に早期選抜ができないという問題が残る。潜在的能力があると見込まれた従業員に早くから大きな仕事を任せ，その経験によって成長させるという仕組が構造上作れないので，優れたエリート養成に失敗している可能性が大きいのである。

4　人事制度改革が続く理由を経済学によって説明する

　前節で説明した日本的雇用システムの合理性を説明する枠組みは，経済学の体系的理論に基づいているので，説得力が高い枠組みであり，理論や仮説の根拠を発見する実証研究も蓄積されてきた。ただし，その一方で，1990年代後半以降，日本企業は人事制度改革を続けていたことも事実である。制度改革が続く理由は何であろうか。1990年代前半までは，実際の日本企業の人事と理論枠組みの間に対応関係があったのだが，いくつかの前提条件が変化することによって，長所よりも短所が際立つようになり，人事制度改革が必要になったのではないだろうか。

　本項では，1990年代後半以降の人事制度改革について考察したい。ただし，この考察は，実際のところ，たいへん難しいと言えよう。なぜならば，この文章を書いている2024年でも人事制度改革は続けられているからである。2000年代，10年代も，日本企業の人事には数々のトレンドが生まれた。しかし，それが定着する前に，新しいトレンドが生まれており，ある時代を代表すると言えるような人事制度に着地したとは言い難いからである。要するに，日本の雇用システムには，何か解決できない課題が残り続けているので，過去の人事に戻ることもできないが，未来の人事も決まらないという「途中の時間」が長く続

11　賃金後払い仮説についてはLazear（1979, 1981）を参照。

いているのである¹²。したがって本項では，人事の正解ではなく，何が課題であり続けているかについて問い，その課題の輪郭を明らかにすることを目標としたい。

（1）新しい能力観とその評価

　1990年代後半から広がり，2000年代前半まで人事制度改革として注目されたのは成果主義である［☞Q37］。図2－2に示したのは，日経テレコムの記事検索データベースで「成果主義」という言葉をカウントした結果である。1990年代後半に注目を集め，人事制度改革として注目されるようになるが，2000年代の半ばから急速に使われなくなったことがわかる。代わりに2010年代以降にはタレントマネジメントやジョブ型［☞Q28］という言葉が注目を集めるようになった。

図表2－2 ▶ 成果主義という言葉の使われ方

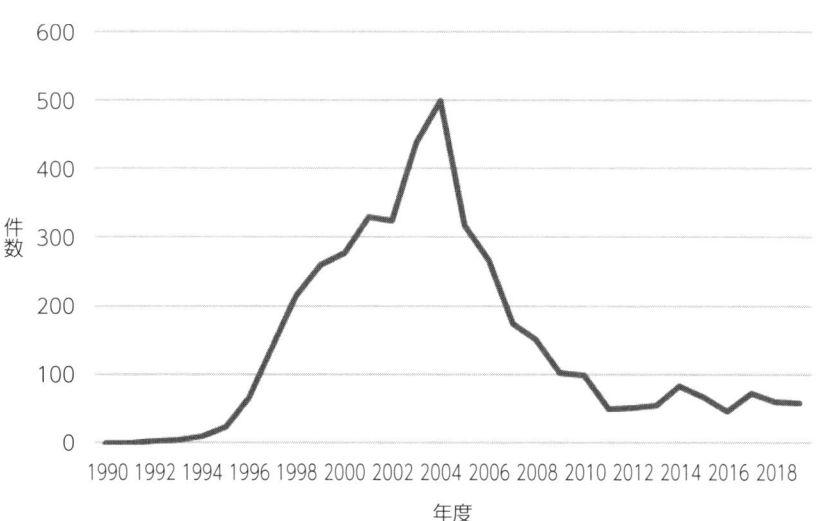

出所：梅崎・藤本・西村（2021）。

12　1990年代から2010年代までの人事制度の歴史については，梅崎・藤本・西村（2021）を参照。

成果主義は，これまでの人事評価の項目を変えて，その評価の処遇への反映方法を変えようとした。1990年代前半までは，個人属性である能力（職能）や努力のようなインプットを評価する傾向があったが，より目に見えるアウトプット（成果）を評価するようになった。能力を評価する場合にも，成果に結びつく行動特性であるコンピテンシー（competency）を評価するようにした[13]。短期で変動する個人成果を評価し，その評価結果を昇進や賃金決定という処遇に反映することは，結果的に従業員（特にハイパフォーマー）の労働意欲を高めようとする人事施策と言える。

　成果主義は，1990年代前半以降の時代状況も関係している。企業規模拡大の停滞，従業員の高齢化によって，ポストが不足しているのに管理職候補者が多いという供給過剰が深刻化し，本来は厳格な能力の評価であった人事制度が，結果的に評価や選抜が年齢重視になってしまうという人事問題が生まれた。たとえば，不景気に突入した90年代前半によく使われるようになったリストラという言葉は，リストラクチャリング（restructuring）の略語であり，組織全体の再構築を意味していたが，日本では雇用調整を意味するようになった。

　以上，成果主義の人事制度改革を「年齢重視からの脱却」と捉えたのであるが，この時期から現在にも継続している人事制度改革には，年齢から成果への変化とは異なる側面もある。それは求められる能力観そのものの変化である。

　まず，それまでの能力評価は，どちらかというと製造業の生産性向上への貢献であったと考えられる。その後，徐々に評価されるようになったのは，アイデアの創出という創造性であった。革新的な新技術や全く新しい製品の開拓を生み出すという成果もあれば，既存の知識を使って既成製品の改良を生み出すという成果もある（図表2 - 3参照）。前者が非連続的なイノベーション（discontinuous innovation）とするならば，後者が漸進的なイノベーション（incremental innovation）に対応する。March（1991）は，イノベーションにつながる組織内学習を研究し，前者を「探求」（exploration），後者を「活用」

13　今野（1998）は，「職務遂行能力」を基礎とした職能資格制度・職能給によって構成される「職能主義（ability-based HRM）」が労働力の需要サイドを形成する「職務（job=仕事）」重視の欧米型に比べて労働力を供給する従業員の「能力」や「労働意欲」を重視する供給サイド重視型であったと主張している。成果主義以前の職能主義は，その理想から乖離して職務や成果という需要サイドから乖離した能力を評価した結果，年齢重視になってしまう問題を指摘している。

（exploitation）と定義している。企業にとって両方が重要であることは当然であるが，「探求」と「活用」を両立させることは難しいのである。その困難を克服し，両方を目指すことは，長期的な競争力の存続にとって必要であることはTushman & O'Reilly（1996）によって「両利きの経営」として提唱されている。

図表2－3 ▶ 戦略と改良

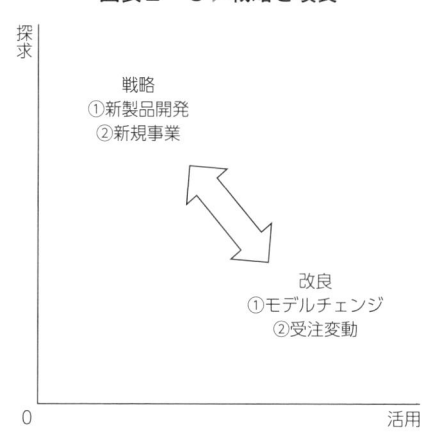

出所：梅崎・藤本・西村（2021）

　1990年代後半以降の人事制度改革の真の目的は，「活用」よりも「探求」を評価し，探求を促すインセンティブ設計と言える。実際，探求の仕事は，失敗する可能性も相対的に高いのだが，成功すると，活用よりも大きな成果を生み出す。バブル経済の崩壊後，日本企業に求められたのは，探求による非連続的なイノベーションを生み出すことだったのである。そのように考えると，成果というアウトプットを測り，処遇格差をつけようとする成果主義人事制度改革は，失敗という結果が予定されていたとも考えられる［☞Q37］。その理由を以下で説明しよう。

　まず，そもそも探求の成果は，努力や能力というインプットが同じでも，その成果は不確実であり，測りにくい。一方，活用はそのような不確実性は小さく，探求に比べるとその成果が測りやすい。このような状況で，なおかつ従業

員がリスク回避的であれば，確実に成果を出すことができる活用の仕事に偏ってしまう。時間や労力をめぐって競争関係にある複数の仕事を担当するエージェント（ここでは従業員）のインセンティブ設計の困難は，マルチ・タスキング・エージェンシー問題と呼ばれている[14]。要するに，成果を測るだけで，動機付けに成功するとは言えないのである。

（2）キャリアの組み方の変容

能力観の変化に応じて，動機付けだけでなく，その育成の方法にも変化が求められるようになった。特に探求を行う人材の育成は，活用を行う人材の育成よりも難しいと考えられる。先述した通り，日本企業内の人材育成は，少しずつ難しい仕事へ挑戦すること，さらに仕事の幅を徐々に広げるという長期のインフォーマルなOJTが中心であった。こういうキャリアの組み方は，既知の技術や知識やノウハウを共有し，それらを連結することで既存のパラダイムの中で改善を生み出す「活用型人材」の育成には適している。しかし，このような仕組みで，新しい知識やアプローチの獲得を目指した知識創造を行い，未知の分野を開拓するためにリスクを恐れない態度を必要とする「探求型人材」を育成することはできるのだろうか。

守島（2001，2002）は，知的創造型人材はどのように育成されるかについて，内部育成以外の可能性を指摘している。企業内OJTという伝統的な組織内キャリア（organizational career）に対するアンチテーゼとした転職を含めたバウンダリーレス・キャリア（boundaryless career）（Arthur & Rousseau, 1996），移り変わる環境に対して，変幻自在（プロティアン）に適応していくキャリアの在り方を意味するプロティアン・キャリア（protean career）（Hall, 1996, 2002）という理念が新しいキャリア形成として注目されている。

所属する企業や組織の枠を越えて，これまでの環境とは異なる新たな場所や人々との交流を通じて学ぶことの学習効果は，越境学習や拡張的学習という学習理論においても指摘されている[15]。これらの学習理論に共通するのは，「連結」よりも「横断」が学びを生み出すという認識であり，そのような学習によって

14　詳しくは，Holmstrom and Milgrom（1991）参照。
15　越境学習については石山（2018）など，拡張的学習理論については，山住（2014）などが詳しい。

獲得された能力が新しいアイデアを生みだすであろうという展望である。

　これらの1990年代後半以降の人材育成に関する動きは，経済学が分析していた同時代の日本型人事の変動と関係していると言えよう。もちろん，従来の人事システム，なかでも人材育成の仕組がすべて否定されているわけではない。先述したように「両利き」が求められているとするならば，既存の強み（活用型人材）を活かしつつ，「探求型人材」を育成し，評価し，抜擢する仕組が求められていると言えよう。なお，そのような仕組は，企業内だけにとどまらず，企業外にも開かれたものになる。梅崎（2017）では，技能形成を個人責任や行政主導だけで行うのではなく，縮小する内部労働市場における企業「内」OJTに代わる企業「外」OJTの中継地点を社会の中に広くつくるべきであると主張した。

　以上，進行中の人事制度改革について，経済学は「正解」を提示することはできないが，人事担当者がいかなる難問に取り組んでいるか，もしくは何に取り組むべきかを明らかにする。我々は，この難問を深く理解しなければ，同じことをちょっと違う流行の言葉で消費するだけになってしまうのである。

（梅崎　修）

［参考文献］

石山恒貴（2018）『越境的学習のメカニズム 実践共同体を往還しキャリア構築するナレッジ・ブローカーの実像』福村出版。

今野浩一郎（1998）『勝ち抜く賃金改革』日本経済新聞社。

氏原正治郎（1966）『日本労働問題研究』東京大学出版会。

梅崎修（2016）「教育とキャリアを繋げる政策はなぜ迷うのか？－取引費用から整理する教育・市場・雇用」『教育社会学研究』第98集, pp.71-90.

――――（2021）『日本のキャリア形成と労使関係－調査の労働経済学』慶應義塾大学出版会。

――――・藤本真・西村純（2021）「日本企業における人事制度改革の30年史」JILPT Discussion Paper21-10。

――――・篠原健一・南雲智映・松永伸太朗（2023）「第8章　調査は人事労務研究をいかに更新してきたのか－労働・職場調査の観点から」梅崎修・江夏幾多郎編著『日本の人事労務研究』pp.203-229。

小池和男（2005）『仕事の経済学　＜第3版＞』東洋経済新報社。

中林真幸（2012）「組織の経済史：研究必得」『経済セミナー』No.667,pp. 25-31。

橋本健二（2015）「氏原正治郎「企業封鎖的労働市場モデル」の検証：［京浜工業地帯調査］原票の分析をもとに」『社会政策』第6巻第2号, pp.125-137。

守島基博（2001）「内部労働市場論に基づく21世紀型人材マネジメントモデルの概要」『組織科学』34(4), pp. 39-52。

────（2002）「知的創造と人材マネジメント」『組織科学』Vol.36, No.1, pp. 41-50。

山住勝広（2014）「拡張的学習とノットワークする主体の形成─活動理論の新しい挑戦」『組織科学』48(2), pp.50-60。

Aoki, M. & Dore, R.（1994）*The Japanese firm : the sources of competitive strength*, Oxford University Press.（青木昌彦・ロナルド ドーア 編（1995）・NTTデータ通信システム科学研究所（翻訳）『国際・学際研究システムとしての日本企業』NTT出版）.

Aoki, M.（1988）*Information, Incentives, and Bargaining in the Japanese Economy*, Cambridge University Press.（永易浩一訳（1992）『日本経済の制度分析─情報・インセンティブ・交渉ゲーム』筑摩書房）.

Arthur, M.B., & Rousseau, D.M.（1996）*The Boundaryless career: A new employment principle for a new organizational era*, Oxford University Press.

Coase, Ronald H.（1937）. The Nature of the Firm. *Economica*, N.S., 4（16）, pp. 386-405.

Doeringer, P.B. & Piore, M.J.（1970）*Internal Labor Markets and Manpower Analysis*, Heath Lexington Books, D.C. Heath and Company.（白木三秀監訳『内部労働市場とマンパワー分析』早稲田大学出版会，2007年）.

Hall, D.T.（1996）Protean careers of the 21st century, *Academy of Management Executive*, 10, pp.8-16.

────（2002）*Protean careers in and out of organizations*. Thousand Oaks, CA:Sage.

Holmstrom, B. & Milgrom, P.（1991）Multitask Principal-Agent Analyses; Incentive Contract, Asset Ownership and Job Design, *Journal of Law, Economics, and Organization*, Vol. 7. pp.24-52.

Kerr, C.（1954）. *The Balkanization of Labor Markets, in Bakke,E.W.（ed）. Labor Mobility and Economic Opportunity*, MIT Press, pp.92-110

Lazear, E.P.（1979）Why Is There Mandatory Retirement?, *Journal of Political Economy* 87(6), pp.1261-1284.

────（1981）Agency, Earnings Profiles, Productivity, and Hours Restrictions, *American Economic Review*, 71(4), pp.606-620.

March, J.（1991）Exploration and Exploitation in Organization Learning, *Organization Science*, 2 pp.71-81.

O'Reilly, C. A., Ill, & Tushman, M. L.（2004）The ambidextrous organization, *Harvard Business Review*, 82(4), pp.74-81.

Waldman, M.（2013）Theory and Evidence in Internal Labor Markets, in Roberts. Gibbons and John Roberts eds. The handbook of organizational economics, Princeton University Press, pp.520-572.

Williamson, O.E.（1975）, *Markets and Hierarchies: Analysis and Antitrust Implications*, New York: The Free Press. 浅沼萬里・岩崎晃訳（1980）『市場と企業組織』日本評論社.

第3章　労働法から見た日本の人材マネジメント

1　日本型雇用と労働法理の生成

　労働法の視点から日本の人材マネジメントを検討する際は，終身雇用・年功序列・企業内労組という日本型雇用の特徴を踏まえる必要がある。そして，労働法が日本型雇用を形作る要素としては，①解雇権濫用法理，②広範な配置転換，③不利益変更法理，④労働時間法制が挙げられる。

　本章では，日本の人材マネジメントの中で労働法理がどのように形成されてきたかを概観し，バブル崩壊後失われた30年における労働法を取り巻く状況変化，そして現代的な課題を俯瞰することにより，労働法が日本の人材マネジメントにどのような影響を与えているかを検討する。

（1）解雇権濫用法理

　そもそも，雇用関係については，私法の一般原則である民法において規定されており，そこでは「当事者が雇用の期間を定めなかったときは，各当事者は，いつでも解約の申入れをすることができる。」（民法627条1項）[1]として解雇自由がむしろ原則となっていた。

　他方で，私法の特別法たる労基法においては，30日前の解雇予告（もしくは予告手当の支払い）という手続について定めるのみであり（労基法20条1項）どのような場合に解雇できるかという解雇の実態的要件については規定が存在しなかった。

　つまり，法律上，解雇要件を明示的に定めた規定が存在しなかったが，判例により，解雇については，客観的合理的理由および社会通念上の相当性が必要

1　1896年に制定された民法では「当事者カ雇傭ノ期間ヲ定メサリシトキハ各当事者ハ何時ニテモ解約ノ申入ヲ為スコトヲ得」とされていた。

という解雇権濫用法理が確立する[2]のである。なお，「法理」とは，法律そのものでないが，判例の蓄積により実務的なルールとなっている裁判所が確立した規範のことを指す。

この，解雇権濫用法理が確立した時代背景は，昭和の高度経済成長期，人口・経済が右肩上がりであり，終身雇用・年功序列が当たり前の時代であった。裁判所は，そんな時代背景を次のように表現している。

> 「わが国の労働契約関係には賃金その他の労働条件が終身雇傭を前提として定められている等，特殊な事情が存在することに鑑み，解雇が使用者の合理的な企業運営上果すべき本来の機能を逸脱し労働者を不当に圧迫するにいたるのを抑制する必要がある」（下線部筆者。シンガー・ソーイング・メシーン解雇事件　東京地判昭42.8.9）
>
> 「日本の労働市場は非流動的であり，嘗ては使用者に圧倒的に有利であつたのみならず，労働組合の団結及び交渉力は充分でなく，長期雇傭を前提とした年功序列賃金及び多額の退職金制度が一般に採用されている関係上，老若男女を問わず一旦解雇された労働者は，賃金，職務上の格付，退職金の算定等も含め同等又はそれ以上の労働条件を獲得して直ちに他に雇傭されることが困難であつて，解雇により生活上著しい打撃を受ける。こゝにおいて裁判所は労働者のかゝる事情と使用者の主張する企業経営上の要請とを比較考量して，そこに日本社会において妥当な一線を画すべく，解雇自由の原則に対しこれらの法理による制限を敢て加えたのである。」（シンガー・ソーイング・メシーン（家屋明渡）事件　東京地判昭44.5.14）

つまり，昭和時代の人材マネジメントとして行われてきた終身雇用の観点からは，労働者を企業から追い出すのはよほど例外的な場合であるべきだとの考え方により，解雇権濫用法理が形成されたのである。

そして，判例により確立された解雇権濫用法理は平成20年より，労働契約法

2　日本食塩製造事件（最二小判昭50.04.25）が挙げられることが多いが，昭和30年代から地裁レベルでは解雇権濫用法理の原型となる裁判例が存在した。

16条[3]として法制化され，現在に至る。時代は変われど，法律は変わらず。そのため，日本の人材マネジメントとしては，Q20で検討したように，解雇要件が厳しいため，解雇に踏み切るケースは懲戒解雇のケースなどを除いて少なく，その代わり希望退職募集や退職勧奨が実務的に多く行われるようになり，後の追い出し部屋や新規事業等へのチャレンジしづらさ，日本企業のイノベーション不足等の問題へつながっていく。

（2）広範な配置転換

　厳格な解雇規制とトレードオフの関係として，配置転換等の人事権［☞Q02］については，不当な動機目的や著しい不利益が労働者に存しない限り，企業に広範な裁量が認められている[4]。これは，メンバーシップ型雇用［☞Q28］において職種を定めず（職種無限定），様々な職種に配置転換させてきた日本の人材マネジメントの特徴であり，解雇との関係で言えば，内部労働市場で配置転換による雇用維持の可能性があるのならば解雇は認めない（整理解雇における解雇回避努力義務），という関係になる[5]。

　転居を伴う転勤［☞Q41］を含めて，配置転換が判例上も広く認められるということが，企業における内部労働市場の発達と外部労働市場の非流動性につながっていく。この点は，ジョブ型人事制度が広く検討され始め，労働市場整備の重要性がようやく認識され始めた現代の人材マネジメントにおいて，広範な人事権（および厳しい解雇規制）とどのように折り合いを付けるのかという点が課題となっている。

（3）不利益変更法理

　現在は労働契約法10条[6]として規定されている就業規則の不利益変更法理も，

3　解雇は，客観的に合理的な理由を欠き，社会通念上相当であると認められない場合は，その権利を濫用したものとして，無効とする。

4　東亜ペイント事件（最二小判昭61.07.14），ケンウッド事件（最三小判平12.1.28）等。

5　「日本型雇用システムを強く意識し，余剰人員を解雇することなく配置転換によって解雇を回避することを規範化したという点では，まさに日本型雇用システムの判例的表現ということができよう。」（濱口圭一郎「日本型雇用システムと解雇権濫用法理の形成」）と評される。

元々は高度経済成長期以降の判例[7]をベースとした考え方である。

　判例では，労働条件を一方的に変更することについて，「労働者に不利益な労働条件を一方的に課することは，原則として許されない」としつつ，「労働条件の集合的処理，特にその統一的かつ画一的な決定を建前とする就業規則の性質からいって，当該規則条項が合理的なものである限り，個々の労働者において，これに同意しないことを理由として，その適用を拒むことは許されない」として不利益変更を認めている。ただし，「賃金，退職金など労働者にとって重要な権利，労働条件に関し実質的な不利益を及ぼす就業規則の作成又は変更については，当該条項が，そのような不利益を労働者に法的に受忍させることを許容することができるだけの高度の必要性に基づいた合理的な内容」であることを要し，この合理性は「就業規則の変更によって労働者が被る不利益の程度，使用者側の変更の必要性の内容・程度，変更後の就業規則の内容自体の相当性，代償措置その他関連する他の労働条件の改善状況，労働組合等との交渉の経緯，他の労働組合又は他の従業員の対応，同種事項に関する我が国社会における一般的状況等を総合考慮して判断」される[8]。

　不利益変更法理についても，解雇権濫用法理と同様に，昭和の高度経済成長期，人口増・経済増の時代背景で，年功序列の下，定年まで過ごすのが当たり前であり，基本的には給与が下がらないという高度経済成長期の人材マネジメントを踏まえた内容となっている。Ｑ６でも述べたように，人事として，不利益変更が法的に許容されるかの見通しを立てることは困難であり，これが賃金制度変更を機動的に行うことができない要因となっている。

（4）労働時間法制

　１日８時間１週40時間という労働時間の原則や割増賃金に関する定めなどは，

6　使用者が就業規則の変更により労働条件を変更する場合において，変更後の就業規則を労働者に周知させ，かつ，就業規則の変更が，労働者の受ける不利益の程度，労働条件の変更の必要性，変更後の就業規則の内容の相当性，労働組合等との交渉の状況その他の就業規則の変更に係る事情に照らして合理的なものであるときは，労働契約の内容である労働条件は，当該変更後の就業規則に定めるところによるものとする。

7　秋北バス事件（最大判昭43.12.25），大曲市農業協同組合事件（最二小判昭63.2.16），第四銀行事件（最二小判平9.2.28）等。

8　以上，括弧書きは前掲注7第四銀行事件最判。

明治時代の工場法から続く日本型雇用システムの伝統である。工場法の制度趣旨は，それまで国家的な規制が無く，劣悪な環境に置かれ，結核や長時間・深夜労働により健康を害していた工場労働者の労働環境を改善し，生命身体の安全を確保しつつ，労働条件の改善を目指すものであった[9]。

　確かに，明治時代の工場労働は悲惨な環境であり，これを公権力により規制する必要は高く，工場労働者の身体的疲労という意味では，現代でもブルーワーカー等には同様に認められる。しかし，１時間働けば１時間分のモノが生産される工場労働とは異なり，ホワイトカラーの場合は，１時間多く働けば，必ず１時間分の成果が出るものではなく，むしろ短時間で集中した時の成果の方が優れている場合もある。また，テレワークやワーケーションなど，当時の工場法が全く想定していない働き方も現代では行われている。

　現在の労働時間法制は，時間単位で生産価値を評価する考え方であり，これをすべての労働者に適用していることが現実との不整合を生む原因となっている。もちろん，長時間労働による過労死や健康被害はあってはならず，これを防止するための安全衛生等の規制は必要である［☞Q14，Q38］。しかし一方で，テレワーク等新しい働き方は工場法から続く現在の労基法が全く想定していなかった働き方である。特に，年収が高いホワイトカラーについては，時間単位の割増賃金の考え方を適用するのが常に正解とは言い難い。

　この点で参考になる裁判例としてモルガン・スタンレー・ジャパン（超過勤務手当）事件（東京地判平17.10.19）が挙げられる。同事件は管理監督者でも裁量労働制でもない労働者の残業代請求事案であるが，年によっては数千万円の年収があった者という前提だ。裁判所は，法的理屈はさて置いて，基本給の中に残業代が含まれているとの判断を示した[10]。つまり，一定以上の収入があるホワイトカラーの場合，労働時間で報酬を計る仕組が妥当しないことは裁判所も認めるところである。

9　渡辺章「工場法史が今に問うもの」（『日本労働研究雑誌』49）。

10　「XはYから高額の報酬を受けており，基本給だけでも平成14年以降は183万3,333円を超える額であり，本件において１日70分間の超過勤務手当を基本給の中に含めて支払う合意をしたからといって労働者の保護に欠ける点はないことが認められ，これらの事実に照らすと，YからXへ支給される毎月の基本給の中に所定時間労働の対価と所定時間外労働の対価とが区別されることなく入っていても，労基法37条の制度趣旨に反することにはならないというべきである。」

新しい働き方において，労働時間法制はどうあるべきか，後述する働き方改革やキャリア自律との関係で，労働時間法制もまた，日本型雇用システムを形作る重要な一要素である。

2　バブル崩壊後，失われた30年と労働法

本項目は，バブル崩壊後，失われた30年ともいわれ，現在もなお，もがき続ける日本経済と日本の人材マネジメントに労働法的な影響を与えた出来事について概観し，今後の展望につなげるパートとする。

（1）バブル崩壊後，もがく日本経済

バブル崩壊後，業績悪化により人員削減などのリストラ策を推し進める日本企業が多くみられたが，それでも解雇規制は相変わらず厳しく，整理解雇ではなく，希望退職募集や退職勧奨の形がとられた。ただし，一部の行き過ぎた退職勧奨が「追い出し部屋」[11]などの問題につながっていく。

また，賃金制度面では，年功序列賃金から成果主義賃金への変革が叫ばれ，実際に不利益変更裁判を経て成果主義的賃金が導入された例もある[12]が，個人主義化によるチームワークの崩壊や人材育成への弊害，数字で評価できない業務の評価困難性などから普及には至らなかった。

その後，実感なき景気回復期（2002〜2007年）といわれる時期には，GDPが10％程成長するも，毎月の給与はほとんど増えていないという現象が起こっている（図表3−1）。その間，就職氷河期を迎えるとともに，2003年は大卒内定率が史上最も低い時期とされている[13]。日本型雇用においては雇用流動性が低いため，新卒でどこの会社に入るかがキャリアで占めるウエイトが大きく，就職活動をする際の景気状況でキャリアが大きく左右される社会であった。

11　社員を退職に追い込むために作られた部署であり，やりがいを感じない雑用・単調な作業などが与えられることが多い

12　ノイズ研究所事件（東京高判平18.6.22）。

13　筆者もこの年に大学を卒業しており，同級生などの状況から実感している。

図表３－１▶実感なき景気回復

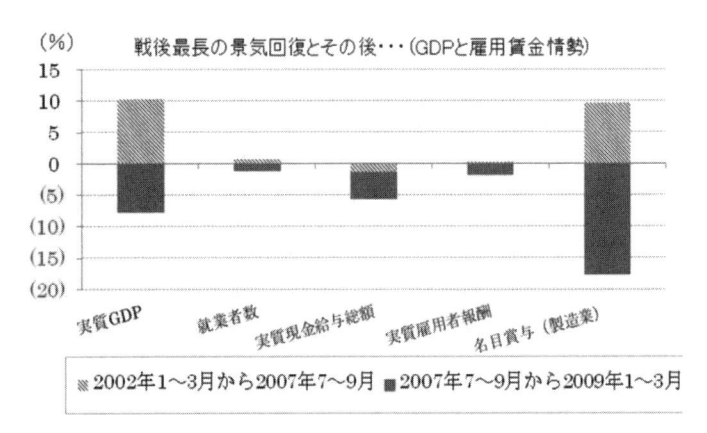

資料：厚生労働省，内閣府，総務省

（２）リーマンショックと非正規問題

　2008年にはリーマンショックに伴う世界的金融危機と年越し派遣村などに象徴される派遣切り・雇止めなどの非正規ショックがあった。この際も，正社員の解雇は相変わらず厳しいため，契約社員・派遣労働者などが雇用の調整弁となってしまったが故に，非正規雇用者に不景気のしわ寄せが行く形であったことが非正規問題の根本原因である。

　その後，非正規雇用対策として，契約社員が５年を超えると無期転換する無期転換申込権（労契法18条）や派遣法改正による期間制限強化，後の働き方改革関連法による同一労働同一賃金［☞Q08］などが講じられたが，根本原因である正社員と非正規雇用者の雇用保障の差異については解決されていない。

　もっとも，令和の時代においては，非正規雇用問題の様相は異なる。図３－２のように，非正規雇用者の割合は2022年時点で36.9％と４割近くであり，国会やメディアでも「４割も非正規がいるから給料が上がらず，労働者を使い捨てている」などという主張もみられる。

　しかし，実際になぜ非正規雇用者が増えているかを理解することが重要である。図表３－２によれば，非正規雇用者として主に増加しているのは主に60歳

以降の高年齢者である。後述するように，高年法により定年後65歳まで原則雇用義務化，70歳まで就労確保の努力義務という中で定年を超えると「再雇用」となって１年契約の契約社員の形を取る（嘱託社員など）ことが実務上多いため，統計上非正規に分類されてしまうのである。さらに言えば，正社員になりたいけれども非正規雇用にとどまっている「不本意非正規」の割合は，2013年には19.2％であったものが2021年には10.3％と半減している。労働力人口減少により，非正規雇用を取り巻く環境はリーマンショック時代と大きく変化していることに留意すべきである。

図表３－２▶非正規雇用の現状と課題

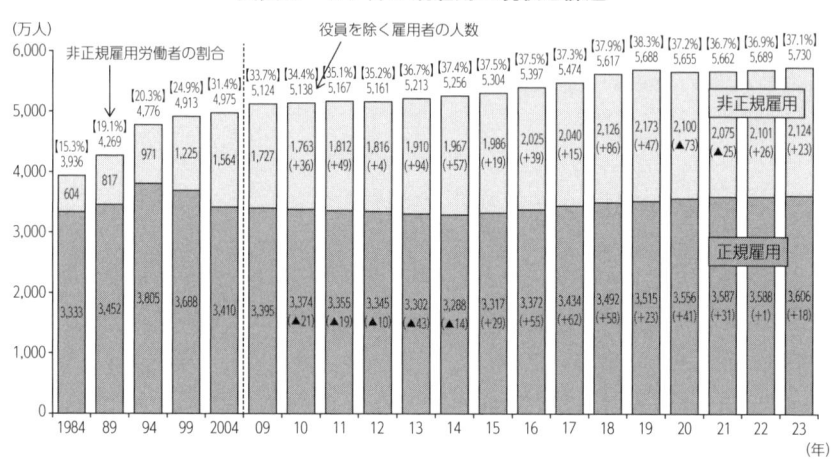

出所：厚生労働省「非正規雇用」の現状と課題

　なお，リーマンショックなどの不況時にも，相変わらず解雇や不利益変更が厳しいこともあり，日本企業は成長のための投資を犠牲に内部留保[14]を増していることがよく批判されていたが，これがコロナショック時には賃金原資として活用され雇用維持に役立ったことは大いなる皮肉である。

14　内閣府「地域の経済2019」。

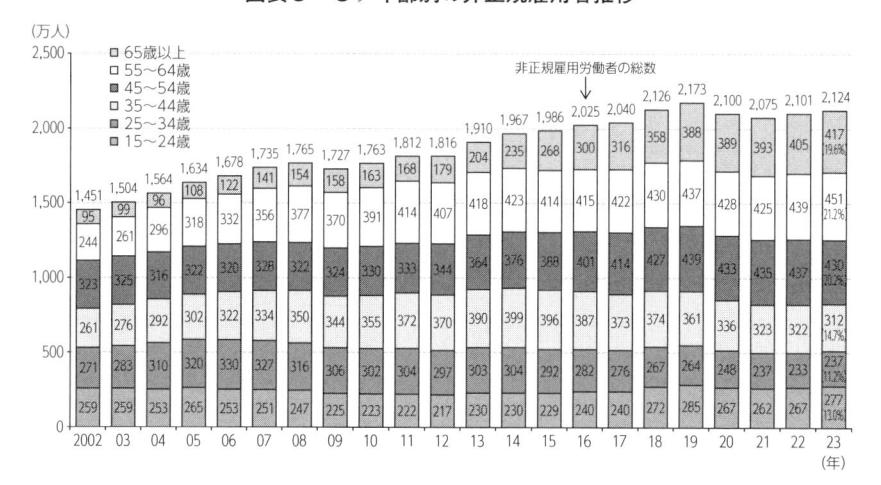

図表３－３ ▶ 年齢別の非正規雇用者推移

出所：総務省「労働力調査」より厚生労働省作成。

（３）高年齢者雇用の進展

　年金支給の段階的引上げに伴い，平成18年高年法改正により，60歳定年以降，65歳まで段階的[15]に雇用確保義務が発生したため，企業は①定年廃止，②定年延長，③継続再雇用のいずれかの措置を講ずる必要が生じた。なお，一旦定年退職した後すぐに再雇用するという継続再雇用という手法が用いられたのは，定年後の雇用については賃金などの労働条件が大幅に変動するのが通例であるところ，不利益変更となることを回避するためであるが，現代的には同一労働同一賃金の問題が高年齢者にも生じている。

　なお，令和３年からは，70歳までの就業[16]確保努力義務に改正され，高年齢者雇用は増加傾向である。年金政策と裏腹の関係で，就業時期を延ばすことは重要であるが，その分の増えた人件費は現役世代のどこからか調達する必要が企業には生じている。

15　2025年までは労使協定に基づき64歳での選別も可能。
16　雇用だけでなく，業務委託も可能とするため，雇用確保ではなく「就業」確保とした。

（４）女性活躍の推進[17]

　均等法による募集・採用・配置・昇進等への差別禁止や間接差別の禁止，育介法によるマタニティハラスメントや妊娠出産育休等取得者への不利益取扱の禁止，育休取得要件の緩和，女性活躍推進法の制定など，労働力人口減少社会を見据え，多様な属性の者が働き続けることができる社会を目指した法改正が相次いで行われている[18]［☞Q17］。現在でも，管理職・役員構成の女性比率を高めようという動きはみられるが，「家庭のことは配偶者に任せ，仕事に100％コミットする」同質的労働者像から，働く価値観が多様化したモザイク職場への変化が見て取れる。

（５）労働組合の衰退

　労働組合組織率は，2022年時点で推計16.5％[19]と減少の一途を辿っている［☞Q23］。働く価値観が多様化し，一律の要求事項だけ行う労働組合の役割変化に気付いていない労組ではこれからも組織率が減り続けるだろう。現代的労使関係は対立の時代ではなく，企業成長を共通のゴールとし，現場で必要な人事施策や改善点などを伝え，組合員のキャリアを企業単位に捉われずに検討するなど，新たな集団的労使関係の構築が必要だ。組合組織の新たな在り方は現在もなお多くの組合が模索中であるが，ただ1つ言えるのは，労働組合の根本的価値である「連帯」の重要性は今後も必ず増すということだ。組合の役割変化に労組自身も向き合わなければならない［☞Q40］。

（６）働き方改革の胎動

　過労死事件等を契機として，政府主導で強力に推し進められた働き方改革は，2019年に働き方改革関連法という形で順次施行されている［☞Q38］。この関連法案では，有給5日時期指定義務や日本版同一労働同一賃金の導入など大きな改正があったが，最重要項目は労働時間の上限規制であった。

17　この用語は好きではないが，一般的理解のため敢えて記載している。
18　「男性中心の雇用社会から男女が等しく支える雇用社会へという，新たな雇用社会の構築に向けた動きを読み取ることができる。」（藤本真「雇用・労働の平成史」第8回労政時報，2019.9.27）。
19　JILPT「早わかりグラフでみる長期労働統計」，「労働組合　推定組織率の推移」。

日本の労働法史上，初めて導入された労働時間の上限規制[20]は何をもたらしたか。

そもそも，働き方改革の目的は労働時間を短縮することではない。仮に労働時間の短縮だけが目的であるとすれば，そこで起こるのは残業代が減ることだけだ。

では，何を改革するのか，それは家庭のことは配偶者に任せ，仕事だけをするという旧来的な働き方である。労働力人口減少により，100％仕事にコミットできる者だけが働くことができる社会のままではもはや企業活動が成り立たない。そのため，育児・介護・病気療養・外国人雇用など，多様な労働者が働きやすい社会にする必要がある。その大きな障壁となるのが長時間労働であるため，これをなくそうという話であり，これは手段の1つだ。目的と手段を入れ替えてはならない。

真の働き方改革として重要なのは，上記多様な労働者が働きやすい労働環境を作ることであり，そのためには単に労働時間の減少だけではなく，働き甲斐のある賃金・評価制度を始めとする人事制度，ハラスメントのない職場，ダイバーシティマネジメント［☞Q17］により多様な労働者が活躍する会社を作ることであることを忘れてはならない。

なお，働き方改革により，「働くこと＝悪いこと」というイメージを持つ者も増え，企業も研修教育や新規事業，新しいアイデアの実行に時間を使いづらくなっていることから残酷な面も有していることは3で後述する。

（7）失われた30年間で失ったもの

以上みてきた通り，労働法の根本ルールは昭和の高度経済成長期に形成され，失われた30年間は，様々な問題に対して，その場その場のパッチワーク的な法改正により，何とかしのいできた，というのが労働法の視点から見た現状である。現実の日本の雇用社会を取り巻く状況は大きく変革しているにもかかわらず，労働法は昭和の時代から基本的に姿を変えていない。日本の人材マネジメントの最重要課題は，時代錯誤となっている労働法的ルールおよびこれに基づ

20　改正前は，労基法36条の協定における特別条項として1ヵ月45時間を超える時間外労働を何時間まで行えるかにつき制限がなかったため，36協定記載の時間数を残業させることが可能であった。

く旧来的正社員像であるが，これを改革しきれずに，ずるずると来てしまった というのがこの30年間であろう。

　最後に，賃金上昇が実感できない最大要因である，平成30年間の社会保障費 増大について述べておく。家計負担は1988年時点では社会保険料より税金のほ うが多かったが，2017年には逆転し，社会保険料の方が負担増となっており[21]， 平成の家計負担増は主に社会保険の増加によりもたらされている。そのため， 少しの賃上げは，結局社会保険や税金の控除により，手取りベースではほぼ実 感できないレベルになってしまう。これに伴い，103万円の壁（所得税発生）， 130万円の壁（社会保険料発生）という働く意欲のある人のやる気を削ぐ仕組 は根本的に改革すべきだろう。一時的な給付や助成金は，根本解決にはならな い。結局，「男は外で働き，女性は家事」，「働く人は全て労働者」という昭和 時代の正社員モデルが，労働法のみならず，日本の社会保障体系の前提になっ ていることが問題の本質である。

図表３−５ ▶ 家計（２人以上の勤労者世帯・全国平均）の税・社会保険料負担率の推移

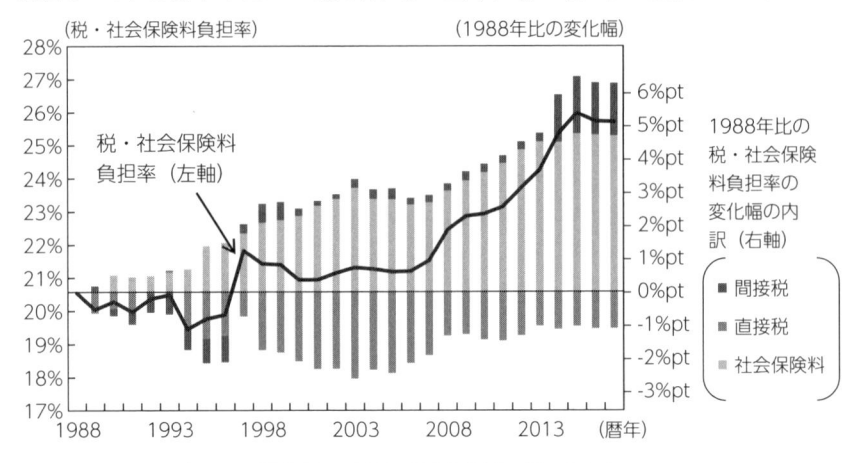

注：税・社会保険料負担率＝（直接税＋間接税＋社会保険料）／勤め先収入
出所：総務省「家計調査」および上村（2006）をもとに大和総研作成。

21　大和総研「平成の30年間，家計の税・社会保険料はどう変わってきたか」（金融調査部研究員・ 是枝俊悟）「家計の負担は1988年においては社会保険料（3.1万円）より直接税（4.4万円）の方が多 かったが，2017年では逆転して社会保険料（5.7万円）の方が直接税（4.2万円）より多くなっている。 平成の時代における家計の負担増は，主に社会保険料の増加によってもたらされたものと言える。」

3　令和の時代の労働法と人材マネジメント

　これからの時代の労働法および人材マネジメントはどうあるべきか。改めて，現代の時代背景と共に考えたい。

（1）不確実な時代

　戦争・疫病・円安・災害など，現代は未来を見通すのが難しい，不確実な時代と言われ，5年先でも見通すことが困難である。「非連続の成長」とも言われ，現在の延長線上ではないところから成長の源泉となるイノベーションが起こるものである。その中で，財界トップからも「終身雇用は難しい」という言葉があるとおり，数年先を見通すのが難しい世の中において，終身雇用は，新卒から定年そして70歳までの定年後再雇用と考えれば50年近く先の未来であり，もはやその頃には会社の存続自体も不確実である。

　しかるに，雇用だけをどうやって保障するのかという問題である。昭和の高度経済成長期に確立した年功序列・終身雇用の正社員モデルは，人口・経済増で未来が見通せる拡大再生産のステージでのみ通用する手法である。

　不確実な世の中においては，雇用においてもこれまでのやり方を抜本的に変える必要があるが，少なくとも労働法は高度経済成長期のルールが今なお現存している。そのため，解雇権濫用法理・不利益変更法理がある中で，日本企業はチャレンジングな新規事業やそのための人材確保が難しく，イノベーションを起こしづらい経営環境である。

（2）働き方改革の残酷な真実

　働き方改革により，長時間労働を抑制し，ワークライフバランスを向上させるというのは聞こえが良い話であり，実際，過労死や健康被害などを防止すべきことは当然である。しかし，働き方改革の裏で，キャリアが二極化しつつあることは誰も教えてくれない不都合な真実である。

　企業は，残業時間削減のため，業務による成長，研修教育，新規事業等に打ち込む時間を制限せざるを得ないのが現実である。その中で，言われたことを

やっているだけの人と，自律的にキャリアのために学習し，副業やNPO等でキャリアを積み，誰にも言われず新規事業に打ち込む人との間では，10年後に取り返しのつかない差となって現れるだろう。以前は，企業から業務命令としてある程度の「量」をこなすことにより，飛躍的に成長する層が一定数いたが，今はこれができない。そのため，働く人は，自ら考え，行動していく必要がある。今や一社に依存すること自体がリスクであり，自らキャリア自律し，エンプロイアビリティを高めて，雇用市場の中で生きていけるようにする必要があることを認識する必要がある。

（3）三位一体の労働市場改革の指針[22]

　政府の行政骨太方針を踏まえた新しい資本主義実現のための，三位一体の労働市場改革の指針では，働き方は大きく変化し「キャリアは会社から与えられるもの」から「一人ひとりが自らのキャリアを選択する」時代となってきたとして，時代の変化とこれに伴う改革の必要性を示している。

　同指針によれば，三位一体とは，①リスキリングによる能力向上支援［☞Q55］，②個々の企業の実態に応じた職務給[23]の導入，③成長分野への労働移動の円滑化のことである。そもそも，日本企業は失われた30年の間賃上げされず，「企業は人に十分な投資を行わず，個人は十分な自己啓発を行わない状況が継続」していた。不確実な世の中に突入し，本来であれば新たな時代に適合する能力開発も加速する必要があるが「現実には，働く個人の多くが受け身の姿勢で現在の状況に安住しがち」であるとし，十分なアップデートが行われていないとしている。そして，その要因は「年功賃金制などの戦後に形成された雇用システム」にあり，年功序列・終身雇用などから個人の努力と報酬の関係性が断絶しており，エンゲージメントも低く，学習インセンティブもないとしている。

　総論的には，時代の変化を捉えた真っ当な指摘であるが，政府指針であるが故の甘言も見られる。具体的には，①リスキリングは企業から命じられて行うものではなく，本人に火がつかないと意味がないところ，解雇権濫用法理・不

22　令和5年5月16日，新しい資本主義実現会議「三位一体の労働市場改革の指針」。
23　単に賃金制度を職務給にするだけではなく，ジョブ型的な運用を指しているものと解される。

利益変更法理に守られた現在の正社員にそのインセンティブがあるとは言いがたいこと，②現在の日本的雇用システムのまま単純にジョブ型［☞Q28］を導入すると，解雇権濫用法理・不利益変更法理の規制がある中で人事権まで手放すこととなり，ジョブフィットしない場合やジョブ消滅の場合にデッドロックとなってしまうこと，③労働移動を円滑化するには，まずは企業の出口である解雇権濫用法理の改革が不可欠であるところ，これらの点への言及が一切無いことである。

　このように，同指針が目指す未来は，自ら努力し，スキルを高める者とそうでない者との間で大いなる二極化を生むこととなるが，これは今後我々国民がどのような雇用社会を目指すのかが問われているのだ。現在の労働法ルールは時代にマッチせず，他方で厳しい競争社会で二極化することが最善とも言えない。雇用の流動性を高め，採用に対するインセンティブを企業に与えるとともに，転職期間の公的給付拡充やスキルアップのための職業訓練の充実を組み合わせて行う必要がある。

　最後に，同指針では，「従業員のパフォーマンス改善計画（PIP）」について触れられている点を評価したい。ジョブ型人事制度において，ジョブフィットしない場合，ジョブ消滅の場合の対処法を用意しておくことが不可欠だが，現状労働法[24]においては存在しないため，今後本気で雇用改革をするのであれば，解雇権濫用法理と不利益変更法理をどう変えるのかとセットで議論することが必須となり，その覚悟が政治にあるかが問われている。

（4）賃上げは持続するか

　岸田政権の賃上げ要請により，令和5年には多くの大企業で賃上げが行われ，同6年も業績好調な大企業では賃上げ継続の見通しであるが，これが持続的な流れになるか，中小企業に波及するかが課題である。

24　コナミデジタルエンタテインメント事件（東京高判平23.12.27）は，役割グレード変更による給与減額について「例えば，C－1の役割グレードにある者について，その担当職務を変更した結果，新たな担当職務の役割グレードがA－9と評価されれば，その役割報酬は，700万円から500万円へと200万円も減額されてしまうことになるが，そのような約30パーセント弱もの大幅な賃金の減額が一方的に行えるとすることは，現行の労働法体系の下では許容されるものではない」としており，ジョブ変更に伴う賃下げを大幅に行うことは許されない旨を判示している。

そもそも，人口減少により縮小していく日本経済にとって，同じことをしていたのでは経済のパイは小さくなるだけであるため，稼ぎを増やすには海外に出るか値上げをするしかないが，賃上げに関する日本特有の本質的課題は，解雇権濫用法理と不利益変更法理により，雇用保障をしながら賃上げを維持し続けることはできるのか，という点にある［☞Q49］。

世界的にも，米国や中国の賃金が高いという報道は枚挙に暇がないが，これらの国では終身雇用が保障されているものではない。根本的に，雇用保障と高賃金はトレードオフの関係にあるため，どちらを目指すのかを明確にする必要がある。終身雇用でありながら，誰もが一律に黙っていても賃上げされる世の中はもう来ないのだ。一社で終身雇用でありながら高賃金を永続的に続けている国は世界中どこにもないのだから。

図表３－６ ▶ 先進主要国で日本だけ賃下げ

注１：1997年の賃金を100とした場合の実質賃金指数の推移。
注２：民間産業の時間当たり賃金（一時金・時間外手当含む）を消費者物価指数でデフレートした。オーストラリアは2013年以降，第２・四半期と第４・四半期のデータの単純平均値。仏と独の2016年データは第１～第３・四半期の単純平均値。英は製造業のデータのみ。
出所：oecd.statより全労連が作成（日本のデータは毎月勤労統計調査によるもの）。

（5）未来への希望をつなぐ人材マネジメントとキャリア自律

　日本経済を取り巻く厳しい要因について述べてきたが，最後は希望ある話で締めたい。コロナ禍もあり，働く価値観の変化を敏感に察知して変わろうとする企業が規模の大小を問わずみられ，変わろうとする企業は今後も生き残る可能性が高い。むしろ世界的に見て，解雇権濫用法理と不利益変更法理でハンデを負った経営環境の中でここまで戦っている日本企業には，改革の余地しかないのだ。

　各企業の採用・定着・育成・賃金・評価・配置・昇進降格・タレントマネジメントなど，人事的な課題が必ずある。今後，企業の成長に必要なことは，事業戦略の変化を理解し，人事戦略でドライブをかけられる人材マネジメントの存在である。

　企業にとって課題となっていることは一様ではなく，必ず現場ごとに解がある。その時に重要となるのは個の力の向上と，個の力を統合した組織としての人材マネジメントだ。

　個の力を上げるためには，1人ひとりが今の地位に「安住」するのではなく，経験や学びを深め続けること，組織としては，変革する組織のドライバーとなる戦略的人事が極めて重要となる。人材マネジメントの重要性に気づいた企業は今後の世界を生き残っていく確率が上がるであろう。

　また，労働組合としても現代的な役割を理解し，個人のキャリアに寄り添い，現場の課題を経営に伝え，職場の不公平を改善するという，新たな存在価値を認識し，労働組合自身が変革していくことも極めて重要となる。

　強い者が生き残るのではなく，変革し続ける者が生き残るのであり，これは個人だろうと企業だろうと同じことである。そして，個人のキャリアは一社に限る必要はない。

　せめてこの本の読者の皆さんが，人材マネジメントを通じて，自己のキャリアを見つめ直し，自律していく一助となれば，望外の喜びである。

（倉重公太朗）

[編著者紹介]

八代充史（やしろ あつし）　慶應義塾大学商学部教授

1959年生まれ。2003年より現職。博士（商学）。異文化経営学会理事。
主な著作に『日本的雇用制度はどこへ向かうのか—金融・自動車業界の資本国籍を越えた人材獲得競争』（中央経済社, 2017年）,『人的資源管理論—理論と制度（第3版）』（中央経済社, 2019年）,『新しい人事労務管理（第7版）』（共著, 有斐閣, 2023年）,主な論文に「メンバーシップ型雇用管理とジョブ型雇用管理—ジョブ型雇用管理は日本に定着するか？」『日本労働研究雑誌』第755号（2023年6月）。

梅崎　修（うめざき おさむ）　法政大学キャリアデザイン学部教授

1970年生まれ。2014年より現職。博士（経済学）。
主な著作に『日本のキャリア形成と労使関係—調査の労働経済学』（慶應義塾大学出版会, 2021年）,『日本的雇用システムをつくる1945-1995—オーラルヒストリーによる接近』（共著, 東京大学出版会, 2023年）,『「仕事映画」に学ぶキャリアデザイン』（共著, 有斐閣, 2020年）などがある。日本労務学会副会長, 日本キャリアデザイン学会副会長, 慶応義塾大学産業研究所・共同研究員。

倉重公太朗（くらしげ こうたろう）　KKM法律事務所　代表弁護士

慶應義塾大学経済学部卒。『週刊東洋経済』「法務部員が選ぶ弁護士ランキング2022」人事・労務部門1位。第一東京弁護士会　労働法制委員会副委員長・労働法基礎研究部会部会長。
日本人材マネジメント協会（JSHRM）副理事長。日本CSR普及協会理事。経営法曹会議・日本労働法学会・日本産業保健法学会・日本労務学会・キャリアデザイン学会会員。
主な著作に『雇用改革のファンファーレ』（労働調査会, 2019年）『HRテクノロジーで人事が変わる』（編集代表, 労務行政, 2018年）『［改訂版］企業労働法実務入門』（編集代表, 日本リーダーズ協会, 2019年）,『HRテクノロジーの法・理論・実務』（編著代表, 労務行政）
https://kkmlaw.jp/

吉川克彦（よしかわ かつひこ）　大学院大学至善館教授

京都大学経済学部を卒業後, リクルートに入社。人事・組織領域におけるコンサルティングや研究, 企画に関わる。その後, 英国London School of Economics and Political Scienceにて修士, 博士（共に経営学）を取得。中国の上海交通大学のビジネススクール, 安泰経済与管理学院にて助理教授, 至善館にて准教授を務めたのち, 2022年より現職。専門は組織行動論, 国際人材マネジメント論。Journal of Management, Journal of Applied Psychology, Organization Studies,『日本労働研究雑誌』など国内外の学術誌に論文を発表。

［執筆者一覧・執筆分担］

一守　　靖　　事業創造大学院大学事業創造研究科教授
　　　　　　　[Q12・13・21・25・31・37]

今井由紀子　　内閣府官民人材交流センター主任調整官
　　　　　　　[Q24・46・47・48]

◎梅崎　　修　　編著者紹介参照　[Q23・40・第2章]

◎倉重公太朗　　編著者紹介参照　[Q06・08・20・27・第3章]

小林　祐児　　パーソル総合研究所上席主任研究員　[Q29・35・54・55]

坂爪　洋美　　法政大学キャリアデザイン学部教授　[Q17・38・39]

高橋菜穂子　　ノバルティスファーマ　APMA（アジア大洋州中東アフリカ）
　　　　　　　地域統括リーダーシップ開発ディレクター　[Q10・26・32・
　　　　　　　51]

中川有紀子　　青山学院大学経営学部特任教授／日清食品ホールディングス
　　　　　　　㈱社外取締役　[Q34・43]

永井裕美子　　一般社団法人ポテンシア　代表理事／伊藤忠テクノソリュー
　　　　　　　ションズ（株）顧問　[Q15・16・36]

野間　幹子　　国分グループ本社執行役員社長室長兼経営統括本部部長
　　　　　　　[Q03・05・09・30]

松浦　民恵　　法政大学キャリアデザイン学部教授　[Q18・41・52]

森安　亮介　　みずほリサーチ＆テクノロジーズ㈱社会政策コンサルティング部
　　　　　　　マネジャー／慶應義塾大学産業研究所共同研究員
　　　　　　　[Q07・14・19・33]

◎八代　充史　　編著者紹介参照　[はじめに・Q01・02]

山本　紳也　　㈱HRファーブラ代表取締役　[Q04・11・28・49・50]

◎吉川　克彦　　編著者紹介参照　[Q22・42・44・45・53・第1章]

◎は編著者

問いから考える人材マネジメントQ&A

2025年1月10日　第1版第1刷発行

編著者	八 代 　 充 　 史
	梅 崎 　 　 　 修
	倉 重 公 太 朗
	吉 川 　 克 　 彦
発行者	山 　 本 　 　 継
発行所	㈱ 中 央 経 済 社
発売元	㈱中央経済グループ パブリッシング

〒101-0051　東京都千代田区神田神保町1‐35
電話　03 (3293) 3371(編集代表)
　　　03 (3293) 3381(営業代表)
https://www.chuokeizai.co.jp
印刷／㈱堀内印刷所
製本／㈲井上製本所

ⓒ 2025
Printed in Japan